THE ROMANTIC MOVEMENT IN FRENCH LITERATURE

THE ROMANTIC MOVEMENT IN FRENCH LITERATURE

TRACED BY A SERIES OF TEXTS

SELECTED AND EDITED

BY

H. F. STEWART, B.D.
Fellow, Dean, and Lecturer of St John's College

AND

ARTHUR TILLEY, M.A.
Fellow and Lecturer of King's College

Cambridge:
at the University Press
1913

CAMBRIDGE UNIVERSITY PRESS
Cambridge, New York, Melbourne, Madrid, Cape Town,
Singapore, São Paulo, Delhi, Mexico City

Cambridge University Press
The Edinburgh Building, Cambridge CB2 8RU, UK

Published in the United States of America by Cambridge University Press, New York

www.cambridge.org
Information on this title: www.cambridge.org/9781107647107

First Edition, 1910
Second Edition, 1913
First published 1913
First paperback edition 2013

A catalogue record for this publication is available from the British Library

ISBN 978-1-107-64710-7 Paperback

TABLE OF CONTENTS

PREFACE

THE Romantic movement is decidedly out of favour in France at the present moment. Few critics can refrain from throwing a stone or two into the Romantic garden. But they aim rather at the movement itself than at the individual writers. Chateaubriand, Lamartine, Hugo, Balzac, Sainte-Beuve, Michelet, are by common consent among the princes of French literature. It is assuredly not any question as to their merits that has delayed the admission of the last three to M. Jusserand's hospitable Valhalla, which already includes Dumas, Vigny, Alfred de Musset, George Sand, Mérimée, and Gautier. In fact, no twelve years in the whole history of French literature has witnessed the rise of so many constellations of the first magnitude as the period from 1820 to 1832. How are we to reconcile the alleged badness of the school with the successes of its scholars? Is it, as some would have us believe, that the majority of the writers are not really

Romanticists, and that even Victor Hugo would have been a greater poet if he had not been a Romanticist? These suggestions are neither of them according to the rules of logic. The first is a *petitio principii*: the second is not a legitimate hypothesis. But, logic apart, one thing is certain—the Romantic movement has affected the whole subsequent course of French literature. You can no more understand the literature of to-day without a knowledge of the Romantic movement, than you can understand the France of to-day without a knowledge of the French Revolution. Now the best way of understanding a cause is to let its supporters speak for themselves, and the object of this book is to provide such an opportunity. Beginning, therefore, with Mme. de Staël, who is the first to use the word *romantique* in a special sense, we have printed a series of texts so as to give a more or less continuous history of the whole Romantic movement. The extracts from *De l'Allemagne* and from Lamartine will shew that it was in the first place a reaction against the exclusive devotion to the Reason and the *goût* of the eighteenth century, that it was a plea for the heart and a plea for liberty. It was not till four years after the publication of Lamartine's *Méditations* (1820) that the contest between the old and the new, between classicists and romanticists began in earnest. The first campaign, which centred chiefly round lyrical poetry and ended triumphantly with Victor Hugo's *Les Orientales* (1829), is illustrated by several of our texts. First, three extracts from Sainte-Beuve furnish a convenient survey of the whole campaign. Then Guiraud's *Nos Doctrines* and the prefaces of Victor Hugo and Émile Deschamps enable us to follow the fortunes of the contest through its successive stages. Our next two sections deal respectively with Romantic Drama and the Historical Novel, the region, that is, in which the success of the Romantic school has been most questioned. But let it be remembered that it was the historical novel as conceived by Scott that led Balzac to create the novel of social life, and that modern French drama derives largely from the elder Dumas.

The advance of the Romantic school was stubbornly contested by its opponents, and as a school it was never accepted by the Old Guard. But by 1830 it had gained the support of nearly all the younger generation, and before long it conquered the *bourgeoisie*, whom the Revolution of July brought to power. But even in the moment of its triumph its decline began. While the great *Conquistador*, Victor Hugo, from his balcony in the Place Royale, was receiving the plaudits of his admirers, his old companions in arms were gradually drawing away. He had taken so much for his own domain, that they were driven to conquer fresh provinces for themselves. It was thus with Alfred de Musset, whose wayward genius forbade him to remain for long under any banner, and the first of whose *Lettres de Dupuis et Cotonet*, of which we print the greater part, wittily satirises the foibles and eccentricities of Romanticism. The extravagance which Musset derides was no doubt largely responsible for the next literary movement, but Realism, although in one sense a reaction from Romanticism, was in another sense a development of it. The leaders of the new school could not shake off the spell of the old. Flaubert and Leconte de Lisle never lost their enthusiasm for Victor Hugo; the most fervid admirer of Alexandre Dumas *père* was Alexandre Dumas *fils*. In a word, the romantic theory of life with its exaggerations and puerilities has passed away: the romantic theory of literature abides. French literature has never again become subject to the tyranny of *les règles* and *le goût*. It has never abandoned the great principle which the Romantic movement, like all vitalising movements in literature, came to teach—that a work of art springs from the emotions and is shaped by the imagination of the individual artist.

To the texts which tell the story we have subjoined some notes by way of explanation and illustration. The short introductory narratives will serve as a brief sketch of the movement in its bare outlines. We have found especially helpful M. Jules Marsan's introduction to his edition of *La Muse française* (1907–1909), and an article by the same writer in *La revue d'histoire littéraire*, XIII (1906), 573 ff., entitled, *Notes sur la bataille romantique (1813–1826)*; M. Des Granges's *Le romantisme et la critique* (1907); M. Léon Séché's *Le cénacle de la Muse française* (1909); and for the historical novel, M. Maigron's *Le roman historique* (1898).

H. F. S.
A. T.

CAMBRIDGE,
October, 1910

PREFACE TO SECOND EDITION

OCCASION has been taken, in reprinting this book, to add an Index to the Notes.

The omission of Balzac from the series *Les grands écrivains français*, referred to in our original preface, has now been made good by M. Faguet's volume, recently published.

In deference to a wish expressed by several of our critics a companion volume of passages in verse and prose by Romantic writers is in preparation and will shortly be published by the Cambridge University Press.

H. F. S.
A. T.

CAMBRIDGE,
September, 1913.

ROUSSEAU AND CHATEAUBRIAND

"Chateaubriand est le père du romantisme, Jean-Jacques le grand-père, Bernardin l'oncle, et un oncle arrivé des Indes exprès pour cela[1]." These words happily express the relationship which these three writers bear to the Romantic Movement. Romanticism was in the first place a reaction against the spirit of the eighteenth century, against its worship of reason to the exclusion of emotion and imagination, against its subservience to an arbitrary and universal standard of taste. The fountain-head of this reaction was Rousseau (1712–1778), who in *La Nouvelle Héloïse* (1761) restored to literature the rights of imagination and emotion and individualism. But in Rousseau's wonderfully original mind there was a want of balance; individualism in him became a disease, he ceased at last to distinguish between imagination and experience, and he cultivated emotional sensibility as if it were the supreme good. To this turbidity of the source may be traced most of the defects that are justly charged against Romantic literature. Besides, Rousseau's imagination with all its activity was deficient in creative force. He was a dreamer rather than a great artist. But the dreamer effected a revolution. He rediscovered nature as a theme of poetical inspiration. For a hundred years man, and man solely in his relation to society, had reigned predominant in French literature. Rousseau, when the influence of the *salon* was at its

[1] Quoted by Sainte-Beuve, *Portraits littéraires*, ii. 122.

zenith, turned his back on the town, and found in the country and home-life the sources of virtue and happiness. But his descriptions of natural scenery, like those of our own poet Thomson, are general rather than particular, rhetorical rather than the result of close observation. He is interested less in the actual scene before him than in the emotion which it excites in his own breast. It is true that as his life became more solitary and as he learnt to commune more closely with nature, his observation became more intimate and his pencil more exact[1]. But even so he is surpassed by his disciple, Bernardin de Saint-Pierre (1737–1814)[2]. The painting of landscape by words—this is the gift which Bernardin brought to Romanticism, and the fact that he brought it "on purpose from the Indies" is noteworthy, for it marks the beginning of *exotisme*, or the description of foreign lands and scenes, in French literature.

The influence of Rousseau—for Bernardin de Saint-Pierre brought only a rivulet to the main stream—was swept by the Revolution into political channels, and it was not till after the restoration of order and the appointment of Bonaparte as First Consul (1800) that it began to fertilise the field of literature. François-Auguste-René de Chateaubriand (1768–1848), Rousseau's most illustrious literary disciple, and the immediate progenitor of the Romantic movement, had, after a sojourn of nine months in North America, emigrated to England in 1793. Seven years later he returned to France with a huge work in manuscript called *Les Natchez*, from which he detached and printed a single episode, under the title of *Atala* (April, 1801). This was followed in 1802, the year of the Concordat, by a much longer fragment, *Le Génie du Christianisme*, which formed a complete work, and included, besides *Atala*, another episode which

[1] Compare the famous description of Meillerie in *La Nouvelle Héloïse* (tome ii, partie iv, lettre xvii) with that of the island of Saint-Pierre in the Fifth Promenade of the *Rêveries*, or with that of the neighbourhood of Chambéry in the *Confessions* (book iv).

[2] Good instances of Bernardin's powers are the description of Paul's garden' and the account of the storm in *Paul et Virginie*.

became even more famous, *René*. "Chateaubriand peut être considéré comme l'aïeul, ou si vous l'aimez mieux, comme le Sachem du Romantisme, en France. Dans le *Génie du Christianisme* il restaura la cathédrale gothique; dans les *Natchez* il rouvrit la grande nature fermée; dans *René* il inventa la mélancolie et la passion moderne." Substitute *Atala* for *Les Natchez*, which did not appear as a whole till 1826, and this picturesque description of Théophile Gautier's aptly represents the various sides of Chateaubriand's influence. If he did not actually revive the interest in Gothic architecture and chivalry, he greatly stimulated it. The studies of Raynouard in Provençal, the poems of Creuzé de Lesser on the Knights of the Round Table, and the illustrated *Voyages pittoresques et romantiques dans l'ancienne France*, which Charles Nodier and Baron Taylor began in 1820, are all of them the offspring of the *Génie du Christianisme*. If he did not re-open the book of nature, he surpassed both his forerunners in the pictures that he drew from it. His imagination was more plastic and more concrete than that of Jean-Jacques, and more lively than that of Bernardin. "Je n'ai qu'un petit pinceau," said the latter, "M. de Chateaubriand a une brosse." Above all he excelled both these masters in magnificence and glamour of style. He restored to French literature two things which it had lacked throughout the eighteenth century, the sense of artistic composition, and the harmony of the phrase. His influence on the style of the whole nineteenth century, on its poetry no less than on its prose, is immense.

But this influence, except within a restricted circle, did not make itself felt till after 1815. Two years earlier a work appeared which had a more immediate effect in preparing the way for a new departure. This was Mme de Staël's *De l'Allemagne*.

MADAME DE STAËL

Anne-Louise-Germaine Necker, Baronne de Staël-Holstein (1766–1817), daughter of the famous banker and minister of Louis XVI, was born in Paris in 1766. She married, in 1785, the Baron de Staël-Holstein, Swedish ambassador at the French court, from whom she separated in 1798. Her opinions and the influence she exercised brought her into early conflict with Napoleon, who banished her to a distance of forty leagues from Paris (December, 1803). She betook herself to Germany, where she spent four months, making the acquaintance of Goethe, Wieland, and Schiller, and collecting material for her work *De l'Allemagne*, which she wrote chiefly at her *château* of Coppet near Geneva. This book, upon which Mme de Staël spent six years' labour, and which gathered up the observations of a singularly acute and eager mind, was first printed in France in September, 1810, but was confiscated by order of the Minister of Police on the ground that it was unpatriotic ("votre dernier ouvrage n'est pas français"), although it was still in the hands of the censors, who were prepared to recommend its publication with a few trifling alterations. Fortunately the MS. was saved through the good offices of a friend, and the book was eventually published in London, as was also an English translation, towards the end of 1813. It met with extraordinary success, and in three days the whole edition was exhausted. With all its faults it remains the first intelligent and sympathetic account of Germany by any foreigner, and it has stood the test of a hundred years. No doubt many of the literary ideas expressed in it were already in the air and finding their way into French thought, but only by fitful draughts. Mme de Staël set the windows open, and literature henceforth breathed a new atmosphere.

DE L'ALLEMAGNE

Du style et de la versification dans la langue allemande[1].

En apprenant la prosodie d'une langue, on entre plus intimement dans l'esprit de la nation qui la parle, que par quelque genre d'étude que ce puisse être. De

[1] Seconde Partie: *De la Littérature et des Arts*, Chapitre IX.

là vient qu'il est amusant de prononcer des mots étrangers: on s'écoute comme si c'était un autre qui parlât: mais il n'y a rien de si délicat, de si difficile à saisir que l'accent: on apprend mille fois plus aisément les airs de musique les plus compliqués, que la prononciation d'une seule syllabe. Une longue suite d'années, ou les premières impressions de l'enfance, peuvent seules rendre capable d'imiter cette prononciation, qui appartient à ce qu'il y a de plus subtil et de plus indéfinissable dans l'imagination et dans le caractère national.

Les dialectes germaniques ont pour origine une langue mère, dans laquelle ils puisent tous[1]. Cette source commune renouvelle et multiplie les expressions d'une facon toujours conforme au génie des peuples. Les nations d'origine latine ne s'enrichissent, pour ainsi dire, que par l'extérieur; elles doivent avoir recours aux langues mortes, aux richesses pétrifiées pour étendre leur empire. Il est donc naturel que les innovations, en fait de mots, leur plaisent moins qu'aux nations qui font sortir les rejetons d'une tige toujours vivante. Mais les écrivains français ont besoin d'animer et de colorer leur style par toutes les hardiesses qu'un sentiment naturel peut leur inspirer, tandis que les Allemands, au contraire, gagnent à se restreindre. La réserve ne saurait détruire en eux l'originalité; ils ne courent risque de la perdre que par l'excès même de l'abondance.

L'air que l'on respire a beaucoup d'influence sur les sons que l'on articule; la diversité du sol et du climat produit dans la même langue des manières de prononcer très différentes. Quand on se rapproche de la mer, les mots s'adoucissent; le climat y est plus tempéré; peut-être aussi que le spectacle habituel de cette image de l'infini porte à la rêverie, et donne à la prononciation plus de mollesse et d'indolence: mais quand on s'élève vers les montagnes, l'accent devient plus fort, et l'on

[1] An exploded fancy of early philologists. Teutons, Indians, Iranians, Armenians, Slavs, Greeks, Italians, Celts, and Letts originally formed one family and spoke one language—the Indo-European.

dirait que les habitants de ces lieux élevés veulent se faire entendre au reste du monde du haut de leurs tribunes naturelles. On retrouve dans les dialectes germaniques les traces des diverses influences que je viens d'indiquer.

L'allemand est en lui-même une langue aussi primitive, et d'une construction presque aussi savante que le grec. Ceux qui ont fait des recherches sur les grandes familles des peuples, ont cru trouver les raisons historiques de cette ressemblance[1]: toujours est-il vrai qu'on remarque dans l'allemand un rapport grammatical avec le grec; il en a la difficulté sans en avoir le charme; car la multitude des consonnes dont les mots sont composés les rendent plus bruyants que sonores. On dirait que ces mots sont par eux-mêmes plus forts que ce qu'ils expriment, et cela donne souvent une monotonie d'énergie au style. Il faut se garder cependant de vouloir trop adoucir la prononciation allemande: il en résulte alors un certain gracieux maniéré tout à fait désagréable: on entend des sons rudes au fond, malgré la gentillesse qu'on essaie d'y mettre, et ce genre d'affectation déplaît singulièrement.

J.-J. Rousseau a dit *que les langues du Midi étaient filles de la joie, et les langues du Nord, du besoin*[2]. L'italien et l'espagnol sont modulés comme un chant harmonieux; le français est éminemment propre à la conversation; les débats parlementaires et l'énergie naturelle à la nation ont donné à l'anglais quelque chose d'expressif qui

[1] There was a good deal of comparative philology, generally erroneous, in the air at the time. Mme de Staël's suggestions are doubtless due to her friends the brothers Schlegel, both of whom (especially Friedrich with his book *Ueber die Sprache und Weisheit der Indier*, 1808) gave great impulse to the new study.

[2] "Dans les climats méridionaux, où la nature est prodigue, les besoins naissent des passions; dans les pays froids, où elle est avare, les passions naissent des besoins, et les langues, tristes filles de la nécessité, se sentent de leur dure origine." *Essai sur l'origine des langues*, ch. x. *ad init.*

Rousseau had considerable influence on the thought and opinions of Mme de Staël, especially during the period preceding the Revolution. In 1788, when she was only twenty-two, she published as her first literary effort *Lettres sur les lettres et le caractère de Jean-Jacques Rousseau.*

supplée à la prosodie de la langue. L'allemand est plus philosophique de beaucoup que l'italien, plus poétique par sa hardiesse que le français, plus favorable au rythme des vers que l'anglais: mais il lui reste encore une sorte de raideur, qui vient peut-être de ce qu'on ne s'en est guère servi ni dans la société ni en public.

La simplicité grammaticale est un des grands avantages des langues modernes; cette simplicité, fondée sur des principes de logique communs à toutes les nations, fait qu'on s'entend plus facilement; une étude très légère suffit pour apprendre l'italien et l'anglais; mais c'est une science que l'allemand. La période allemande entoure la pensée comme des serres qui s'ouvrent et se referment pour la saisir. Une construction de phrases à peu près telle qu'elle existe chez les anciens s'y est introduite plus aisément que dans aucun autre dialecte européen; mais les inversions ne conviennent guère aux langues modernes. Les terminaisons éclatantes des mots grecs et latins faisaient sentir quels étaient parmi les mots ceux qui devaient se joindre ensemble, lors même qu'ils étaient séparés: les signes des déclinaisons chez les Allemands sont tellement sourds qu'on a beaucoup de peine à retrouver les paroles qui dépendent les unes des autres sous ces uniformes couleurs.

Lorsque les étrangers se plaignent du travail qu'exige l'étude de l'allemand, on leur répond qu'il est très facile d'écrire dans cette langue avec la simplicité de la grammaire française; tandis qu'il est impossible, en français, d'adopter la période allemande, et qu'ainsi donc il faut la considérer comme un moyen de plus; mais ce moyen séduit les écrivains et ils en usent trop. L'allemand est peut-être la seule langue dans laquelle les vers soient plus faciles à comprendre que la prose; la phrase poétique, étant nécessairement coupée par la mesure même du vers, ne saurait se prolonger au delà.

Sans doute, il y a plus de nuances, plus de liens entre les pensées, dans ces périodes qui forment un tout, et rassemblent sous un même point de vue les divers rapports qui tiennent au même sujet; mais, si l'on se laissait aller à l'enchaînement naturel des différentes pensées entre elles, on finirait par vouloir les mettre toutes dans une même phrase. L'esprit humain a besoin de morceler pour comprendre; et l'on risque de prendre des lueurs pour des vérités, quand les formes mêmes du langage sont obscures.

L'art de traduire est poussé plus loin en allemand que dans aucun autre dialecte européen. Voss[1] a transporté dans sa langue les poètes grecs et latins avec une étonnante exactitude, et W. Schlegel[2] les poètes anglais, italiens et espagnols, avec une vérité de coloris dont il n'y avait point d'exemple avant lui. Lorsque l'allemand se prête à la traduction de l'anglais, il ne perd pas son caractère naturel, puisque ces langues sont toutes deux d'origine germanique; mais quelque mérite qu'il y ait dans la traduction d'Homère par Voss, elle fait de *l'Iliade* et de *l'Odyssée* des poèmes dont le style est grec, bien que les mots soient allemands. La connaissance de l'antiquité y gagne; l'originalité propre à l'idiome de chaque nation y perd nécessairement. Il semble que ce soit une contradiction d'accuser la langue allemande tout à la fois de trop de flexibilité et de trop de rudesse; mais ce qui se concilie dans les caractères peut aussi se concilier dans les langues; et souvent dans la même personne, les inconvénients de la rudesse n'empêchent pas ceux de la flexibilité.

Ces défauts se font sentir beaucoup plus rarement

[1] Johann Heinrich Voss (1751–1826). His translation of the *Odyssey* (1781) remains one of the best renderings of Homer into a modern tongue. His *Iliad* (1793) is less successful for the very reason given by Mme de Staël in this paragraph. In striving after philological accuracy he was led to sacrifice native idiom.

[2] August Wilhelm von Schlegel (1767–1845), Professor of Literature and Fine Art at Jena (1798). Lectured at Berlin (1801–4) on *Schöne Litteratur* and at Vienna (1808–1810) on *Dramatische Kunst und Litteratur*. This last course was translated into French by Mme Necker de Saussure in 1814. Schlegel was introduced to Mme de Staël by Goethe, and acted as tutor to her sons, living for about fourteen years under her roof. To him were mainly due the inception and composition of *De l'Allemagne*. Thanks to his translations, written with the help of his wife Caroline (who afterwards married Schelling the philosopher), Germans are almost justified in claiming Shakespeare as one of their own national poets.

dans les vers que dans la prose, et dans les compositions originales que dans les traductions; je crois donc qu'on peut dire avec vérité, qu'il n'y a point aujourd'hui de poésie plus frappante et plus variée que celle des Allemands.

La versification est un art singulier, dont l'examen est inépuisable; les mots qui, dans les rapports ordinaires de la vie, servent seulement de signe à la pensée, arrivent à notre âme par le rythme des sons harmonieux, et nous causent une double jouissance, qui naît de la sensation et de la réflexion réunies; mais si toutes les langues sont également propres à dire ce que l'on pense, toutes ne le sont pas également à faire partager ce que l'on éprouve, et les effets de la poésie tiennent encore plus à la mélodie des paroles qu'aux idées qu'elles expriment.

L'allemand est la seule langue moderne qui ait des syllabes longues et brèves, comme le grec et le latin; tous les autres dialectes européens sont plus ou moins accentués, mais les vers ne sauraient s'y mesurer à la manière des anciens d'après la longueur des syllabes[1]: l'accent donne de l'unité aux phrases comme aux mots, il a du rapport avec la signification de ce qu'on dit; l'on insiste sur ce qui doit déterminer le sens, et la prononciation, en faisant ressortir telle ou telle parole, rapporte tout à l'idée principale. Il n'en est pas ainsi de la durée musicale des sons dans le langage; elle est bien plus favorable à la poésie que l'accent, parce qu'elle n'a point d'objet positif et qu'elle donne seulement un plaisir noble et vague, comme toutes les jouissances sans but. Chez

[1] Yet gallant attempts were made by the Renaissance poets, both French and English, to write vernacular quantitative verse. The seventeenth century in France was free from these experiments, but they were renewed with singularly ill success by Turgot in 1778 (*Didon, poème en vers métriques hexamètres*). Mme de Staël indicates a little later the true reasons why French does not favour the adoption of the classical system of metre. These are (1) the absence of long syllables, and (2) the importance of the prose accent which is bound to conflict disagreeably with the rhythmical accent. Cp. "Nostre langue n'est pas capable de vers mesurés, premièrement parce qu'elle n'a quasi point de longues, et puis qu'elle n'a nuls accents et se prononce quasi tout d'une teneur sans changement de voix." Cardinal Du Perron (*Perroniana*, 1669).

les anciens, les syllabes étaient scandées d'après la nature des voyelles et les rapports des sons entre eux; l'harmonie seule en décidait: en allemand tous les mots accessoires sont brefs, et c'est la dignité grammaticale, c'est-à-dire l'importance de la syllabe radicale, qui détermine sa quantité; il y a moins de charme dans cette espèce de prosodie que dans celle des anciens, parce qu'elle tient plus aux combinaisons abstraites qu'aux sensations involontaires; néanmoins c'est toujours un grand avantage pour une langue d'avoir dans sa prosodie de quoi suppléer à la rime.

C'est une découverte moderne que la rime[1]; elle tient à tout l'ensemble de nos beaux-arts, et ce serait s'interdire de grands effets que d'y renoncer; elle est l'image de l'espérance et du souvenir. Un son nous fait désirer celui qui doit lui répondre, et quand le second retentit, il nous rappelle celui qui vient de nous échapper. Néanmoins cette agréable régularité doit nécessairement nuire au naturel dans l'art dramatique, et à la hardiesse dans le poème épique. On ne saurait guère se passer de la rime dans les idiomes dont la prosodie est peu marquée; et cependant la gêne de la construction peut être telle, dans certaines langues, qu'un poète audacieux et penseur aurait besoin de faire goûter l'harmonie des vers sans l'asservissement de la rime. Klopstock[2] a banni les alexandrins de la poésie allemande[3]; il les a remplacés par les hexamètres et les vers ïambiques non rimés en usage aussi chez les Anglais, et qui donnent à l'imagination beaucoup de liberté. Les vers alexandrins convenaient très mal à la langue allemande; on peut s'en convaincre par les poésies du grand Haller[4] lui-même,

[1] Modern, as distinguished from classical. Rime appears in France at the beginning of the twelfth century ("Grant mal fist Adam"), and in Germany as early as the ninth century (Otfrid).

[2] Friedrich Gottlieb Klopstock (1724–1803). His *Messias* (1748–73) was first written in prose and afterwards turned into hexameters. His *Oden* (1771) are in a variety of metres.

[3] The so-called "second Silesian school" of the 17th and 18th centuries (Canitz, Neukirch, etc.) wrote epics and satires in the metre and according to the rules of Boileau.

[4] Albrecht von Haller (1708–77), the great anatomist and physiologist,

quelque mérite qu'elles aient; une langue dont la prononciation est si forte étourdit par le retour et l'uniformité des hémistiches. D'ailleurs cette forme de vers appelle les sentences et les antithèses, et l'esprit allemand est trop scrupuleux et trop vrai pour se prêter à ces antithèses, qui ne présentent jamais les idées ni les images dans leur parfaite sincérité, ni dans leurs plus exactes nuances. L'harmonie des hexamètres, et surtout des vers ïambiques non rimés, n'est que l'harmonie naturelle inspirée par le sentiment; c'est une déclamation notée, tandis que le vers alexandrin impose un certain genre d'expressions et de tournures dont il est bien difficile de sortir. La composition de ce genre de vers est un art tout à fait indépendant même du génie poétique; on peut posséder cet art sans avoir ce génie, et l'on pourrait au contraire être un grand poète et ne pas se sentir capable de s'astreindre à cette forme.

Nos meilleurs poètes lyriques, en France, ce sont peut-être nos grands prosateurs, Bossuet, Pascal, Fénelon, Buffon, Jean-Jacques, etc. Le despotisme des alexandrins force souvent à ne point mettre en vers ce qui serait pourtant de la véritable poésie[1]; tandis que chez les nations étrangères, la versification étant beaucoup plus facile et plus naturelle, toutes les pensées poétiques inspirent des vers, et l'on ne laisse en général à la prose que le raisonnement. On pourrait défier Racine lui-même de traduire en vers français Pindare, Pétrarque ou Klopstock, sans dénaturer entièrement leur caractère. Ces poètes ont un genre d'audace qui ne se trouve guère que dans les langues où l'on peut réunir tout le charme de la versification à l'originalité que la prose permet seule en français.

discovered to the world the beauty of mountain scenery in his poem *Die Alpen* (1734). He was professor at Göttingen from 1736 to 1753, but he spent the last twenty years of his life in his native Bern.

[1] See below, p. 32, and cp. "Je prétends qu'il faut désormais faire des tragédies pour nous, jeunes gens raisonneurs, sérieux et un peu envieux, de l'an de grâce 1823: ces tragédies-là doivent être en prose. De nos jours le vers alexandrin n'est le plus souvent qu'un cache-sottise." Stendhal, *Racine et Shakespeare*, p. 2.

Un des grands avantages des dialectes germaniques en poésie, c'est la variété et la beauté de leurs épithètes. L'allemand, sous ce rapport aussi, peut se comparer au grec; l'on sent dans un seul mot plusieurs images, comme dans la note fondamentale d'un accord on entend les autres sons dont il est composé, ou comme de certaines couleurs renouvellent en nous la sensation de celles qui en dépendent. L'on ne dit en français que ce qu'on veut dire, et l'on ne voit point errer autour des paroles ces nuages à mille formes, qui entourent la poésie des langues du Nord, et réveillent une foule de souvenirs. A la liberté de former une seule épithète de deux ou trois se joint celle d'animer le langage, en faisant des noms avec les verbes: *le vivre*, *le vouloir*, *le sentir*, sont des expressions moins abstraites que la vie, la volonté, le sentiment; et tout ce qui tend à changer la pensée en action donne toujours plus de mouvement au style. La facilité de renverser à son gré la construction de la phrase est aussi très favorable à la poésie, et permet d'exciter, par les moyens variés de la versification, des impressions analogues à celles de la peinture et de la musique. Enfin l'esprit général des dialectes teutoniques, c'est l'indépendance; les écrivains cherchent avant tout à transmettre ce qu'ils sentent; ils diraient volontiers à la poésie, comme Héloïse à son amant: *S'il y a un mot plus vrai, plus tendre, plus profond encore pour exprimer ce que j'éprouve, c'est celui-là que je veux choisir*[1]. Le souvenir des convenances de société poursuit en France le talent jusque dans ses émotions les plus intimes; et la crainte du ridicule est l'épée de Damoclès, qu'aucune fête de l'imagination ne peut faire oublier.

On parle souvent dans les arts du mérite de la difficulté vaincue; néanmoins on l'a dit avec raison: *ou cette difficulté ne se sent pas, et alors elle est nulle, ou elle se sent, et alors elle n'est pas vaincue*[2]. Les entraves font ressortir

[1] Cp. *Lettres d'Abélard et d'Héloïse*, traduites par J.-F. Bastien (1782).

[2] Cp. "La rime et la mesure sont toujours des entraves pour la justesse, et le meilleur succès qu'on puisse attendre en s'y assujettissant, c'est de paraître n'avoir pas été gêné." Houdart de La Motte, *L'Ode de M. de la*

l'habileté de l'esprit; mais il y a souvent dans le vrai génie une sorte de maladresse, semblable, à quelques égards, à la duperie des belles âmes; et l'on aurait tort de vouloir l'asscrvir à des gênes arbitraires, car il s'en tirerait beaucoup moins bien que des talents du second ordre.

De la poésie[1].

Ce quï est vraiment divin dans le cœur de l'homme ne peut être défini; s'il y a des mots pour quelques traits, il n'y en a point pour exprimer l'ensemble et surtout le mystère de la véritable beauté dans tous les genres. Il est difficile de dire ce qui n'est pas de la poésie; mais si l'on veut comprendre ce qu'elle est, il faut appeler à son secours les impressions qu'excitent une belle contrée, une musique harmonieuse, le regard d'un objet chéri, et, par-dessus tout, un sentiment religieux qui nous fait éprouver en nous-mêmes la présence de la Divinité. La poésie est le langage naturel à tous les cultes. La Bible est pleine de poésie. Homère est plein de religion; ce n'est pas qu'il y ait des fictions dans la Bible, ni des dogmes dans Homère; mais l'enthousiasme rassemble dans un même foyer des sentiments divers; l'enthousiasme est l'encens de la terre vers le ciel, il les réunit l'un à l'autre[2].

Le don de révéler par la parole ce qu'on ressent au fond du cœur est très rare; il y a pourtant de la poésie dans tous les êtres capables d'affections vives et pro-

Faye mise en prose (1730), "La seule idée de la difficulté donne de l'agrément aux rimes qui naturellement n'en ont aucune." Fontenelle, *Réflexions sur la poétique*, lxx. (1742).

[1] Chapitre X.

[2] Cp. *ἔνθεον ἡ ποίησις*, Aristotle, *Rhet.* iii. 7. 1408 b 19: *διὸ εὐφυοῦς ἡ ποιητικη ἐστιν ἢ μανικοῦ*, Id. *Poet.* xvii. 2. (See also Plato, *Apol.* 22 C.) The same view was held, *mutatis mutandis*, by the modern expert Lombroso, who maintained that genius is a special morbid condition. (See *The Man of Genius*, 1891.) On the other hand Charles Lamb says, "So far from the position holding true that great wit (or genius in our modern way of speaking) has a necessary alliance with insanity, the greatest wits on the contrary will ever be found to be the sanest writers." (*Last Essays of Elia*, The Sanity of True Genius.)

fondes; l'expression manque à ceux qui ne sont pas exercés à la trouver. Le poète ne fait, pour ainsi dire, que dégager le sentiment prisonnier au fond de l'âme; le génie poétique est une disposition intérieure, de la même nature que celle qui rend capable d'un généreux sacrifice: c'est rêver l'héroïsme que de composer une belle ode. Si le talent n'était pas mobile, il inspirerait aussi souvent les belles actions que les touchantes paroles; car elles partent toutes également de la conscience du beau, qui se fait sentir en nous-mêmes.

Un homme d'un esprit supérieur disait que *la prose était factice, et la poésie naturelle:* en effet, les nations peu civilisées commencent toujours par la poésie, et, dès qu'une passion forte agite l'âme, les hommes les plus vulgaires se servent, à leur insu, d'images et de métaphores; ils appellent à leur secours la nature extérieure pour exprimer ce qui se passe en eux d'inexprimable. Les gens du peuple sont beaucoup plus près d'être poètes que les hommes de bonne compagnie; car la convenance et le persiflage ne sont propres qu'à servir de bornes, ils ne peuvent rien inspirer.

Il y a lutte interminable dans ce monde entre la poésie et la prose, et la plaisanterie doit toujours se mettre du côté de la prose; car c'est rabattre que de plaisanter. L'esprit de société est cependant très favorable à la poésie de la grâce et de la gaîté, dont l'Arioste, La Fontaine, Voltaire, sont les plus brillants modèles. La poésie dramatique est admirable dans nos premiers écrivains; la poésie descriptive et surtout la poésie didactique, ont été portées chez les Français à un très haut degré de perfection; mais il ne paraît pas qu'ils soient appelés jusqu'à présent à se distinguer dans la poésie lyrique[1] ou épique, telle que les anciens et les étrangers la conçoivent.

La poésie lyrique s'exprime au nom de l'auteur même; ce n'est plus dans un personnage qu'il se transporte, c'est en lui-même qu'il trouve les divers mouvements dont il

[1] Want of knowledge is the only excuse for such a statement. For Mme de Staël, as for Boileau, French poetry began with Malherbe.

est animé: J.-B. Rousseau dans ses *Odes religieuses*, Racine dans *Athalie*, se sont montrés poètes lyriques; ils étaient nourris des psaumes et pénétrés d'une foi vive; néanmoins les difficultés de la langue et de la versification française s'opposent presque toujours à l'abandon de l'enthousiasme. On peut citer des strophes admirables dans quelques-unes de nos odes; mais y en a-t-il une entière, dans laquelle le dieu n'ait point abandonné le poète? De beaux vers ne sont pas de la poésie; l'inspiration, dans les arts, est une source inépuisable, qui vivifie depuis la première parole jusqu'à la dernière: amour, patrie, croyance, tout doit être divinisé dans l'ode, c'est l'apothéose du sentiment: il faut, pour concevoir la vraie grandeur de la poésie lyrique, errer par la rêverie dans les régions éthérées, oublier le bruit de la terre en écoutant l'harmonie céleste, et considérer l'univers entier comme un symbole des émotions de l'âme.

L'énigme de la destinée humaine n'est de rien pour la plupart des hommes; le poète l'a toujours présente à l'imagination. L'idée de la mort, qui décourage les esprits vulgaires, rend le génie plus audacieux, et le mélange des beautés de la nature et des terreurs de la destruction excite je ne sais quel délire de bonheur et d'effroi, sans lequel l'on ne peut ni comprendre ni décrire le spectacle de ce monde. La poésie lyrique ne raconte rien, ne s'astreint en rien à la succession des temps, ni aux limites des lieux; elle plane sur les pays et sur les siècles; elle donne de la durée à ce moment sublime, pendant lequel l'homme s'élève au-dessus des peines et des plaisirs de la vie. Il se sent au milieu des merveilles du monde comme un être à la fois créateur et créé, qui doit mourir et qui ne peut cesser d'être, et dont le cœur tremblant et fort en même temps, s'enorgueillit en lui-même et se prosterne devant Dieu.

Les Allemands, réunissant tout à la fois, ce qui est très rare, l'imagination et le recueillement contemplatif, sont plus capables que la plupart des autres nations de la poésie lyrique. Les modernes ne peuvent se passer d'une certaine profondeur d'idées dont une religion spiritualiste leur a donné l'habitude; et si cependant cette profondeur n'était point revêtue d'images, ce ne serait pas de la poésie: il faut donc que la nature grandisse aux yeux de l'homme, pour qu'il puisse s'en servir comme de l'emblème de ses pensées. Les bosquets, les fleurs et les ruisseaux, suffisaient aux poètes du paganisme; la solitude des forêts, l'Océan sans bornes, le ciel étoilé, peuvent à peine exprimer l'éternel et l'infini dont l'âme des chrétiens est remplie.

Les Allemands n'ont pas plus que nous de poème épique; cette admirable composition ne paraît pas accordée aux modernes, et peut-être n'y a-t-il que *l'Iliade* qui réponde entièrement à l'idée qu'on se fait de ce genre d'ouvrage: il faut, pour le poème épique, un concours singulier de circonstances qui ne s'est rencontré que chez les Grecs, l'imagination des temps héroïques et la perfection du langage des temps civilisés. Dans le moyen âge, l'imagination était forte, mais le langage imparfait; de nos jours, le langage est pur, mais l'imagination est en défaut. Les Allemands ont beaucoup d'audace dans les idées et dans le style, et peu d'invention dans le fond du sujet; leurs essais épiques se rapprochent presque toujours du genre lyrique. Ceux des Français rentrent plutôt dans le genre dramatique, et l'on y trouve plus d'intérêt que de grandeur. Quand il s'agit de plaire au théâtre, l'art de se circonscrire dans un cadre donné, de deviner le goût des spectateurs et de s'y plier avec adresse, fait une partie du succès, tandis que rien ne doit tenir aux circonstances extérieures et passagères, dans la composition d'un poème épique. Il exige des beautés absolues, des beautés qui frappent le lecteur solitaire, lorsque ses sentiments sont plus naturels, et son imagination plus hardie. Celui qui voudrait trop hasarder dans un poème épique pourrait bien encourir le blâme sévère du bon goût français; mais celui qui ne hasarderait rien n'en serait pas moins dédaigné.

Boileau, tout en perfectionnant le goût et la langue, a donné à l'esprit français, l'on ne saurait le nier, une disposition très défavorable à la poésie. Il n'a parlé que de ce qu'il fallait éviter, il n'a insisté que sur des préceptes de raison et de sagesse, qui ont introduit dans la littérature une sorte de pédanterie très nuisible au sublime élan des arts. Nous avons en français des chefs-d'œuvre de versification; mais comment peut-on appeler la versification de la poésie! Traduire en vers ce qui était fait pour rester en prose, exprimer en dix syllabes, comme Pope, les jeux de cartes et leurs moindres détails[1], ou comme les derniers poèmes qui ont paru chez nous, le trictrac, les échecs, la chimie[2]: c'est un tour de passe-passe en fait de paroles; c'est composer avec les mots, comme avec les notes, des sonates sous le nom de poème.

Il faut cependant une grande connaissance de la langue poétique pour décrire ainsi noblement les objets qui prêtent le moins à l'imagination, et l'on a raison d'admirer quelques morceaux détachés de ces galeries de tableaux; mais les transitions qui les lient entre eux sont nécessairement prosaïques, comme ce qui se passe dans la tête de l'écrivain. Il s'est dit:—Je ferai des vers sur ce sujet, puis sur celui-ci, puis sur celui-là;—et, sans s'en apercevoir, il nous met dans la confidence de sa manière de travailler. Le véritable poète conçoit, pour ainsi dire, tout son poème à la fois au fond de son âme; sans les difficultés du langage, il improviserait, comme la sibylle et les prophètes, les hymnes saints du génie. Il est ébranlé par ses conceptions comme par un événement de sa vie; un monde nouveau s'offre à lui; l'image sublime de chaque situation, de chaque caractère, de chaque

[1] e.g. Pope, *The Basset Table, an Eclogue* (1716).

[2] The chief of the poetasters, whom Mme de Staël probably has in mind and whose amiable trifles she judges with perhaps too great severity, was the Abbé Jacques Delille (1738–1813). *Ex pede Herculem*: here is his description of a dice-box:

"Dans le cornet fatal le dez a retenti:
Il s'agite, il prélude, il sort, il est sorti."

Cp. Sainte-Beuve, *Portraits littéraires*, ii. 70. Delille died just before the publication of *De l'Allemagne*, and was buried with signal pomp as "le prince des poètes." V. Hugo began by admiring him, though he afterwards turned against him savagely.

beauté de la nature, frappe ses regards, et son cœur bat pour un bonheur céleste qui traverse comme un éclair l'obscurité du sort. La poésie est une possession momentanée de tout ce que notre âme souhaite; le talent fait disparaître les bornes de l'existence, et change en images brillantes le vague espoir des mortels.

Il serait plus aisé de décrire les symptômes du talent que de lui donner des préceptes; le génie se sent comme l'amour, par la profondeur même de l'émotion dont il pénètre celui qui en est doué: mais si l'on osait donner des conseils à ce génie, dont la nature veut être le seul guide, ce ne seraient pas des conseils purement littéraires qu'on devrait lui adresser: il faudrait parler aux poètes comme à des citoyens, comme à des héros; il faudrait leur dire:—Soyez vertueux, soyez croyants, soyez libres, respectez ce que vous aimez, cherchez l'immortalité dans l'amour, et la Divinité dans la nature; enfin, sanctifiez votre âme comme un temple, et l'ange des nobles pensées ne dédaignera pas d'y apparaitre.

De la poésie classique et de la poésie romantique[1].

Le nom de *romantique* a été introduit nouvellement en Allemagne[2], pour désigner la poésie dont les chants

[1] Chapitre XI.

[2] The word "romantisch," which, like "romantique," had long been applied to things fantastic or unwonted, partaking of the nature of romance, began to be used towards the end of the 18th century as a proper epithet of things medieval, as opposed to classical. Thus Wieland in his *Oberon* (1780) i. 1 writes:

"Noch einmal sattelt mir den Hippogryfen, ihr Musen,
Zum Ritt ins alte romantische Land..."

and Schiller's *Jungfrau von Orleans* (1802) is described on the title-page as "Eine romantische Tragödie." A. W. von Schlegel justified this use of the word in his Berlin Lectures (1801–4): "Ich will hier bemerken dass der Name romantische Poesie...treffend gewählt sey. Denn Romanisch, Romance, nennte man die neuen aus der Vermischung der Lateinischen mit der Sprache der Eroberer entstandenen Dialekte; daher Romane, die darin geschriebenen Dichtungen woher denn romantisch abgeleitet ist, und ist der Charakter dieser Poesie Verschmelzung des altdeutschen mit den späteren d. h. christlichen gewordenen Römischen, so werden auch ihre Elemente schon durch den Namen angedeutet." *Vorlesungen über Schöne Litteratur*, p. 17. Mme de Staël is the first French writer to use the word *romantique* in the special sense.

des troubadours[1] ont été l'origine, celle qui est née de la chevalerie et du christianisme. Si l'on n'admet pas que le paganisme et le christianisme, le Nord et le Midi, l'antiquité et le moyen âge, la chevalerie et les institutions grecques et romaines, se sont partagé l'empire de la littérature, l'on ne parviendra jamais à juger sous un point de vue philosophique le goût antique et le goût moderne.

On prend quelquefois le mot classique comme synonyme de perfection. Je m'en sers ici dans une autre acception, en considérant la poésie classique comme celle des anciens, et la poésie romantique comme celle qui tient de quelque manière aux traditions chevaleresques. Cette division se rapporte également aux deux ères du monde; celle qui a précédé l'établissement du christianisme, et celle qui l'a suivi.

On a comparé aussi dans divers ouvrages allemands la poésie antique à la sculpture, et la poésie romantique à la peinture[2]; enfin, l'on a caractérisé de toutes les manières la marche de l'esprit humain, passant des religions matérialistes aux religions spiritualistes, de la nature à la Divinité.

La nation française, la plus cultivée des nations latines, penche vers la poésie classique, imitée des Grecs et des Romains. La nation anglaise, la plus illustre des nations germaniques, aime la poésie romantique et chevaleresque, et se glorifie des chefs-d'œuvre qu'elle possède en ce genre. Je n'examinerai point ici lequel

[1] Mme de Staël owed all she knew about the troubadours to A. W. von Schlegel, who was one of the few men of his time (others were Raynouard and Fauriel) with any knowledge of Provençal. The fiction to which they gave currency, viz. that to Provence and the troubadours belongs all the honour of initiating the romances of chivalry, has long been given up. The *langue d'oïl* had an equal share with the *langue d'oc* in the invention of medieval poetry.

[2] e.g. A. W. von Schlegel in his Vienna lectures. The influence of both the Schlegels is specially prominent throughout this chapter, and at least two passages, viz. *la poésie des anciens est plus pure comme art* etc. (p. 21) and *la littérature romantique est la seule* etc. (p. 22), are directly echoed from Friedrich von Schlegel. Cp. O. F. Walzel, *Frau von Staëls Buch "De l'Allemagne" und Wilhelm Schlegel* (1898), p. 309.

de ces deux genres de poésie mérite la préférence: il suffit de montrer que la diversité des goûts, à cet égard, dérive non seulement de causes accidentelles, mais aussi des sources primitives de l'imagination et de la pensée.

Il y a dans les poèmes épiques et dans les tragédies des anciens, un genre de simplicité qui tient à ce que les hommes étaient identifiés à cette époque avec la nature, et croyaient dépendre du destin, comme elle dépend de la nécessité. L'homme, réfléchissant peu, portait toujours l'action de son âme au dehors; la conscience elle-même était figurée par des objets extérieurs, et les flambeaux des Furies secouaient les remords sur la tête des coupables. L'événement était tout dans l'antiquité; le caractère tient plus de place dans les temps modernes; et cette réflexion inquiète, qui nous dévore souvent comme le vautour de Prométhée, n'eût semblé que de la folie, au milieu des rapports clairs et prononcés qui existaient dans l'état civil et social des anciens.

On ne faisait en Grèce, dans le commencement de l'art, que des statues isolées; les groupes ont été composés plus tard. On pourrait dire de même, avec vérité, que dans tous les arts il n'y avait point de groupes: les objets représentés se succédaient comme dans les bas-reliefs, sans combinaison, sans complication d'aucun genre. L'homme personnifiait la nature; des nymphes habitaient les eaux, des hamadryades les forêts: mais la nature, à son tour, s'emparait de l'homme, et l'on eût dit qu'il ressemblait au torrent, à la foudre, au volcan, tant il agissait par une impulsion involontaire, et sans que la réflexion pût en rien altérer les motifs ni les suites de ses actions. Les anciens avaient, pour ainsi dire, une âme corporelle, dont tous les mouvements étaient forts, directs et conséquents; il n'en est pas de même du cœur humain développé par le christianisme: les modernes ont puisé dans le repentir chrétien l'habitude de se replier continuellement sur eux-mêmes.

Mais, pour manifester cette existence tout intérieure, il faut qu'une grande variété dans les faits présente sous toutes les formes les nuances infinies de ce qui se passe dans l'âme. Si de nos jours les beaux-arts étaient astreints à la simplicité des anciens, nous n'atteindrions pas à la force primitive qui les distingue, et nous perdrions les émotions intimes et multipliées dont notre âme est susceptible. La simplicité de l'art, chez les modernes, tournerait facilement à la froideur et à l'abstraction, tandis que celle des anciens était pleine de vie. L'honneur et l'amour, la bravoure et la pitié sont les sentiments qui signalent le christianisme chevaleresque; et ces dispositions de l'âme ne peuvent se faire voir que par les dangers, les exploits, les amours, les malheurs, l'intérêt romantique enfin, qui varie sans cesse les tableaux. Les sources des effets de l'art sont donc différentes, à beaucoup d'égards, dans la poésie classique et dans la poésie romantique; dans l'une, c'est le sort qui règne, dans l'autre, c'est la Providence; le sort ne compte pour rien les sentiments des hommes, la Providence ne juge les actions que d'après les sentiments. Comment la poésie ne créerait-elle pas un monde d'une toute autre nature, quand il faut peindre l'œuvre d'un destin aveugle et sourd, toujours en lutte avec les mortels, ou cet ordre intelligent auquel préside un Être suprême, que notre cœur interroge, et qui répond à notre cœur!

La poésie païenne doit être simple et saillante comme les objets extérieurs; la poésie chrétienne a besoin des mille couleurs de l'arc-en-ciel pour ne pas se perdre dans les nuages. La poésie des anciens est plus pure comme art, celle des modernes fait verser plus de larmes[1]; mais la question pour nous n'est pas entre la poésie classique et la poésie romantique; mais entre l'imitation de l'une et l'inspiration de l'autre. La littérature des anciens est chez les modernes une littérature transplantée: la littérature romantique ou chevaleresque est chez nous indigène, et c'est notre religion et nos institutions qui l'ont fait éclore. Les écrivains imitateurs des anciens se sont soumis aux règles du goût les plus sévères; car ne pouvant consulter ni leur propre nature, ni leurs propres

[1] See above, p. 19, n. 2.

souvenirs, il a fallu qu'ils se conformassent aux lois d'après lesquelles les chefs-d'œuvre des anciens peuvent être adaptés à notre goût, bien que toutes les circonstances politiques et religieuses qui ont donné le jour à ces chefs-d'œuvre soient changées. Mais ces poésies d'après l'antique, quelque parfaites qu'elles soient, sont rarement populaires, parce qu'elles ne tiennent, dans le temps actuel, à rien de national.

La poésie française, étant la plus classique de toutes les poésies modernes, est la seule qui ne soit pas répandue parmi le peuple. Les stances du Tasse sont chantées par les gondoliers de Venise; les Espagnols et les Portugais de toutes les classes savent par cœur les vers de Calderon et de Camoëns. Shakespeare est autant admiré par le peuple en Angleterre que par la classe supérieure. Des poèmes de Gœthe et de Bürger sont mis en musique, et vous les entendez répéter des bords du Rhin jusqu'à la Baltique. Nos poètes français sont admirés par tout ce qu'il y a d'esprits cultivés chez nous et dans le reste de l'Europe; mais ils sont tout à fait inconnus aux gens du peuple et aux bourgeois même des villes, parce que les arts en France ne sont pas, comme ailleurs, natifs du pays même où leurs beautés se développent[1].

Quelques critiques français ont prétendu que la littérature des peuples germaniques était encore dans l'enfance de l'art; cette opinion est tout à fait fausse; les hommes les plus instruits dans la connaissance des langues et des ouvrages des anciens n'ignorent certainement pas les inconvénients et les avantages du genre qu'ils adoptent, ou de celui qu'ils rejettent; mais leur caractère, leurs habitudes et leurs raisonnements les ont conduits à préférer la littérature fondée sur les souvenirs de la chevalerie, sur le merveilleux du moyen-âge, à celle dont la mythologie des Grecs est la base. La littérature romantique est la seule qui soit susceptible encore d'être perfectionnée, parce qu'ayant ses racines dans notre

[1] She forgets La Fontaine of whom Taine says, "c'est La Fontaine qui est notre Homère."

propre sol, elle est la seule qui puisse croître et se vivifier de nouveau; elle exprime notre religion; elle rappelle notre histoire; son origine est ancienne, mais non antique[1].

La poésie classique doit passer par les souvenirs du paganisme pour arriver jusqu'à nous: la poésie des Germains est l'ère chrétienne des beaux-arts: elle se sert de nos impressions personnelles pour nous émouvoir: le génie qui l'inspire s'adresse immédiatement à notre cœur, et semble évoquer notre vie elle-même comme un fantôme, le plus puissant et le plus terrible de tous.

Du goût[2].

Ceux qui se croient du goût en sont plus orgueilleux que ceux qui se croient du génie. Le goût est en littérature comme le bon ton en société; on le considère comme une preuve de la fortune, de la naissance, ou du moins des habitudes qui tiennent à toutes les deux; tandis que le génie peut naître dans la tête d'un artisan qui n'aurait jamais eu de rapport avec la bonne compagnie[3]. Dans tout pays où il y aura de la vanité, le goût sera mis au premier rang, parce qu'il sépare les classes, et qu'il est un signe de ralliement entre tous les individus de la première. Dans tous les pays où s'exercera la puissance du ridicule, le goût sera compté comme l'un des premiers avantages, car il sert surtout à connaître ce qu'il faut éviter. Le tact des convenances est une partie du goût, et c'est une arme excellente pour parer les coups, entre les divers amours-propres; enfin, il peut arriver qu'une nation entière se place en aristocratie de bon goût, par rapport aux autres, et qu'elle soit ou qu'elle se croie la seule bonne compagnie de l'Europe; et c'est ce qui peut s'appliquer à la France, où l'esprit

[1] See above, p. 19, n. 2.

[2] Chapitre XIV.

[3] Cp. "Quand il y a peu de société l'esprit est rétréci, sa pointe s'émousse, il n'y a pas de quoi se nommer le goût." Voltaire, *Encyclopédie*, s.v. *goût*.

de société régnait si éminemment, qu'elle avait quelque excuse pour cette prétention.

Mais le goût, dans son application aux beaux-arts, diffère singulièrement du goût dans son application aux convenances sociales : lorsqu'il s'agit de forcer les hommes à nous accorder une considération éphémère comme notre vie, ce qu'on ne fait pas est au moins aussi nécessaire que ce qu'on fait ; car le grand monde est si facilement hostile, qu'il faut des agréments bien extraordinaires pour qu'il compense l'avantage de ne donner prise sur soi à personne : mais le goût en poésie tient à la nature, et doit être créateur comme elle; les principes de ce goût sont donc tout autres que ceux qui dépendent des relations de la société.

C'est la confusion de ces deux genres qui est la cause des jugements si opposés en littérature; les Français jugent les beaux-arts comme des convenances, et les Allemands les convenances comme des beaux-arts : dans les rapports avec la société il faut se défendre, dans les rapports avec la poésie il faut se livrer. Si vous considérez tout en homme du monde, vous ne sentirez point la nature; si vous considérez tout en artiste, vous manquerez du tact que la société seule peut donner. S'il ne faut transporter dans les arts que l'imitation de la bonne compagnie, les Français seuls en sont vraiment capables; mais plus de latitude dans la composition est nécessaire pour remuer fortement l'imagination et l'âme. Je sais qu'on peut m'objecter avec raison que nos trois grands tragiques, sans manquer aux règles établies, se sont élevés à la plus sublime hauteur. Quelques hommes de génie, ayant à moissonner dans un champ tout nouveau, ont su se rendre illustres, malgré les difficultés qu'ils avaient à vaincre; mais la cessation des progrès de l'art, depuis eux, n'est-elle pas une preuve qu'il y a trop de barrières dans la route qu'ils ont suivie?

Le bon goût en littérature est, à quelques égards, comme l'ordre sous le despotisme ; il importe d'examiner à quel prix on l'achète[1]. *En politique*, disait M. Necker,

[1] Mme de Staël says these two-and-a-half lines were marked by the

il faut toute la liberté qui est conciliable avec l'ordre. Je retournerais la maxime, en disant : il faut, en littérature, tout le goût qui est conciliable avec le génie : car si l'important dans l'état social, c'est le repos, l'important dans la littérature, au contraire, c'est l'intérêt, le mouvement, l'émotion, dont le goût à lui tout seul est souvent l'ennemi.

On pourrait proposer un traité de paix entre les façons de juger, artistes et mondaines, des Allemands et des Français. Les Français devraient s'abstenir de condamner, même une faute de convenance, si elle avait pour excuse une pensée forte ou un sentiment vrai. Les Allemands devraient s'interdire tout ce qui offense le goût naturel, tout ce qui retrace des images que les sensations repoussent : aucune théorie philosophique, quelque ingénieuse qu'elle soit, ne peut aller contre les répugnances des sensations, comme aucune poétique des convenances ne saurait empêcher les émotions involontaires. Les écrivains allemands les plus spirituels auraient beau soutenir que, pour comprendre la conduite des filles du roi Lear envers leur père, il faut montrer la barbarie des temps dans lesquels elles vivaient, et tolérer que le duc de Cornouailles, excité par Régane, écrase avec son talon, sur le théâtre, l'œil de Glocester ; notre imagination se révoltera toujours contre ce spectacle, et demandera qu'on arrive à de grandes beautés par d'autres moyens. Mais les Français aussi dirigeraient toutes leurs critiques littéraires contre la prédiction des sorcières de Macbeth, l'apparition de l'ombre de Banquo, etc., qu'on n'en serait pas moins ébranlé jusqu'au fond de l'âme, par les terribles effets qu'ils voudraient proscrire.

On ne saurait enseigner le bon goût dans les arts, comme le bon ton en société ; car le bon ton sert à cacher ce qui nous manque, tandis qu'il faut avant tout, dans les arts, un esprit créateur : le bon goût ne peut tenir lieu du talent en littérature, car la meilleure preuve de goût, lorsqu'on n'a pas de talent, serait de ne point

censors for suppression. They do not however form one of the eleven peccant passages mentioned by them in their Report.

écrire. Si l'on osait le dire, peut-être trouverait-on qu'en France il y a maintenant trop de freins pour des coursiers si peu fougueux, et qu'en Allemagne beaucoup d'indépendance littéraire ne produit pas encore des résultats assez brillants.

De l'art dramatique[1].

Le théâtre exerce beaucoup d'empire sur les hommes; une tragédie qui élève l'âme, une comédie qui peint les mœurs et les caractères, agissent sur l'esprit d'un peuple presque comme un événement réel; mais pour obtenir un grand succès sur la scène, il faut avoir étudié le public auquel on s'adresse, et les motifs de toute espèce sur lesquels son opinion se fonde. La connaissance des hommes est aussi nécessaire que l'imagination même à un auteur dramatique; il doit atteindre aux sentiments d'un intérêt général, sans perdre de vue les rapports particuliers qui influent sur les spectateurs; c'est la littérature en action qu'une pièce de théâtre, et le génie qu'elle exige n'est si rare que parce qu'il se compose de l'étonnante réunion du tact des circonstances et de l'inspiration poétique. Rien ne serait donc plus absurde que de vouloir à cet égard imposer à toutes les nations le même système; quand il s'agit d'adapter l'art universel au goût de chaque pays, l'art immortel aux mœurs du temps, des modifications très importantes sont inévitables; et de là viennent tant d'opinions diverses sur ce qui constitue le talent dramatique; dans toutes les autres branches de la littérature, on est plus facilement d'accord.

On ne peut nier, ce me semble, que les Français ne soient la nation du monde la plus habile dans la combinaison des effets du théâtre: ils l'emportent aussi sur toutes les autres par la dignité des situations et du style tragique. Mais, tout en reconnaissant cette double supériorité, on peut éprouver des émotions plus profondes par des ouvrages moins bien ordonnés; la conception

[1] Chapitre XV.

des pièces étrangères est quelquefois plus frappante et plus hardie, et souvent elle renferme je ne sais quelle puissance qui parle plus intimement à notre cœur, et touche de plus près aux sentiments qui nous ont personnellement agités.

Comme les Français s'ennuient facilement, ils évitent les longueurs en toutes choses. Les Allemands, en allant au théâtre, ne sacrifient d'ordinaire qu'une triste partie de jeu, dont les chances monotones remplissent à peine les heures; ils ne demandent donc pas mieux que de s'établir tranquillement au spectacle, et de donner à l'auteur tout le temps qu'il veut pour préparer les événements et développer les personnages: l'impatience française ne tolère pas cette lenteur.

Les pièces allemandes ressemblent d'ordinaire aux tableaux des anciens peintres: les physionomies sont belles, expressives, recueillies; mais toutes les figures sont sur le même plan, quelquefois confuses, ou quelquefois placées l'une à côté de l'autre, comme dans les bas-reliefs, sans être réunies en groupes aux yeux des spectateurs. Les Français pensent, avec raison, que le théâtre, comme la peinture, doit être soumis aux lois de la perspective. Si les Allemands étaient habiles dans l'art dramatique, ils le seraient aussi dans tout le reste; mais en aucun genre ils ne sont capables même d'une adresse innocente: leur esprit est pénétrant en ligne droite, les choses belles d'une manière absolue sont de leur domaine; mais les beautés relatives, celles qui tiennent à la connaissance des rapports et à la rapidité des moyens, ne sont pas d'ordinaire du ressort de leurs facultés.

Il est singulier qu'entre ces deux peuples les Français soient celui qui exige la gravité la plus soutenue dans le ton de la tragédie; mais c'est précisément parce que les Français sont plus accessibles à la plaisanterie qu'ils ne veulent pas y donner lieu, tandis que rien ne dérange l'imperturbable sérieux des Allemands: c'est toujours dans son ensemble qu'ils jugent une pièce de théâtre, et ils attendent, pour la blâmer comme pour l'applaudir, qu'elle soit finie. Les impressions des Français sont plus promptes ; et c'est en vain qu'on les préviendrait qu'une pièce comique est destinée à faire ressortir une situation tragique; ils se moqueraient de l'une sans attendre l'autre ; chaque détail doit être pour eux aussi intéressant que le tout : ils ne font pas crédit d'un moment au plaisir qu'ils attendent des beaux-arts.

La différence du théâtre français et du théâtre allemand peut s'expliquer par celle du caractère des deux nations ; mais il se joint à ces différences naturelles des oppositions systématiques dont il importe de connaître la cause. Ce que j'ai déjà dit sur la poésie classique et romantique s'applique aussi aux pièces de théâtre. Les tragédies puisées dans la mythologie sont d'une toute autre nature que les tragédies historiques ; les sujets tirés de la fable étaient si connus, l'intérêt qu'ils inspiraient était si universel, qu'il suffisait de les indiquer pour frapper d'avance l'imagination. Ce qu'il y a d'éminemment poétique dans les tragédies grecques, l'intervention des dieux et l'action de la fatalité, rend leur marche beaucoup plus facile ; le détail des motifs, le développement des caractères, la diversité des faits, deviennent moins nécessaires, quand l'événement est expliqué par une puissance surnaturelle ; le miracle abrège tout. Aussi l'action de la tragédie, chez les Grecs, est-elle d'une étonnante simplicité ; la plupart des événements sont prévus et même annoncés dès le commencement : c'est une cérémonie religieuse qu'une tragédie grecque. Le spectacle se donnait en l'honneur des dieux, et des hymnes interrompus par des dialogues et des récits peignaient tantôt les dieux cléments, tantôt les dieux terribles, mais toujours le destin planant sur la vie de l'homme. Lorsque ces mêmes sujets ont été transportés au théâtre français, nos grands poètes leur ont donné plus de variété ; ils ont multiplié les incidents, ménagé les surprises, et resserré le nœud. Il fallait en effet suppléer de quelque manière à l'intérêt national et religieux que les Grecs prenaient à ces pièces, et que nous n'éprouvions pas ; toutefois, non contents d'animer les pièces grecques, nous avons prêté aux personnages nos mœurs et nos sentiments, la politique et la galanterie modernes; et c'est pour cela qu'un si grand nombre d'étrangers ne conçoivent pas l'admiration que nos chefs-d'œuvre nous inspirent. En effet, quand on les entend dans une autre langue, quand ils sont dépouillés de la beauté magique du style, on est surpris du peu d'émotion qu'ils produisent, et des inconvenances qu'on y trouve; car ce qui ne s'accorde ni avec le siècle, ni avec les mœurs nationales des personnages que l'on représente, n'est-il pas aussi une inconvenance? et n'y a-t-il de ridicule que ce qui ne nous ressemble pas?

Les pièces dont les sujets sont grecs ne perdent rien à la sévérité de nos règles dramatiques; mais si nous voulions goûter, comme les Anglais, le plaisir d'avoir un théâtre historique, d'être intéressés par nos souvenirs, émus par notre religion, comment serait-il possible de se conformer rigoureusement, d'une part, aux trois unités, et de l'autre, au genre de pompe dont on se fait une loi dans nos tragédies?

C'est une question si rebattue que celle des trois unités, qu'on n'ose presque pas en reparler; mais de ces trois unités il n'y en a qu'une d'importante, celle de l'action, et l'on ne peut jamais considérer les autres que comme lui étant subordonnées[1]. Or, si la vérité de l'action perd à la nécessité puérile de ne pas changer de lieu, et de se borner à vingt-quatre heures, imposer cette nécessité, c'est soumettre le génie dramatique à une gêne dans le genre de celle des acrostiches, gêne qui sacrifie le fond de l'art à sa forme.

Voltaire est celui de nos grands poètes tragiques qui a le plus souvent traité des sujets modernes. Il s'est servi, pour émouvoir, du christianisme et de la chevalerie;

[1] Cp. "Qu'est-ce qu'une pièce de théâtre? La représentation d'une action. Pourquoi d'une seule, et non de deux ou trois? C'est que l'esprit humain ne peut embrasser plusieurs objets à la fois; c'est que l'intérêt qui se partage s'anéantit bientôt; c'est que nous sommes choqués de voir même dans un tableau deux événements; c'est qu'enfin la nature seule nous a indiqué ce précepte, qui doit être invariable comme elle." Voltaire, *Préface d'Œdipe* (1730).

et si l'on est de bonne foi, l'on conviendra, ce me semble, qu'*Alzire*, *Zaïre* et *Tancrède*[1] font verser plus de larmes que tous les chefs-d'œuvre grecs et romains de notre théâtre. Dubelloy[2], avec un talent bien subalterne, est pourtant parvenu à réveiller des souvenirs français sur la scène française; et quoiqu'il ne sût point écrire, on éprouve, par ses pièces, un intérêt semblable à celui que les Grecs devaient ressentir quand ils voyaient représenter devant eux les faits de leur histoire. Quel parti le génie ne peut-il pas tirer de cette disposition? Et cependant il n'est presque point d'événements qui datent de notre ère, dont l'action puisse se passer ou dans un même jour, ou dans un même lieu; la diversité des faits qu'entraîne un ordre social plus compliqué, les délicatesses de sentiment qu'inspire une religion plus tendre, enfin, la vérité de mœurs, qu'on doit observer dans les tableaux plus rapprochés de nous, exigent une grande latitude dans les compositions dramatiques.

On peut citer un exemple plus récent de ce qu'il en coûte pour se conformer, dans les sujets tirés de l'histoire moderne, à notre orthodoxie dramatique. *Les Templiers* de M. Raynouard[3] sont certainement l'une des pièces les plus dignes de louange qui aient paru depuis longtemps; cependant qu'y a-t-il de plus étrange que la nécessité où l'auteur s'est trouvé de représenter l'ordre des Templiers

[1] It is worth noting that these three, which are among the most romantic of Voltaire's plays, retained their popularity at least down to 1830.

[2] Dubelloy. So written by Mme de Staël, but the man's real name is Pierre-Laurent-Buyrette de Belloy (1727–1775). His most famous piece was the patriotic *Siège de Calais* (1765) the character of which may be gathered from the following dialogue between Louis XV and the Duc d'Ayen, "Est-il vrai que vous n'aimiez pas le *Siège de Calais*? Je vous croyais meilleur français." "Ah, Sire! je voudrais que le style de la pièce fût aussi bon français que moi." See also two letters from Voltaire to Belloy of 31 March 1765 and 19 April 1767, in the latter of which he says, "Il y a longtemps que nous aurions joué le *Siège de Calais* sur notre petit théâtre de Ferney, si notre compagnie eût été plus nombreuse."

[3] François-Just-Marie Raynouard (1761–1836), famous as one of the first Provençal scholars, see above, p. 19, n. 1. His *Templiers* was produced at the Théâtre Français on 14 May 1805 with immense success. For an account of this play and also of Raynouard's *Choix des poésies des Troubadours* (1816–1821) see Sainte-Beuve, *Causeries du Lundi*, v. 1—17.

accusé, jugé, condamné et brûlé, le tout dans vingt-quatre heures? Les tribunaux révolutionnaires allaient vite; mais quelle que fût leur atroce bonne volonté, ils ne seraient jamais parvenus à marcher aussi rapidement qu'une tragédie française. Je pourrais montrer les inconvénients de l'unité de temps avec non moins d'évidence, dans presque toutes nos tragédies tirées de l'histoire moderne; mais j'ai choisi la plus remarquable de préférence, pour faire ressortir ces inconvénients.

L'un des mots les plus sublimes qu'on puisse entendre au théâtre se trouve dans cette noble tragédie. A la dernière scène, l'on raconte que les Templiers chantent des psaumes sur leur bûcher; un messager est envoyé pour leur apporter leur grâce, que le roi se détermine à leur accorder;

> Mais il n'était plus temps, les chants avaient cessé.

C'est ainsi que le poète nous apprend que ces généreux martyrs ont enfin péri dans les flammes. Dans quelle tragédie païenne pourrait-on trouver l'expression d'un tel sentiment? et pourquoi les Français seraient-ils privés au théâtre de tout ce qui est vraiment en harmonie avec eux, leurs ancêtres et leur croyance?

Les Français considèrent l'unité de temps et de lieu comme une condition indispensable de l'illusion théâtrale; les étrangers font consister cette illusion dans la peinture des caractères, dans la vérité du langage, et dans l'exacte observation des mœurs du siècle et du pays qu'on veut peindre. Il faut s'entendre sur le mot d'illusion dans les arts: puisque nous consentons à croire que des acteurs séparés de nous par quelques planches sont des héros grecs morts il y a trois mille ans, il est bien certain que ce qu'on appelle l'illusion, ce n'est pas s'imaginer que ce qu'on voit existe véritablement; une tragédie ne peut nous paraître vraie que par l'émotion qu'elle nous cause. Or, si, par la nature des circonstances représentées, le changement de lieu et la prolongation supposée du temps ajoutent à cette émotion, l'illusion en devient plus vive.

On se plaint de ce que les plus belles tragédies de Voltaire, *Zaïre* et *Tancrède*, sont fondées sur des malentendus ; mais comment ne pas avoir recours aux moyens de l'intrigue, quand les développements sont censés avoir lieu dans un espace aussi court[1] ? l'art dramatique est alors un tour de force ; et pour faire passer les plus grands événements à travers tant de gênes, il faut une dextérité semblable à celle des charlatans, qui escamotent aux regards des spectateurs les objets qu'ils leur présentent.

Les sujets historiques se prêtent encore moins que les sujets d'invention aux conditions imposées à nos écrivains : l'étiquette tragique, qui est de rigueur sur notre théâtre, s'oppose souvent aux beautés nouvelles dont les pièces tirées de l'histoire moderne seraient susceptibles.

Il y a dans les mœurs chevaleresques une simplicité de langage, une naïveté de sentiment pleine de charme ; mais ni ce charme, ni le pathétique qui résulte du contraste des circonstances communes et des impressions fortes, ne peut être admis dans nos tragédies : elles exigent des situations royales en tout, et néanmoins l'intérêt pittoresque du moyen âge tient à toute cette diversité de scènes et de caractères dont les romans des troubadours ont fait sortir des effets si touchants.

La pompe des alexandrins[2] est un plus grand obstacle encore que la routine même du bon goût à tout changement dans la forme et le fond des tragédies françaises : on ne peut dire en vers alexandrins qu'on entre ou qu'on sort, qu'on dort ou qu'on veille, sans qu'il faille chercher pour cela une tournure poétique ; et une foule de sentiments et d'effets sont bannis du théâtre, non par les règles de la tragédie, mais par l'exigence même de la versification. Racine est le seul écrivain français qui,

[1] Manzoni in his *Lettre à M. C[hauvet] sur l'unité de temps et de lieu dans la tragédie* (1820) points out the hackneyed expedients to which Voltaire is compelled to resort in order to develop Orosmane's jealousy to the point of explosion between sunrise and sundown.

[2] See above p. 11, n. 1.

dans la scène de Johas avec Athalie[1], se soit une fois joué de ces difficultés: il a su donner une simplicité aussi noble que naturelle au langage d'un enfant; mais cet admirable effort d'un génie sans pareil n'empêche pas que les difficultés trop multipliées dans l'art ne soient souvent un obstacle aux inventions les plus heureuses.

M. Benjamin Constant[2], dans la préface si justement admirée qui précède sa tragédie de *Walstein,* a fait observer que les Allemands peignaient les caractères dans leurs pièces, et les Français seulement les passions. Pour peindre les caractères, il faut nécessairement s'écarter du ton majestueux exclusivement admis dans la tragédie française; car il est impossible de faire connaître les défauts et les qualités d'un homme, si ce n'est en le présentant sous divers rapports; le vulgaire, dans la nature, se mêle souvent au sublime, et quelquefois en

[1] Cp. "*Athalie* est peut-être le chef-d'œuvre de l'esprit humain. Trouver le secret de faire en France une tragédie intéressante sans amour, oser faire parler un enfant sur le théâtre, et lui prêter des réponses dont la candeur et la simplicité nous tirent des larmes, n'avoir pour acteurs principaux qu'une vieille femme et un prêtre, remuer le cœur pendant cinq actes avec ces faibles moyens, se soutenir surtout (et c'est là le grand art) par une diction toujours pure, toujours naturelle et auguste, souvent sublime; c'est là ce qui n'a été donné que par Racine, et qu'on ne reverra probablement jamais." Voltaire, *Discours à l'occasion de la tragédie des Guèbres* (1769).

[2] Benjamin Constant (1767–1830), educated at Oxford and Edinburgh. His *Wallstein* (sic), in which Schiller's trilogy was reduced to five acts of indifferent alexandrines, was written under the influence of Mme de Staël and her circle, and published in 1809. Despite his good intentions ("En empruntant de la scène allemande un de ses ouvrages les plus célèbres pour l'adapter aux formes reçues dans notre littérature, je crois avoir donné un exemple utile"), it appeared "detestable in matter and in style" to so good a judge as Frau Schelling, and drew forth the severe though not entirely unbiassed criticism of the Emperor. The words deserve quotation as an example of Napoleon's dramatic principles: "Benjamin Constant a fait une tragédie et une poétique. Ces gens-là veulent écrire, et n'ont pas fait les premières études de littérature. Qu'il lise les poétiques: celle d'Aristote. Ce n'est pas arbitrairement que la tragédie borne l'action à vingt-quatre heures; c'est qu'elle prend les passions à leur maximum, à leur plus haut degré d'intensité; à ce point il ne leur est possible ni de souffrir de distraction, ni de supporter une longue durée. Il veut qu'on mange dans l'action. Il s'agit bien de pareilles choses! Quand l'action commence, les acteurs sont en émoi: au troisième ils sont en sueur; au dernier tout en nage." Roederer, *Œuvres*, iii. 566.

relève l'effet: enfin, on ne peut se figurer l'action d'un caractère que pendant un espace de temps un peu long, et dans vingt-quatre heures il ne saurait être vraiment question que d'une catastrophe. L'on soutiendra peut-être que les catastrophes conviennent mieux au théâtre que les tableaux nuancés; le mouvement excité par les passions vives plaît à la plupart des spectateurs plus que l'attention qu'exige l'observation du cœur humain. C'est le goût national qui seul peut décider de ces différents systèmes dramatiques; mais il est juste de reconnaître que, si les étrangers conçoivent l'art théâtral autrement que nous, ce n'est ni par ignorance, ni par barbarie, mais d'après des réflexions profondes et qui sont dignes d'être examinées.

Shakespeare, qu'on veut appeler un barbare[1], a peut-être un esprit trop philosophique, une pénétration trop subtile pour le point de vue de la scène; il juge les caractères avec l'impartialité d'un être supérieur, et les représente quelquefois avec une ironie presque machiavélique; ses compositions ont tant de profondeur, que la rapidité de l'action théâtrale fait perdre une grande partie des idées qu'elles renferment: sous ce rapport, il vaut mieux lire ses pièces que de les voir. A force d'esprit, Shakespeare refroidit souvent l'action, et les Français s'entendent beaucoup mieux à peindre les personnages ainsi que les décorations, avec ces grands

[1] Cp. "Quoique je n'admire pas beaucoup l'esprit humain, je ne puis cependant le dégrader jusqu'à mettre dans le premier rang un génie si défectueux, qui choque essentiellement le sens commun." Vauvenargues, (1715–1747), *Réflexions et Maximes*.

Voltaire's campaign in his later years against Shakespeare is well-known. It reaches its climax in the *Lettre à l'Académie* (1776), which was drawn forth by the announcement of a projected French translation by Letourneur: "La verité, qu'on ne peut déguiser devant vous, m'ordonne de vous avouer que ce Shakespeare, si sauvage, si bas, si effréné, et si absurde, avait des étincelles de génie......Figurez-vous, Messieurs, Louis XIV dans la galerie de Versailles, entouré de la cour brillante: un *Gille* couvert de lambeaux perce la foule des héros, des grands hommes, et des beautés qui composent cette cour; il leur propose de quitter Corneille, Racine et Molière pour un saltimbanque qui a des saillies heureuses et qui fait des contorsions. Comment croyez-vous que cette offre serait reçue?" *Lettre à l'Académie, première partie.*

traits qui font effet à distance. Quoi! dira-t-on, peut-on reprocher à Shakespeare trop de finesse dans les aperçus, lui qui se permit des situations si terribles? Shakespeare réunit souvent des qualités et même des défauts contraires; il est quelquefois en deçà, quelquefois en delà de la sphère de l'art; mais il possède encore plus la connaissance du cœur humain que celle du théâtre.

Dans les drames, dans les opéras-comiques et dans les comédies, les Français montrent une sagacité et une grâce que seuls ils possèdent à ce degré; et d'un bout de l'Europe à l'autre, on ne joue guère que des pièces françaises traduites: mais il n'en est pas de même des tragédies. Comme les règles sévères auxquelles on les soumet font qu'elles sont toutes plus ou moins renfermées dans un même cercle, elles ne sauraient se passer de la perfection du style pour être admirées. Si l'on voulait risquer en France, dans une tragédie, une innovation quelconque, aussitôt on s'écrierait que c'est un mélodrame; mais n'importe-t-il pas de savoir pourquoi les mélodrames font plaisir à tant de gens? En Angleterre, toutes les classes sont également attirées par les pièces de Shakespeare. Nos plus belles tragédies en France n'intéressent pas le peuple; sous prétexte d'un goût trop pur et d'un sentiment trop délicat pour supporter de certaines émotions, on divise l'art en deux; les mauvaises pièces contiennent des situations touchantes mal exprimées, et les belles pièces peignent admirablement des situations souvent froides, à force d'être dignes: nous possédons peu de tragédies qui puissent ébranler à la fois l'imagination des hommes de tous les rangs.

Ces observations n'ont assurément pas pour objet le moindre blâme contre nos grands maîtres. Quelques scènes produisent des impressions plus vives dans les pièces étrangères, mais rien ne peut être comparé à l'ensemble imposant et bien combiné de nos chefs-d'œuvre dramatiques: la question seulement est de savoir si, en se bornant, comme on le fait maintenant, à l'imitation de ces chefs-d'œuvre, il y en aura jamais de nouveaux. Rien dans la vie ne doit être stationnaire, et l'art est pétrifié quand il ne change plus. Vingt ans de révolution ont donné à l'imagination d'autres besoins que ceux qu'elle éprouvait, quand les romans de Crébillon peignaient l'amour et la société du temps. Les sujets grecs sont épuisés; un seul homme, Lemercier[1], a su mériter encore une nouvelle gloire dans un sujet antique, Agamemnon; mais la tendance naturelle du siècle, c'est la tragédie historique.

Tout est tragédie dans les événements qui intéressent les nations; et cet immense drame, que le genre humain représente depuis six mille ans, fournirait des sujets sans nombre pour le théâtre, si l'on donnait plus de liberté à l'art dramatique. Les règles ne sont que l'itinéraire du génie; elles nous apprennent seulement que Corneille, Racine et Voltaire ont passé par là; mais si l'on arrive au but, pourquoi chicaner sur la route? et le but n'est-il pas d'émouvoir l'âme en l'ennoblissant?

La curiosité est un des grands mobiles du théâtre: néanmoins l'intérêt qu'excite la profondeur des affections est le seul inépuisable. On s'attache à la poésie, qui révèle l'homme à l'homme; on aime à voir comment la créature semblable à nous se débat avec la souffrance, y succombe, en triomphe, s'abat et se relève sous la puissance du sort. Dans quelques-unes de nos tragédies, il y a des situations tout aussi violentes que dans les tragédies anglaises ou allemandes; mais ces situations ne sont pas présentées dans toute leur force, et quelquefois c'est par l'affectation qu'on en adoucit l'effet, ou plutôt qu'on l'efface. L'on sort rarement d'une certaine nature convenue, qui revêt de ses couleurs les mœurs anciennes comme les mœurs modernes, le crime comme la vertu, l'assassinat comme la galanterie. Cette nature

[1] Népomucène Lemercier (1771–1840); *Agamemnon* (1797); *Pinto, comédie historique* (1800); *Christophe Colomb* (1809), called in the *affiche* "comédie schakespirienne" (*sic*). Cp. "Si des gens d'un talent incontestable, tels que MM. Chénier, Lemercier, Delavigne, eussent osé s'affranchir des règles dont on a reconnu l'absurdité depuis Racine, ils nous auraient donné mieux que *Tibère*, *Agamemnon* ou *les Vêpres siciliennes*. *Pinto* n'est-il pas cent fois supérieur à *Clovis*, *Orovèse*, *Cyrus*, ou telle autre tragédie fort regulière de M. Lemercier?" Stendhal, *Racine et Shakespeare*, p. 18. On *Pinto* see Brunetière, *Les Époques du théâtre français*, pp. 348 ff.

est belle et soigneusement parée, mais on s'en fatigue à la longue; et le besoin de se plonger dans des mystères plus profonds doit s'emparer invinciblement du génie.

Il serait donc à désirer qu'on pût sortir de l'enceinte que les hémistiches et les rimes ont tracée autour de l'art; il faut permettre plus de hardiesse, il faut exiger plus de connaissance de l'histoire; car si l'on s'en tient exclusivement à ces copies toujours plus pâles des mêmes chefs-d'œuvre, on finira par ne plus voir au théâtre que des marionnettes héroïques, sacrifiant l'amour au devoir, préférant la mort à l'esclavage, inspirées par l'antithèse, dans leurs actions comme dans leurs paroles, mais sans aucun rapport avec cette étonnante créature qu'on appelle l'homme, avec la destinée redoutable qui tour à tour l'entraîne et le poursuit.

Les défauts du théâtre allemand sont faciles à remarquer: tout ce qui tient au manque d'usage du monde, dans les arts comme dans la société, frappe d'abord les esprits les plus superficiels; mais, pour sentir les beautés qui viennent de l'âme, il est nécessaire d'apporter, dans l'appréciation des ouvrages qui nous sont présentés, un genre de bonhomie tout à fait d'accord avec une haute supériorité. La moquerie n'est souvent qu'un sentiment vulgaire traduit en impertinence. La faculté d'admirer la véritable grandeur, à travers les fautes de goût en littérature, comme à travers les inconséquences dans la vie, cette faculté est la seule qui honore celui qui juge.

En faisant connaître un théâtre fondé sur des principes très différents des nôtres, je ne prétends assurément, ni que ces principes soient les meilleurs, ni surtout qu'on doive les adopter en France: mais des combinaisons étrangères peuvent exciter des idées nouvelles; et quand on voit de quelle stérilité notre littérature est menacée, il me paraît difficile de ne pas désirer que nos écrivains reculent un peu les bornes de la carrière; ne feraient-ils pas bien de devenir à leur tour conquérants dans l'empire de l'imagination? Il n'en doit guère coûter à des Français pour suivre un semblable conseil

THE INFLUENCE OF FOREIGN LITERATURES,

1813—1820.

The publication of Mme de Staël's *De l'Allemagne* gave a strong impulse to the study of foreign literatures. As early as 1811 Ginguené had begun to publish his *Histoire littéraire de l'Italie*, and this was followed in 1813 by Sismondi's *Littérature du Midi de l'Europe.* But it was the northern literatures which Mme de Staël had especially pointed out as worthy of attention. In 1814 her cousin Mme Necker de Saussure translated Schlegel's *Vorlesungen über dramatische Kunst und Litteratur.* In 1816 appeared the first French translation of a novel of Scott's (*Guy Mannering*), and of a poem of Byron's. From 1815 to 1817, and again from 1818 to 1820 Cousin lectured on German philosophy. During these years Romanticism meant chiefly the cult of German and English literature. In March 1814 a classical journalist said in the *Débats* in speaking of Schlegel and Sismondi, "Les deux partis sont en présence."

They met under changed political and social conditions. The Empire with its suppression of freedom of speech in the press and in books had been unfavourable to new developments in literature. The Restoration brought with it at first greater liberty. Louis XVIII ascended the throne, not as the heir of the *ancien régime*, but as the heir of the social reforms of the Revolution and the Empire. For the first five years of his reign, down to the assassination of the Duc de Berry (February 1820), Constitutional Monarchy, or monarchy *selon la Charte*, was in the ascendant. Thus the conditions of literature were very different from what they had been before 1789. The place of the literary *salon* was now taken by the press, and though some journals resolutely supported the antiquated tyranny of *le goût*, their position became more and more untenable under the attacks of men who recognised that with a wide and more democratic public they were at liberty to follow their own ideals.

The year 1819 was marked by the publication of the collected poems of André Chénier, hitherto known only in a few isolated pieces. In claiming Chénier as a forerunner the Romantics were mistaken. In thought he is wholly of the eighteenth century, and in form his best work is purely and exquisitely classical. But he is a genuine poet, and genuine poetry had not been heard in France since the death of Racine. But already some poems had been written which surpassed Chénier in singing-power, and which in ideas, feeling, and spirit, were wholly of the nineteenth century. In April 1819 Lamartine printed twenty copies of *L'Isolement*, and submitted them to the opinion of his friends, and this being favourable he published in March 1820 the famous *Méditations*. It was a volume of little more than a hundred pages, containing twenty-four poems, without the name of the author. Its success was as immediate and as electrical as that of *La Nouvelle Héloïse*. It came as a stream of living water to arid spirits. Talleyrand, the disillusioned man of the world, sat up half the night reading it.

LAMARTINE

Alphonse-Marie-Louis de Lamartine (1790–1869) came of an ancient royalist stock, and was brought up on strictly royalist principles. Up till 1815 he lived chiefly at home in Franche-Comté and in Italy, but at the Restoration he came to Paris and entered the *Garde Nationale.* He soon, however, exchanged soldiering for diplomacy (a step to which his *Méditations poétiques* (1820) largely helped) and spent nine years as *attaché* to the French legations at Naples and Florence. The *Nouvelles Méditations* and *La Mort de Socrate* appeared in 1823, the *Harmonies poétiques et religieuses* in 1830, immediately after the writer's election to the Academy. Upon the outbreak of the July Revolution (1830), he resigned his post as *attaché* and travelled in the East, as recorded in his *Souvenirs d'Orient* (1835). In 1832 he returned to France and was elected deputy for his native town, Mâcon, in 1834. Between 1834 and 1848 he wrote *Jocelyn* (1836), a narrative poem of great originality; *La Chute d'un Ange* (1838); *Recueillements poétiques* (1839), his last volume of verse; and *L'Histoire des Girondins* (1847). He played a conspicuous part in the Revolution of 1848 and was practically head of the Provisional Government, but his constitutional views corresponded ill with both the socialism of the extreme party led by Louis Blanc, and with the unscrupulous methods of Louis Napoleon. He retired into private life and lived in straitened circumstances until 1867, when the imperial government voted him a substantial annuity. *Les Confidences*, *Graziella*, and *Raphaël* were all published in 1849.

He married an English wife, Miss Birch, in 1820, but the great romance of his life was his Platonic attachment to Mme Charles (*née* des Hérettes), wife of a distinguished physicist, the "Elvire" of his poems and the "Julie" of *Raphaël.*

Préface des Méditations

Quant à la poésie française[1], les fragments qu'on nous

[1] The poet has been engaged in recovering his early impressions and recording his first introduction to poetry through Voltaire's *Mérope*, read aloud by his father, and the Psalms of David, read aloud by his mother. The spark thus kindled was, he says, almost smothered by the puerilities of La Fontaine and the drudgery of school Latin and Greek. "Il y a de quoi dégoûter le genre humain de tout sentiment poétique."

faisait étudier chez les jésuites[1] consistaient en quelques pitoyables rapsodies du P. Ducerceau et de Mme Deshoulières[2], dans quelques épîtres de Boileau sur l'*Équivoque*, sur les bruits de Paris, et sur le mauvais dîner du restaurateur Mignot[3]. Heureux encore quand on nous permettait de lire l'épître à Antoine,

Son jardinier d'Auteuil,
Qui *dirige* chez *lui* l'if et le chèvrefeuil[4],

et quelques plaisanteries de sacristie empruntées au *Lutrin*!

Qu'espérer de la poésie d'une nation qui ne donne pour modèle du beau dans les vers à sa jeunesse que des poèmes burlesques, et qui, au lieu de l'enthousiasme, enseigne la parodie à des cœurs et à des imaginations de quinze ans?

Aussi je n'eus pas une aspiration de poésie pendant toutes ces études classiques. Je n'en retrouvais quelque étincelle dans mon âme que pendant les vacances, à la fin de l'année. Je venais passer alors six délicieuses semaines près de ma mère, de mon père, de mes sœurs, dans la petite maison de campagne qu'ils habitaient[5]. Je retrouvais sur les rayons poudreux du salon la *Jéru-*

[1] Lamartine ran away from his first school at Lyons and was then sent to a Jesuit college at Belley, on the borders of Savoy, where he spent four years (1803–1807).

[2] Jean-Antoine Du Cerceau (1670–1730), a Jesuit father and a versatile writer of prose and verse.

Mme Deshoulières (1638–1694), the wife of an officer who followed Condé in the *Fronde* and in Spain. She wrote every species of verse, from madrigals to epistles, and attained some measure of deserved success with her pastorals. In the famous "querelle des anciens et modernes" she sided with Perrault, and in that of the two Phèdres with Pradon. For these and other reasons she incurred the hatred of Boileau, who pilloried her in the Tenth Satire as an example of a "précieuse." As a matter of fact her *salon* formed a link between the preciosity of the 17th and 18th centuries. See Sainte-Beuve, "Une ruelle poétique sous Louis XIV" (1839), afterwards included in his *Portraits de Femmes* (1845).

[3] Cp. *Satires* xii, vi, iii.

[4] "Antoine, gouverneur de mon jardin d'Auteuil,|Qui diriges chez moi, etc." *Épître* xi.

[5] At Milly, nine miles distant from Mâcon.

salem délivrée du Tasse et le *Télémaque* de Fénelon. Je les emportais dans le jardin, sous une petite marge d'ombre que le berceau de charmille étend le soir sur l'herbe d'une allée. Je me couchais à côté de mes livres chéris, et je respirais en liberté les songes qui s'exhalaient pour mon imagination de leurs pages, pendant que l'odeur des roses, des giroflées et des œillets des plates-bandes m'enivrait des exhalaisons de ce sol, dont j'étais moi-même un pauvre cep transplanté!

Ce ne fut donc qu'après mes études terminées que je commençai à avoir quelques vagues pressentiments de poésie. C'est Ossian[1] après le Tasse, qui me révéla ce monde des images et des sentiments que j'aimai tant depuis à évoquer avec leurs voix. J'emportais un volume d'Ossian sur les montagnes; je le lisais où il avait été inspiré, sous les sapins, dans les nuages, à travers les brumes d'automne, assis près des déchirures des torrents, aux frissons des vents du nord, au bouillonnement des eaux de neige dans les ravins. Ossian fut l'Homère de mes premières années; je lui dois une partie de la mélancolie de mes pinceaux. C'est la tristesse de l'Océan. Je n'essayai que très rarement de l'imiter; mais je m'en assimilai involontairement le vague[2], la rêverie, l'anéantissement dans la contemplation, le regard fixe sur des apparitions confuses dans le lointain. C'était pour moi une mer après le naufrage, sur laquelle flottent, à la lueur de la lune, quelques débris; où l'on entrevoit quelques figures de jeunes filles élevant leurs bras blancs, déroulant leurs cheveux humides sur l'écume des vagues; où l'on distingue des voix plaintives entrecoupées du

[1] The poems which James Macpherson pretended to have translated from the Gaelic were translated into French prose by Pierre Le Tourneur in 1777, and a few years later into French verse by Baour-Lormian, the "bard of Toulon." Their influence on the continent was immediate and widespread. Goethe, Mme de Staël and Chateaubriand, as well as Lamartine, came under their spell, and, to pass from literature to politics, it was considered a good omen for the happiness of Sweden that Bernadotte's son, aged 12, bore the name of Oscar, the son of Ossian.

[2] This *vague* was in strongest contrast to the exact observation of Bernardin de Saint-Pierre. The two currents met and blended in Chateaubriand. Cp. Brunetière, *L'Évolution de la poésie lyrique*, i. 83.

mugissement des flots contre l'écueil. C'est le livre non écrit de la rêverie, dont les pages sont couvertes de caractères énigmatiques et flottants avec lesquels l'imagination fait et défait ses propres poèmes, comme l'œil rêveur avec les nuées fait et défait ses paysages.

Je n'écrivais rien moi-même encore. Seulement, quand je m'asseyais au bord des bois de sapins, sur quelque promontoire des lacs de la Suisse, ou quand j'avais passé des journées entières à errer sur les grèves sonores des mers d'Italie, et que je m'adossais à quelque débris de môle ou de temple pour regarder la mer ou pour écouter l'inépuisable balbutiement des vagues à mes pieds, des mondes de poésie roulaient dans mon cœur et dans mes yeux ; je composais pour moi seul, sans les écrire, des poèmes aussi vastes que la nature, aussi resplendissants que le ciel, aussi pathétiques que les gémissements des brises de mer dans les têtes des pins-lièges et dans les feuilles des lentisques, qui coupent le vent comme autant de petits glaives, pour le faire pleurer et sangloter dans des millions de petites voix. La nuit me surprenait souvent ainsi, sans pouvoir m'arracher au charme des fictions dont mon imagination s'enchantait elle-même. Oh! quels poèmes, si j'avais pu et si j'avais su les chanter aux autres alors comme je me les chantais intérieurement! Mais ce qu'il y a de plus divin dans le cœur de l'homme n'en sort jamais, faute de langue pour être articulé ici-bas. L'âme est infinie, et les langues ne sont qu'un petit nombre de signes façonnés par l'usage pour les besoins de communication du vulgaire des hommes. Ce sont des instruments à vingt-quatre cordes pour rendre les myriades de notes que la passion, la pensée, la rêverie, l'amour, la prière, la nature et Dieu font entendre dans l'âme humaine. Comment contenir l'infini dans ce bourdonnement d'un insecte au bord de sa ruche, que la ruche voisine ne comprend même pas? Je renonçais à chanter, non faute de mélodies intérieures, mais faute de voix et de notes pour les révéler.

Cependant je lisais beaucoup, et surtout les poètes. A force de les lire, je voulus quelquefois les imiter.

A mes retours de voyages, pour passer les hivers tristes et longs à la campagne, dans la maison sans distraction de mon père, j'ébauchai plusieurs poèmes épiques, et j'écrivis en entier cinq ou six tragédies. Cet exercice m'assouplit la main et l'oreille aux rhythmes. J'écrivis aussi un ou deux volumes d'élégies amoureuses, sur le mode de Tibulle, du chevalier de Bertin et de Parny[1]. Ces deux poètes faisaient les délices de la jeunesse. L'imagination, toujours très sobre d'élans et alors très desséchée par le matérialisme de la littérature impériale, ne concevait rien de plus idéal que ces petits vers corrects et harmonieux de Parny, exprimant à petites doses les fumées d'un verre de vin de Champagne, les agaceries, les frissons, les ivresses froides, les ruptures, les réconciliations, les langueurs d'un amour de bonne compagnie qui changeait de nom à chaque livre. Je fis comme mes modèles, quelquefois peut-être aussi bien qu'eux. Je copiai avec soin, pendant un automne pluvieux, quatre livres d'élégies, formant ensemble deux volumes, sur du beau papier vélin, et gravées plutôt qu'écrites d'une plume plus amoureuse que mes vers. Je me proposais de publier un jour ce recueil quand j'irais à Paris, et de me faire un nom dans un des médaillons de cette guirlande de voluptueux immortels qui n'ont cueilli de la vie humaine que les roses et les myrtes, qui commencent à Anacréon, à Bion, à Moschus, qui se continuent par Properce, Ovide, Tibulle, et qui finissent à Chaulieu, à La Fare[2], à Parny.

[1] Antoine Bertin (1752–1790). A soldier and poet like his friend Parny (see below), he was born in Ile Bourbon and died at St Domingo. His *Amours*, published in London in 1780, justify a comparison with the Elegies of Propertius rather than with those of the colder Tibullus.

Évariste-Désiré de Forges, chevalier, and afterwards vicomte, de Parny (1753–1814). He followed the career and shared the sentiments and the dissipations of Bertin his friend and compatriot, to whom he is far superior in delicacy of thought and workmanship. Fontanes (1800) calls him "le premier poète élégiaque français," and Sainte-Beuve in 1861 writes *à propos* of his elegies, "C'est du parfait Tibulle retrouvé sans y songer, et la flûte de Sicile n'a rien fait entendre de plus doux."

[2] Guillaume Amfrye, abbé de Chaulieu (1639–1726), and Charles-Auguste, marquis de la Fare (1644–1712), were close friends and frequented the society of the *Temple*, the scene of Vendôme's orgies. Both wrote light poetry, though Chaulieu sometimes strikes a serious note.

Mais la nature en avait autrement décidé. A peine mes deux beaux volumes étaient-ils copiés, que le mensonge, le vide, la légèreté, le néant de ces pauvretés sensuelles plus ou moins bien rimées m'apparut. La pointe de feu des premières grandes passions réelles n'eut qu'à toucher et à brûler mon cœur, pour y effacer toutes ces puérilités et tous ces plagiats d'une fausse littérature. Dès que j'aimai, je rougis de ces profanations de la poésie aux sensualités grossières. L'amour fut pour moi le charbon de feu qui brûle, mais qui purifie les lèvres. Je pris un jour mes deux volumes d'élégies, je les relus avec un profond mépris de moi-même, je demandai pardon à Dieu du temps que j'avais perdu à les écrire, je les jetai au brasier, je les regardai noircir et se tordre avec leur belle reliure de maroquin vert sans regret ni pitié, et j'en vis monter la fumée comme celle d'un sacrifice de bonne odeur à Dieu et au véritable amour.

Je changeai à cette époque de vie et de lectures. Le service militaire, les longues absences, les attachements sérieux, les amitiés plus saines, le retour à mes instincts naturellement religieux cultivés de nouveau en moi par la *Béatrice* de ma jeunesse, le dégoût des légèretés du cœur, le sentiment grave de l'existence et de son but, puis enfin la mort de ce que j'avais aimé, qui mit un sceau de deuil sur ma physionomie comme sur mes lèvres; tout cela, sans éteindre en moi la poésie, la refoula bien loin et longtemps dans mes pensées. Je passai huit ans sans écrire un vers.

Quand les longs loisirs et le vide des attachements perdus me rendirent cette espèce de chant intérieur qu'on appelle poésie, ma voix était changée, et ce chant était triste comme la vie réelle. Toutes mes fibres attendries de larmes pleuraient ou priaient, au lieu de chanter. Je n'imitais plus personne, je m'exprimais moi-même pour moi-même. Ce n'était pas un art, c'était un soulagement de mon propre cœur, qui se bercait de ses propres sanglots. Je ne pensais à personne en écrivant çà et là ces vers, si ce n'est à une ombre et à Dieu. Ces vers étaient un gémissement ou un cri de l'âme. Je cadençais ce cri ou ce gémissement dans la solitude, dans les bois, sur la mer; voilà tout. Je n'étais pas devenu plus poète, j'étais devenu plus sensible, plus sérieux et plus vrai. C'est là le véritable art: être touché; oublier tout art pour atteindre le souverain art, la nature:

> Si vis me flere, dolendum est
> Primum ipsi tibi!...[1]

Ce fut tout le secret du succès si inattendu pour moi de ces *Méditations*[2], quand elles me furent arrachées, presque malgré moi, par des amis à qui j'en avais lu quelques fragments à Paris. Le public entendit une âme sans la voir, et vit un homme au lieu d'un livre. Depuis J.-J. Rousseau, Bernardin de Saint-Pierre et Chateaubriand, c'était le poète qu'il attendait. Ce poète était jeune, malhabile, médiocre; mais il était sincère. Il alla droit au cœur, il eut des soupirs pour échos et des larmes pour applaudissements.

Je ne jouis pas de cette fleur de renommée qui s'attacha à mon nom dès le lendemain de la publication de ce premier volume des *Méditations*. Trois jours après je quittai Paris pour aller occuper un poste diplomatique à l'étranger[3]. Louis XVIII, qui avait de l'Auguste dans le caractère littéraire, se fit lire, par le duc de Duras[4], mon petit volume, dont les journaux et les salons retentissaient. Il crut qu'une nouvelle Mantoue promettait à son règne un nouveau Virgile. Il ordonna à M. Siméon, son ministre de l'intérieur, de m'envoyer, de sa part, l'édition des classiques de Didot[5], seul présent que j'aie jamais reçu des cours[6]. Il signa le lendemain ma nomi-

[1] Horace, *Ars poetica*, 152.

[2] See above, p. 39.

[3] That of *Secrétaire de l'ambassade* at Naples.

[4] Amadée-Bretagne-Malo, duc de Durfort-Duras (1770–1836), was *premier gentilhomme de la chambre* to Louis XVIII. His wife, Claire de Kersan, was the well-known authoress of the stories *Édouard* and *Ourika*.

[5] i.e. the collection of French classics. The King also gave him Lemaire's collection of Latin classics.

[6] Eighteen years after this preface was written Lamartine received a government pension. See above, p. 40.

nation à un emploi de secrétaire d'ambassade, qui lui fut présentée par M. Pasquier, son ministre des affaires étrangères. Le roi ne me vit pas. Il était loin de se douter qu'il me connaissait beaucoup de figure, et que le poète dont il redisait déjà les vers était un de ces jeunes officiers de ses gardes qu'il avait souvent paru remarquer, et à qui il avait une ou deux fois adressé la parole quand je galopais aux roues de sa voiture, dans les courses à Versailles ou à Saint-Germain.

Ces vers cependant furent pendant longtemps l'objet des critiques, des dénigrements et des railleries du vieux parti littéraire classique, qui se sentait détrôné par cette nouveauté. Le *Constitutionnel* et la *Minerve*[1], journaux très illibéraux en matière de sentiment et de goût, s'acharnèrent pendant sept à huit ans contre mon nom. Ils m'affublèrent d'ironies[2], ils m'aguerrirent aux épigrammes. Le vent les emporta, mes mauvais vers restèrent dans le cœur des jeunes gens et des femmes, ces précurseurs de toute postérité. Je vivais loin de la France[3], j'étudiais mon métier, j'écrivais encore de temps en temps les impressions de ma vie en méditations, en harmonies, en poèmes ; je n'avais aucune impatience de célébrité, aucune susceptibilité d'amour-propre, aucune jalousie d'auteur. Je n'étais pas auteur, j'étais ce que les modernes appellent un *amateur*, ce que les anciens appelaient un *curieux* de littérature, comme je suppose qu'Horace, Cicéron, Scipion, César lui-même, l'étaient de leur temps. La poésie n'était pas mon métier ; c'était un accident, une aventure heureuse, une bonne fortune

[1] The *Constitutionnel* was the organ of classicism, which set itself against the Romantic movement from the outset. The *Minerve* was rather less illiberal in its views.

[2] e.g. "Qu'est-ce que Lord Byron? Telle est la question que j'entends faire par beaucoup de gens qui voient annoncer ses ouvrages dans tous nos journaux, ou qui trouvent parmi ses nombreux lecteurs des admirateurs passionnés. Vous adressez-vous à quelqu'un de nos nouveaux romantiques français qui ait *Médité* sur le barde de l'Angleterre ; il vous répondra que c'est *un esprit mystérieux*, *mortel*, *ange ou démon*, *un bon ou fatal génie* auquel on ne sait trop quel nom donner."

Le Constitutionnel, 20 Nov. 1820.

[3] At Naples, Rome, and in England.

dans ma vie. J'aspirais à tout autre chose, je me destinais à d'autres travaux. Chanter n'est pas vivre: c'est se délasser ou se consoler par sa propre voix. Heureux temps! bien des jours et bien des événements m'en séparent[1].

DES DESTINÉES DE LA POÉSIE[2].

Je me souviens qu'à mon entrée dans le monde il n'y avait qu'une voix sur l'irrémédiable décadence, sur la mort accomplie et déjà froide de cette mystérieuse faculté de l'esprit humain[3]. C'était l'époque de l'Empire; c'était l'heure de l'incarnation de la philosophie matérialiste du dix-huitième siècle dans le gouvernement et dans les mœurs. Tous ces hommes géométriques qui seuls avaient alors la parole et qui nous écrasaient, nous autres jeunes hommes, sous l'insolente tyrannie de leur triomphe, croyaient avoir desséché pour toujours en nous ce qu'ils étaient parvenus en effet à flétrir et à tuer en eux, toute la partie morale, divine, mélodieuse, de la pensée humaine. Rien ne peut peindre, à ceux qui ne l'ont pas subie, l'orgueilleuse stérilité de cette époque. C'était le sourire satanique d'un génie infernal quand il est parvenu à dégrader une génération tout entière, à déraciner tout un enthousiasme national, à tuer une vertu dans le monde; ces hommes avaient le même sentiment de triomphante impuissance dans le cœur et sur les lèvres, quand ils nous disaient: "Amour, philosophie, religion, enthousiasme, liberté, poésie; néant que tout cela! Calcul et force, chiffre et sabre, tout est là. Nous ne croyons que ce qui se prouve, nous ne sentons que ce qui se touche; la poésie est morte avec le

[1] The date of the Preface is 1849.

[2] This essay was written in 1834 and prefixed to Lamartine's *Œuvres complètes* with the title "Préface pour cette nouvelle édition." A little more than a page has been omitted from the beginning.

[3] i.e. la poésie.

spiritualisme dont elle était née." Et ils disaient vrai, elle était morte dans leurs âmes, morte dans leurs intelligences, morte en eux et autour d'eux. Par un sûr et prophétique instinct de leur destinée, ils tremblaient qu'elle ne ressuscitât dans le monde avec la liberté; ils en jetaient au vent les moindres racines à mesure qu'il en germait sous leurs pas, dans leurs écoles, dans leurs lycées, dans leurs gymnases, surtout dans leurs noviciats militaires et polytechniques. Tout était organisé contre cette résurrection du sentiment moral et poétique; c'était une ligue universelle des études mathématiques contre la pensée et la poésie. Le chiffre seul était permis, honoré, protégé, payé. Comme le chiffre ne raisonne pas, comme c'est un merveilleux instrument passif de tyrannie qui ne demande jamais à quoi on l'emploie, qui n'examine nullement si on le fait servir à l'oppression du genre humain ou à sa délivrance, au meurtre de l'esprit ou à son émancipation, le chef militaire de cette époque ne voulait pas d'autre missionnaire, pas d'autre séide, et ce séide le servait bien. Il n'y avait pas une idée en Europe qui ne fût foulée sous son talon, pas une bouche qui ne fût bâillonnée par sa main de plomb. Depuis ce temps, j'abhorre le chiffre, cette négation de toute pensée; et il m'est resté contre cette puissance des mathématiques exclusive et jalouse le même sentiment, la même horreur qui reste au forçat contre les fers durs et glacés rivés sur ses membres, et dont il croit éprouver encore la froide et meurtrissante impression quand il entend le cliquetis d'une chaîne. Les mathématiques étaient les chaînes de la pensée humaine. Je respire; elles sont brisées!

Deux grands génies, que la tyrannie surveillait d'un œil inquiet, protestaient seuls contre cet arrêt de mort de l'âme, de l'intelligence et de la poésie, Mme de Staël et M. de Chateaubriand[1]. Mme de Staël, génie mâle

[1] Napoleon dealt much more severely with Mme de Staël (see above, p. 4) than with Chateaubriand who was never really subjected to persecution. On the murder of the Duc d'Enghien in 1804, Chateaubriand

dans un corps de femme; esprit tourmenté par la surabondance de sa force, remuant, passionné, audacieux, capable de généreuses et soudaines résolutions, ne pouvant respirer dans cette atmosphère de lâcheté et de servitude, demandant de l'espace et de l'air autour d'elle, attirant, comme par un instinct magnétique, tout ce qui sentait fermenter en soi un sentiment de résistance ou d'indignation concentrée; à elle seule, conspiration vivante, aussi capable d'ameuter les hautes intelligences contre cette tyrannie de la médiocrité régnante, que de mettre le poignard dans la main des conjurés, ou de se frapper elle-même pour rendre à son âme la liberté qu'elle aurait voulu rendre au monde! Créature d'élite et d'exception, dont la nature n'a pas donné deux épreuves, réunissant en elle Corinne et Mirabeau! Tribun sublime, au cœur tendre et expansif de la femme; femme adorable et miséricordieuse, avec le génie des Gracques et la main du dernier des Catons! Ne pouvant susciter un généreux élan dans sa patrie, dont on la repoussait comme on éloigne l'étincelle d'un édifice de chaume, elle se réfugiait dans la pensée de l'Angleterre et de l'Allemagne, qui seules vivaient alors de vie morale, de poésie et de philosophie, et lançait de là dans le monde ces pages sublimes et palpitantes que le pilon de la police écrasait, que la douane de la pensée déchirait à la frontière, que la tyrannie faisait bafouer par ses grands hommes jurés, mais dont les lambeaux échappés à leurs mains flétrissantes venaient nous consoler de notre avilissement intellectuel, et nous apporter à l'oreille et au cœur ce souffle lointain de morale, de poésie, de

resigned his post as French Minister in the Valais and vented his feelings in terms which could not be overlooked or forgiven, but Napoleon had a secret sympathy with a poet who had so much of Ossian in him, and although he suppressed his *discours de réception* at the Institute he had once expressed surprise that Chateaubriand was not already a member. He said at Saint Helena, "Chateaubriand a reçu de la nature le feu sacré: ses ouvrages l'attestent. Son style n'est pas celui de Racine, c'est celui du Prophète. Il n'y a que lui au monde qui ait pu dire impunément à la tribune des Pairs que la redingote grise et le chapeau de Napoléon placés au bout d'un bâton sur la côte de Brest feraient courir l'Europe aux armes."

liberté, que nous ne pouvions respirer sous la coupe pneumatique de l'esclavage et de la médiocrité.

M. de Chateaubriand, génie alors plus mélancolique et plus suave, mémoire harmonieuse et enchantée d'un passé dont nous foulions les cendres et dont nous retrouvions l'âme en lui; imagination homérique jetée au milieu de nos convulsions sociales, semblable à ces belles colonnes de Palmyre restées debout et éclatantes, sans brisure et sans tache, sur les tentes noires et déchirées des Arabes, pour faire comprendre, admirer et pleurer le monument qui n'est plus! Homme qui cherchait l'étincelle du feu sacré dans les débris du sanctuaire, dans les ruines encore fumantes des temples chrétiens, et qui, séduisant les démolisseurs mêmes par la pitié, et les indifférents par le génie, retrouvait des dogmes dans le cœur, et rendait de la foi à l'imagination[1]! Des mots de liberté et de vertu politique sonnaient moins souvent et moins haut dans ses pages toutes poétiques; ce n'était pas le Dante d'une Florence asservie, c'était le Tasse d'une patrie perdue, d'une famille de rois proscrits, chantant ses amours trompées, ses autels renversés, ses tours démolies, ses dieux et ses rois chassés[2], les chantant à l'oreille des proscripteurs, sur les bords mêmes des fleuves de la patrie; mais son âme, grande et généreuse, donnait aux chants du poète quelque chose de l'accent du citoyen. Il remuait toutes les fibres généreuses de la poitrine, il ennoblissait la pensée, il ressuscitait l'âme; c'était assez pour tourmenter le sommeil des geôliers de notre intelligence. Par je ne sais quel instinct de leur nature, ils pressentaient un vengeur dans cet homme qui les charmait malgré eux. Ils savaient que tous les nobles sentiments

[1] In *Le Génie du Christianisme* (1802) on which see above, pp. 2 and 3, and *Les Martyrs* (1809), a prose epic, the action of which passes in the days of Diocletian.

[2] Chateaubriand's *De Bonaparte et des Bourbons* (1814) was declared by Louis XVIII to be worth an army to the Legitimist cause. His political attitude is best summarized in his own words, "Je suis bourbonien par honneur, royaliste par raison et par conviction, républicain par goût et par caractère" (1831).

se touchent et s'engendrent, et que, dans des cœurs où vibrent le sentiment religieux et les pensées mâles et indépendantes, leur tyrannie aurait à trouver des juges, et la liberté des complices.

Depuis ces jours, j'ai aimé ces deux génies précurseurs qui m'apparurent, qui me consolèrent à mon entrée dans la vie, Staël et Chateaubriand; ces deux noms remplissent bien du vide, éclairent bien de l'ombre! Ils furent pour nous comme deux protestations vivantes contre l'oppression de l'âme et du cœur, contre le desséchement et l'avilissement du siècle; ils furent l'aliment de nos toits solitaires, le pain caché de nos âmes refoulées; ils prirent sur nous comme un droit de famille, ils furent de notre sang, nous fûmes du leur, et il est peu d'entre nous qui ne leur doive ce qu'il fut, ce qu'il est ou ce qu'il sera.

En ce temps-là je vivais seul, le cœur débordant de sentiments comprimés, de poésie trompée, tantôt à Paris, noyé dans cette foule où l'on ne coudoyait que des courtisans ou des soldats; tantôt à Rome, où l'on n'entendait d'autre bruit que celui des pierres qui tombaient une à une dans le désert de ses rues abandonnées; tantôt à Naples, où le ciel tiède, la mer bleue, la terre embaumée, m'enivraient sans m'assoupir, et où une voix intérieure me disait toujours qu'il y avait quelque chose de plus vivant, de plus noble, de plus délicieux pour l'âme que cette vie engourdie des sens et que cette voluptueuse mollesse de sa musique et de ses amours. Plus souvent je rentrais à la campagne, pour passer le mélancolique automne dans la maison solitaire de mon père et de ma mère, dans la paix, dans le silence, dans la sainteté domestique des douces impressions du foyer; le jour, courant les forêts; le soir, lisant ce que je trouvais sur les vieux rayons de ces bibliothèques de famille.

Job, Homère, Virgile, le Tasse, Milton, Rousseau, et surtout Ossian et *Paul et Virginie*, ces livres amis me parlaient dans la solitude la langue de mon cœur, une langue d'harmonie, d'images et de passion; je vivais tantôt avec l'un, tantôt avec l'autre, ne les changeant que quand je les avais pour ainsi dire épuisés. Tant que je vivrai, je me souviendrai de certaines heures de l'été que je passais couché sur l'herbe dans une clairière des bois, à l'ombre d'un vieux tronc de pommier sauvage, en lisant la *Jérusalem délivrée*, et de tant de soirées d'automne ou d'hiver passées à errer sur les collines, déjà couvertes de brouillards et de givre, avec Ossian ou *Werther*[1] pour compagnon; tantôt soulevé par l'enthousiasme intérieur qui me dévorait, courant sur les bruyères comme porté par un esprit qui empêchait mes pieds de toucher le sol; tantôt assis sur une roche grisâtre, le front dans mes mains, écoutant, avec un sentiment qui n'a pas de nom, le souffle aigu et plaintif des bises d'hiver, ou le roulis des lourds nuages qui se brisaient sur les angles de la montagne, ou la voix aérienne de l'alouette, que le vent emportait toute chantante dans son tourbillon, comme ma pensée, plus forte que moi, emportait mon âme. Ces impressions étaient-elles joie ou tristesse, douleur ou souffrance? je ne pourrais le dire; elles participaient de tous les sentiments à la fois. C'était de l'amour et de la religion, des pressentiments de la vie future, délicieux et tristes comme elle, des extases et des découragements, des horizons de lumière et des abîmes de ténèbres, de la joie et des larmes, de l'avenir et du désespoir! C'était la nature parlant par ses mille voix au cœur encore vierge de l'homme; mais enfin c'était de la poésie. Cette poésie, j'essayais quelquefois de l'exprimer dans des vers; mais ces vers, je n'avais personne à qui les faire entendre; je me les lisais quelques jours à moi-même; je trouvais, avec étonnement, avec douleur, qu'ils ne ressemblaient pas à tous ceux que je lisais dans les recueils ou dans les volumes du jour. Je me disais: "On ne voudra pas les lire; ils paraîtront étranges, bizarres, insensés"; et je les brûlais à peine écrits. J'ai anéanti ainsi des volumes de cette première et vague poésie du cœur,

[1] In which Goethe embodied his own experiences, *à la Rousseau*.

et j'ai bien fait; car, à cette époque, ils seraient éclos dans le ridicule, et morts dans le mepris de tout ce qu'on appelait la littérature. Ce que j'ai écrit depuis ne valait pas mieux; mais le temps avait changé, la poésie était revenue en France avec la liberté, avec la pensée, avec la vie morale que nous rendit la Restauration. Il semble que le retour des Bourbons et de la liberté en France donna une inspiration nouvelle, une autre âme à la littérature opprimée ou endormie de ce temps; et nous vîmes surgir alors une foule de ces noms célèbres dans la poésie ou dans la philosophie qui peuplent encore nos académies, et qui forment le chaînon brillant de la transition des deux époques. Qui m'aurait dit alors que, quinze ans plus tard, la poésie inonderait l'âme de toute la jeunesse française; qu'une foule de talents, d'un ordre divers et nouveau, auraient surgi de cette terre morte et froide; que la presse, multipliée à l'infini, ne suffirait pas à répandre les idées ferventes d'une armée de jeunes écrivains; que les drames se heurteraient à la porte de tous les théâtres; que l'âme lyrique et religieuse d'une génération de bardes chrétiens inventerait une nouvelle langue pour révéler des enthousiasmes inconnus; que la liberté, la foi, la philosophie, la politique, les doctrines les plus antiques comme les plus neuves, lutteraient, à la face du soleil, de génie, de gloire, de talents et d'ardeur, et qu'une vaste et sublime mêlée des intelligences couvrirait la France et le monde du plus beau comme du plus hardi mouvement intellectuel qu'aucun de nos siècles eût encore vu? Qui m'eût dit cela alors, je ne l'aurais pas cru; et cependant cela est. La poésie n'était donc pas morte dans les âmes, comme on le disait dans ces années de scepticisme et d'algèbre; et, puisqu'elle n'est pas morte à cette époque, elle ne meurt jamais.

Tant que l'homme ne mourra pas lui-même, la plus belle faculté de l'homme peut-elle mourir? Qu'est-ce, en effet, que la poésie? Comme tout ce qui est divin en nous, cela ne peut se définir par un mot ni par mille. C'est l'incarnation de ce que l'homme a de plus intime dans le cœur et de plus divin dans la pensée, de ce que la nature visible a de plus magnifique dans les images et de plus mélodieux dans les sons! C'est à la fois sentiment et sensation, esprit et matière; et voilà pourquoi c'est la langue complète, la langue par excellence qui saisit l'homme par son humanité tout entière, idée pour l'esprit, sentiment pour l'âme, image pour l'imagination, et musique pour l'oreille! Voilà pourquoi cette langue, quand elle est bien parlée, foudroie l'homme comme la foudre et l'anéantit de conviction intérieure et d'évidence irréfléchie, ou l'enchante comme un philtre, et le berce immobile et charmé, comme un enfant dans son berceau, aux refrains sympathiques de la voix d'une mère! Voilà pourquoi aussi l'homme ne peut ni produire ni supporter beaucoup de poésie; c'est que, le saisissant tout entier par l'âme et par les sens, et exaltant à la fois sa double faculté, la pensée par la pensée, les sens par les sensations, elle l'épuise, elle l'accable bientôt, comme toute jouissance trop complète, d'une voluptueuse fatigue, et lui fait rendre en peu de vers, en peu d'instants, tout ce qu'il y a de vie intérieure et de force de sentiment dans sa double organisation. La prose ne s'adresse qu'à l'idée, le vers parle à l'idée et à la sensation tout à la fois. Cette langue, toute mystérieuse, tout instinctive qu'elle soit, ou plutôt par cela même qu'elle est instinctive et mystérieuse, cette langue ne mourra jamais! Elle n'est point, comme on n'a cessé de le dire malgré les démentis successifs de toutes les époques, elle n'est pas seulement la langue de l'enfance des peuples, le balbutiement de l'intelligence humaine; elle est la langue de tous les âges de l'humanité: naïve et simple au berceau des nations; conteuse et merveilleuse comme la nourrice au chevet de l'enfant; amoureuse et pastorale chez les peuples jeunes et pasteurs; guerrière et épique chez les hordes guerrières et conquérantes; mystique, lyrique, prophétique ou sentencieuse dans les théocraties de l'Egypte ou de la Judée; grave, philosophique et corruptrice dans les civilisations avancées de Rome, de Florence ou de Louis XIV; échevelée et hurlante aux époques de convulsions et de ruines, comme en 93; neuve, mélancolique, incertaine, timide et audacieuse tout à la fois, aux jours de renaissance et de reconstruction sociale, comme aujourd'hui! plus tard, à la vieillesse des peuples, triste, sombre, gémissante et découragée comme eux, et respirant à la fois dans ses strophes les pressentiments lugubres, les rêves fantastiques des dernières catastrophes du monde, et les fermes et divines espérances d'une résurrection de l'humanité sous une autre forme: voilà la poésie. C'est l'homme même, c'est l'instinct de toutes ses époques, c'est l'écho intérieur de toutes ses impressions humaines, c'est la voix de l'humanité pensant et sentant, résumée et modulée par certains hommes plus hommes que le vulgaire, *mens divinior*, et qui plane sur ce bruit tumultueux et confus des générations et dure après elles, et qui rend témoignage à la postérité de leurs gémissements ou de leurs joies, de leurs faits ou de leurs idées. Cette voix ne s'éteindra jamais dans le monde; car ce n'est pas l'homme qui l'a inventée. C'est Dieu même qui la lui a donnée, et c'est le premier cri qui est remonté à lui de l'humanité! Ce sera aussi le dernier cri que le Créateur entendra s'élever de son œuvre, quand il la brisera. Sortie de lui, elle remontera à lui.

THE ROMANTIC BATTLE,

1820—1829.

Lamartine had given his countrymen a signal example of what poetry ought to be—the sincere expression of emotion in a form stamped with the poet's personality. But he had not proclaimed himself the leader of a new poetic movement. Though he was on friendly terms with the Romanticists, and though he sympathised with most of their aims, he looked down on the great battle from serene heights. Meanwhile a younger and more precocious poet was industriously serving his apprenticeship. In December 1819 Victor Hugo, then in his eighteenth year, founded with his eldest brother, Abel, the *Conservateur Littéraire*, thereby proclaiming himself the disciple of Chateaubriand, who had recently started the political *Conservateur* as the organ of the ultra-royalists. The youthful editor of the new journal was at this time hardly less of a conservative in literature than in politics. He admired Delille, and thought Corneille and Racine superior to Shakespeare and Schiller. On the other hand a laudatory article from his pen on *Ivanhoe* testifies to the influence of Scott on the future leader of Romanticism. In 1822 he published his first volume of poetry, under the title of *Odes et Poésies diverses*. It was more successful than Alfred de Vigny's anonymous volume, *Poèmes*, which had preceded it, and a second edition was called for before the end of the year. During the next year (1823) Lamartine published two new volumes,

Nouvelles Méditations and *La Mort de Socrate*, while Vigny, partly under the inspiration of Milton, produced his fine poem, *Eloa*, and Hugo broke fresh ground with a prose story, *Han d'Islande*. The same year saw the foundation of a monthly periodical, *La Muse française*, which, short-lived though it was (July 1823—June 1824), played a considerable part in the development of Romanticism. Among its chief contributors were Hugo, Vigny, Charles Nodier, Émile Deschamps, Alexandre Soumet, Alexandre Guiraud, Mme Desbordes-Valmore, Sophie Gay, and her beautiful daughter Delphine, afterwards Mme Émile de Girardin. Lamartine held aloof. The nominal chief was Soumet, who had recently scored a double success with his tragedies of *Saül* and *Clytemnestre*. But being a candidate for the *Académie* he kept in the background, and the most active editor was Émile Deschamps. The tone of the review, as might be expected from the classical leanings of some of its supporters, notably Soumet and Guiraud, was far from revolutionary. Its Romanticism chiefly took the form of a protest against the unemotional and unimaginative rationalism of the eighteenth century, and of a lively interest in foreign literatures. "Nous tiendrons le public au courant des littératures étrangères comme de la nôtre." In an article by Guiraud entitled *Nos doctrines*, which appeared in January 1824, this attitude is set forth at length. It is more or less a reflexion of Mme de Staël. More combative in tone is Émile Deschamps's *La guerre en temps de paix* (May 1824), which afterwards appeared in a developed form as an introduction to his *Œuvres complètes*.

The original poetry, among which was Vigny's *Dolorida*, breathes for the most part the morbid sentiment of the age. But in Hugo's ballad, *La bande noire*, we hear a different note, the note of mediævalism and Gothic architecture, which had been made popular by Chateaubriand and Scott, and which Hugo was to sound later with such effect in *Notre Dame* and *Les Burgraves*. We find also Hugo reviewing *Quentin Durward* with intelligent appreciation, and paying a tribute to Byron's genius on his death at Missolonghi.

In April 1824 stronger cohesion was given to the new movement by the meetings which began to be held every Sunday at the official residence of the new librarian of the Arsenal, Charles Nodier (1780–1844). Of great charm of character, multifarious knowledge, large sympathies, quick impulses, and slender judgment, this stylist and writer of fantastic novels, of whom Mérimée, his successor at the *Académie française*, said that he was "toute imagination et tout cœur," gave warm, if not always wise, encouragement to his more youthful colleagues of the *Muse française*.

The timid and conciliatory attitude of the reformers availed them nothing with the orthodox. In the very month in which the *Cénacle de la Muse française* was inaugurated, Louis Auger read at the *Académie* a *discours contre le romantisme*, in which he spoke of *un nouveau schisme littéraire*, *la secte naissante*, and so forth. In November of the same year the same champion of orthodoxy received the recently elected Soumet in a speech in which the phrases *orthodoxie littéraire*, *goût*, *respect des règles*, were solemnly waved over the head of the new Academician, as if he were a repentant heretic returning to the true fold.

About this time (September 15, 1824) a new journal, the *Globe*, took up the question of Romanticism from a somewhat different standpoint to that of *La Muse française*. Its contributors, J.-J. Ampère, Charles de Rémusat, Thiers, Duvergier de Hauranne, Jouffroy, Magnin, Vitet, Dubois, Sainte-Beuve, were all liberals in politics, and though they by no means thought alike on literary questions they were all liberals in literature. They believed in individual taste as opposed to a universal standard. Their watchwords were *nature* and *vérité*. "Le romantisme," said one of them, "est, en un mot, le protestantisme dans les lettres."

Under the attacks of its opponents Romanticism became conscious of itself. During the year 1826, while the controversy was carried on with moderation in the *Globe*, it was embittered elsewhere by pamphlets and other militant literature. In 1826 Hugo and Vigny each produced two new volumes, Hugo his *Odes et Ballades* and *Bug Jargal*, Vigny his *Poèmes antiques et modernes* and *Cinq Mars*. The preface to *Odes et Ballades* reflects the new phase of the struggle. Hugo is now more definitely romantic. He claims greater liberty for the poet, and protests against a statement of Auger's that "les genres ont été reconnus et fixés."

The new volume was reviewed by Sainte-Beuve in the *Globe* in two memorable articles (Jan. 2 and 9, 1827)[1], which led to a close friendship between the critic and the poet, and, as a result of this, to an important development in the Romantic movement. For Sainte-Beuve brought to Romanticism along with a warm sympathy for the new ideals in general, and an enthusiastic admiration for Victor Hugo's work in particular, a finer critical sense, and a stronger feeling for reality than Hugo or even Vigny. He realised that what Romanticism lacked in the eyes of many was a historical basis. Accordingly in July 1827 he began a series of articles in the *Globe* on the literature of the sixteenth century. In the course of these he pointed out that the new poetry, instead of being revolutionary in character, was really a reversion to old traditions, which had been broken off by Malherbe and ignored by Boileau. These articles, which were reprinted with alterations and additions in 1828 under the title of *Tableau historique et critique de la poésie française au* XVIe *siècle*, served also to impress upon the Romanticists, and especially upon Victor Hugo, the necessity of a more thorough and more systematic reform in both language and metre. In the preface to *Cromwell*, which is dated October 1827, Hugo enlarges on this point with insistence and effect. Sainte-Beuve has been severely criticised for thus affiliating the Romantics to the Pleiad. But he was

[1] *Premiers Lundis*, vol. i.

perfectly right. In recognising that great poetry requires an imaginative style, and that an imaginative style in its turn requires not only strong emotion but a rich vocabulary the Romantics were true heirs of the Pleiad.

The preface to *Cromwell*, which was printed with the play early in 1828, had an immense effect. "Il rayonnait à nos yeux," says Gautier, "comme les Tables de la loi de Sinaï." It was followed in January 1829 by a new volume of poetry, *Les Orientales*, in which the law-giver illustrated his doctrines with singular brilliance. Many of the poems, notably *Sara la baigneuse*, *Les Djinns*, *Le Feu du Ciel*, shew a marvellous command of rhythm and language. On the other hand the underlying emotion is too often wanting in sincerity. This is especially the case with the poems inspired by the Greek War of Independence. Hugo's sympathy is evidently more or less conventional, and his *couleur locale*, which was to form so conspicuous a feature of the Romanticist creed, is taken at second-hand from newspaper reports and pictures. The Spanish pieces are less ambitious, but more sincere. Hugo had, half unconsciously, acquired something of a Spanish air from the recollections of his childhood. For Besançon, his birthplace, had a markedly Spanish character, and between the ages of nine and ten he had accompanied his father, General Hugo, on his Spanish campaigns. But in the midst of these examples of second-hand and imperfect observation we come upon passages in which Hugo's imagination is seen working at first-hand upon the objects of his vision. Sainte-Beuve tells us, how about this time Hugo and his friends used to study sunset effects from the towers of Notre-Dame, and it is in the poetical transcripts of these studies, and not in any pretended local colour, that we see revealed "the vision" as well as "the faculty divine" of a great poet. Finally, the volume contains one poem, *Mazeppa*, which, with its superb symbolism, may rank with Victor Hugo's lyrical masterpieces.

The success of *Les Orientales*—a second edition was called for in February, and a third in April—gave a great stimulus to Romanticism. A new *Cénacle* was formed, which had its meetings at Victor Hugo's house in the Rue Notre-Dame-des-Champs. Here came Nodier, Vigny, and Émile Deschamps with his brother Antony; and they were joined by a group of younger men, Saint-Beuve, Alexandre Dumas, Alfred de Musset, Gérard de Nerval, all of whom looked up to Hugo as their leader. There were artists too as well as men of letters; Eugène Delacroix, the leader of the Romanticist school of painting, the sculptor David d'Angers, who made medallions of the chief Romanticist poets, Achille Devéria, who illustrated their poems, and his brother Émile, Tony Johannot, and Louis Boulanger. Their presence is significant. It testifies to the close connexion between Romantic literature and Romantic art. It was especially so in the case of Victor Hugo, who was something of a painter himself, and whose imagination was so exclusively plastic that he was quite insensible to music. His Oriental poems drew their inspiration largely from Delacroix's *Massacre de Scio*, and from the Turkish pictures of Alexandre Decamps. The subject of *Mazeppa* was suggested to him by the picture which Louis Boulanger exhibited at the Salon in 1827.

The new *Cénacle* was far more uncompromisingly romantic than the old one. Confident in their youth and with full faith in their leader they thirsted for battle, and they selected for their battle-ground the arena in which the most striking successes were to be obtained—namely the drama.

SAINTE-BEUVE

Charles-Augustin Sainte-Beuve (1804–1869) was trained as a medical student, and in 1824 joined the staff of the *Globe*, to which he contributed articles, collected and published after his death under the title of *Premiers Lundis*. In 1827 he wrote two notices of the *Odes et Ballades*, and from that date he became a zealous supporter of the Romantic movement as is shewn by his *Tableau* (1827) and by his articles in the *Revue des deux mondes*, which up to 1835 was marked by a definitely Romantic tendency. In 1829 and 1830 respectively there appeared his two volumes of poetry, *Vie et poésies de Josephe Delorme* and *Les Consolations*. Between 1830 and 1836, under the influence of Mme Hugo and Lamennais, his interest was awakened in religious questions, concerning which his only novel, *Volupté* (1834), reflects his inner feelings, and the monumental *History of Port-Royal* (1840–1860) the expression of his disinterested judgment. In 1837-1838 he had lectured on Port-Royal at Lausanne, where he came under the influence of the Protestant theologian and critic, Alexandre Vinet. In 1840 he was made Keeper of the Mazarin Library; in 1848 Professor of French literature at Liège. In 1849 he began his "Campaign of Mondays" in the *Constitutionnel* and continued it in the *Moniteur*. In 1854 he was appointed Professor of Latin poetry at the Collège de France, but was driven by the "material violence" of the students (provoked by his adherence to the Empire) to resign after his second lecture. From 1857 to 1861 he was *maître de conférences* at the École Normale, and in 1861 he began in the *Constitutionnel* a new "Campaign of Mondays," which lasted till his death. See *Portraits littéraires*, iii. 525.

TABLEAU DE LA POÉSIE FRANÇAISE AU XVIE SIÈCLE[1]

Notre révolution éclata: elle conquit l'Europe par les armes comme la vieille monarchie avait fait par les lettres. Mais l'Europe était lasse, et une double réaction

[1] From the "Conclusion" of the *Tableau* (see above, p. 60), in which Sainte-Beuve sums up and applies to his own time the lessons to be gathered from a study of the literature of the sixteenth century.

commença et contre nos lettres et contre nos armes. On en sait l'issue. Les jeunes écoles poétiques insurgées renièrent le XVIIIe siècle, et, remontant plus haut dans leurs fastes, tendirent la main aux vrais pères de l'art : Byron, Scott, se rallièrent à Spenser et à Shakspeare, les Italiens à Dante; et si, en d'autres pays, le même mouvement ne s'est pas décidé encore, c'est que des causes funestes l'arrêtent et l'enchaînent. Mais nulle part plus vite ni plus vivement qu'en France la réaction poétique ne s'est fait sentir: elle y présente certains traits qui la distinguent et lui donnent un caractère propre.

En secouant le joug des deux derniers siècles, la nouvelle école française a dû s'inquiéter de ce qui s'était fait auparavant et chercher dans nos origines quelque chose de national à quoi se rattacher. A défaut de vieux monuments et d'œuvres imposantes, il lui a fallu se contenter d'essais incomplets, rares, tombés dans le mépris; elle n'a pas rougi de cette misère domestique et a tiré de son chétif patrimoine tout le parti possible avec un tact et un goût qu'on ne saurait trop louer. André Chénier[1], de qui date la réforme, paraît avoir lu quelques-uns de nos anciens poètes, et avoir compris du premier coup que ce qu'il y avait d'original en eux, c'était l'instrument. En le reprenant sans façon, par droit d'héritage, il l'a dérouillé, retrempé et assoupli. Dès lors une nouvelle forme de vers a été créée, et ses successeurs ont été affranchis du moule étroit et symétrique de Malherbe et de Boileau.

Depuis André Chénier, un autre perfectionnement eut lieu. Toute sa réforme avait porté sur les vers pris isolément; il restait encore à en essayer les diverses

[1] André Chénier (1762–1794). His father was French Consul at Constantinople and his mother a Greek. Hence his passion for the language and literature of Greece (see below, article on Th. de Banville), which drew him from the career of arms to that of letters. His sympathy with the Revolution was quenched by its excesses; his protests against these incensed Robespierre and led to his execution, three days before the end of the Reign of Terror. His works were edited (rather imperfectly) in 1819 by H. de Latouche.

combinaisons possibles, et, sur les débris de la vieille *stance*, à reconstruire la *strophe* d'après un plus large plan. Déjà Ronsard et ses amis avaient tenté beaucoup en ce point; mais leurs efforts n'avaient pas toujours réussi, ou bien Malherbe n'en avait pas assez tenu compte. L'honneur de recommencer et de poursuivre ce savant travail de mécanisme était réservé à Victor Hugo. Ce qu'André Chénier avait rénové et innové dans le vers, notre jeune contemporain l'a rénové et innové dans la strophe; il a été et il est *harmoniste* et *architecte* en poésie. Grâce à lui, il semble, en quelque sorte, que l'orchestre de Mozart et de Rossini remplace celui de Grétry[1] dans l'ode; ou encore l'ode, ainsi construite, avec ses voûtes et ses piliers, ses festons et ses découpures sans nombre, ressuscite aux yeux le style des cathédrales gothiques ou de l'Alhambra. Sans insister plus longuement ici sur un résultat qu'il nous suffit de proclamer, l'on peut donc dire que, partie instinct, partie étude, l'école nouvelle en France a continué l'école du XVIe siècle sous le rapport de la *facture* et du *rhythme*. Quant aux formes du discours et du langage, il y avait bien moins à profiter chez nos vieux poëtes. Les Anglais et les Italiens, pour rajeunir leur langue, n'ont eu qu'à la replonger aux sources primitives de Shakspeare et de Dante; mais nous manquions, nous autres, de ces immenses lacs sacrés en réserve pour les jours de régénération, et nous avons dû surtout puiser dans le présent et en nous-mêmes. Si l'on se rappelle pourtant quelques pages de l'*Illustration* par Joachim Du Bellay[2], certains passages saillants de mademoiselle de Gournay, de D'Aubigné ou de Régnier[3]; si l'on se

[1] Grétry (1741–1813). A charming writer of comic opera, whose only defect is his insufficient mastery of harmony and orchestration. "You might drive a coach and four between the bass and the first fiddle."

[2] Du Bellay, *La Deffence et Illustration de la langue françoyse* (1549).

[3] Marie de Jars de Gournay (1566–1645), Montaigne's "fille d'alliance" and editor of the 1595 edition of the *Essais*. Her original works appeared in a collected form in 1635 under the title of *Les Avis et les présents de la demoiselle de Gournay*.

Théodore-Agrippa d'Aubigné (1550–1630), the Juvenal of the six-

figure cette audacieuse et insouciante façon de style, sans règles et sans scrupules, qui marche à l'aventure comme la pousse la pensée, on lui trouvera quelques points généraux de ressemblance avec la manière qui tend à s'introduire et à prévaloir de nos jours. Un homme de beaucoup d'esprit et d'érudition[1] s'est plaint malicieusement que depuis quelques années *on avait distendu notre pauvre langue jusqu'à la faire craquer.* Le mot est d'une parfaite justesse. Le moule de style en usage depuis Balzac[2] jusqu'à Jean-Jacques a sauté en éclats, aussi bien que le moule du vers. Le dernier, le plus habile et le plus séduisant soutien du pur et classique langage, M. Villemain[3], a beau lui prêter l'autorité de sa parole, en dissimuler les entraves, en rajeunir les beautés, et vouloir le réconcilier avec les franchises nouvelles: sans doute il y réussit à force de talent; mais ce triomphe est tout individuel. A tort ou à raison, ceux même qui admirent le plus ce bel art ne s'y conforment guère. La manière de notre siècle, on peut l'affirmer à coup sûr, sera moins correcte et moins savante, plus libre et plus hasardée, et sans revenir aux licences du XVIe siècle, il en reprendra et il en a déjà repris quelque chose d'insouciant et d'imprévu qui s'était trop effacé dans l'étiquette monarchique de l'âge suivant.

teenth century. *Les Tragiques* first appeared in a complete form in 1616.

Mathurin Régnier (1573–1613), the nephew of Desportes and his champion against Malherbe. His *Satires* appeared from 1608 to 1613. "Son style est tout populaire, non par système, comme celui de Malherbe, mais par instinct."

[1] Étienne-Jean Delécluze (1781–1863), artist (disciple of L. David) and art critic; translator of Dante (1822), and author of *Souvenirs de soixante années* (1862). At his house a sort of "Cénacle" was held between 1823 and 1830, of which the more prominent members were his brother-in-law, Viollet-le-Duc, Beyle, Courier, Duvergier de Hauranne, Mignet, Vitet, Jacquemont, J.-J. Ampère, Charles de Rémusat and Prosper Mérimée.

[2] Jean-Louis-Guez de Balzac (1594–1654), essayist and letter-writer, whose work is more remarkable for literary style than for profundity of thought.

[3] Abel-François Villemain (1790–1870), Professor of French Eloquence at the Collège de France; Minister of public education (1839–1840, 1840–1844); Perpetual Secretary to the Academy (1832); author of *Tableau de la littérature française au* XVIIIe *siècle* (1828).

Mais là doit finir toute la ressemblance. A part une certaine allure commune de style et la forme du vers, on ne voit pas en quoi notre époque littéraire pourrait se rapprocher de celle dont on vient de parcourir le tableau. Je ne sais même s'il faut regretter que ces liens ne soient pas plus nombreux ni plus intimes, et qu'à l'ouverture d'une ère nouvelle, en nous lançant sur une mer sans rivages, nous n'ayons pas de point fixe où tourner la boussole et nous orienter dans le passé. Si aucun fanal ne nous éclaire au départ, du moins aucun monument ne nous domine à l'horizon et ne projette son ombre sur notre avenir. En poésie comme en politique, peuple jeune émancipé d'hier, qui sait où n'ira pas notre essor? A voir les premiers pas, qui oserait assigner le terme? La nation qui a donné le dernier mot d'ordre littéraire à la vieille société pourrait bien donner le premier à la nouvelle. Déjà, dans nos rêves magnifiques, nous avons plus que des présages. La lyre perdue a été retrouvée, et des préludes encore inouïs ont été entendus. L'un[1], prêtant à l'âme humaine une voix pleine d'amour, a chanté, en cet instant de crise et de passage, l'élégie du Doute et de l'Anxiété, l'hymne de l'Espérance et de la Foi. L'autre[2], plus humble et parlant de plus bas à la foule d'où il est sorti, a ému les fils en leur disant les exploits et les malheurs des pères; Anacréon-Tyrtée, Horace d'un siècle libre, il a célébré la France, et Néris, et la gloire. Un autre[3], jeune et fort, a remonté les âges; il a revêtu l'armure des barons, et, soulevant sans efforts les grandes lances et les longues épées, il a jeté, comme par défi, dans l'arène lyrique, un gant de fer dont l'écho retentira longtemps. Blanche, pudique, à demi voilée,

[1] Lamartine.

[2] Pierre-Jean de Béranger (1780-1857) embodied in his verse the hostility towards the Bourbons latent in the heart of the liberal working-men, who remembered the glories, but none of the misery, of the Empire. He disclaimed the title of poet: "Je n'ai jamais poussé mes prétentions plus haut que le titre de chansonnier": but he transformed the chanson, which in the eighteenth century had merely trifled with love and wine, into a powerful political weapon.

[3] Victor Hugo.

une muse plus timide[1] interroge aussi les fastes antiques de notre histoire ; elle aussi palpite noblement au bruit des armes et au nom de la France ; mais, alors même qu'elle est sous le casque, un seul de ses gestes, de ses regards, de ses accents, nous révèle le tendre cœur d'une femme, comme chez Clorinde ou Herminie[2]. Rappellerai-je au siècle ingrat ce poëme[3] trop peu compris, ce mystère d'une élévation si pure, dans lequel notre langue a pour la première fois appris à redire, sans les profaner, les secrets des chérubins ? Mais c'est assez et trop parler de l'époque présente, de ses richesses et de nos espérances. L'enthousiasme qui a pour objet les contemporains importune ou fait sourire, et ressemble toujours à une illusion ou à une flatterie. D'ailleurs, faible et peu clairvoyant que nous sommes, il nous sied moins qu'à tout autre d'oser prédire. Notre foi en l'avenir a trop souvent ses éclipses et ses défaillances : l'exemple de Joachim Du Bellay semble fait exprès pour nous guérir des beaux songes. Qu'on nous pardonne toutefois d'y avoir cédé un instant. Au bout de la carrière, nous avons cru entrevoir un grand, un glorieux siècle, et nous n'avons pu résister au bonheur d'en saluer l'aurore.

[1] Mme Amable Tastu (1798–1885). She made a name in 1825 by her *Les oiseaux au sacre* ("the coronation of Charles the Simple," as Béranger called it, took place on 29 May, 1825), and obtained the Academy's Prix d'Éloquence for her *Éloge* of Mme de Sévigné. Of her verses Sainte-Beuve has elsewhere this faint praise: "Fleuris à l'ombre du gynécée, ils se faneraient dans les arguments des écoles ; et cette gloire discrète, encore tempérée de mystère, est, à mon avis, la plus belle pour une femme-poëte" (*Joseph Delorme*, p. 151).

[2] Cp. Tasso, *La Gerusalemme liberata.*

[3] *Éloa* (1824).

ALFRED DE MUSSET[1]

Au moment où l'Angleterre et l'Allemagne semblent avoir épuisé le magnifique essor poétique qui les emportait depuis plus de quarante ans, et dans ce double silence qui se fait autour de nous du côté des tombes de Byron et de Gœthe[2], il est bon de voir le mouvement de la France grandir et s'étendre par des productions multipliées de poëtes, et, au lieu de symptômes de lassitude, d'y découvrir une émulation croissante et d'actives promesses. Il y a bien quelque quarante ans aussi que la rénovation poétique, qui est en pleine vogue à cette heure, a débuté chez nous dans les vers d'André Chénier, et a fait route latéralement dans la prose des *Études*, des *Harmonies de la Nature*[3], dans celle de *Corinne*, *René*, *Oberman* et des romans de Nodier[4], tous ces fils des *Rêveries*[5], toute cette postérité de Jean-Jacques. Mais ce n'est que depuis moins de quinze ans, c'est-à-dire depuis la mise au jour d'André Chénier et l'apparition des premières *Méditations poétiques*, ces deux portes d'ivoire de l'enceinte nouvelle, que notre poésie, à proprement parler, a trouvé sa langue, sa couleur et sa mélodie, telles que les réclamait l'âge présent, et qu'elle a pu exprimer ses sentiments les plus divers sur son véritable organe. Jusque-là, cette poésie,

[1] The articles on Alfred de Musset (1833) and Victor Hugo (1831) from which extracts are here printed, originally appeared in the *Revue des deux mondes* and now form part of the *Portraits Contemporains* (ii. 177 ff. and i. 384 ff.). In the first extract Sainte-Beuve passes in survey all French poetry from 1819 to 1833, in the second the Romantic movement from 1823 to 1830.

The affectation of Sainte-Beuve's early manner, which is apparent in these two articles and the *Tableau*, was parodied with more skill than good taste by Balzac in *Un prince de la Bohème*.

[2] Byron died 19 April, 1824; Goethe died 22 March, 1832.

[3] *Études de la Nature* (1784), *Harmonies de la Nature* (1815), both by Bernardin de Saint-Pierre.

[4] *Corinne* (1807). *René* (1804). *Oberman* (1804) by Étienne-Pivert de Sénancour (1770–1846).

For Charles Nodier (1783–1844) see above, p. 59.

[5] *Rêveries d'un promeneur solitaire* (1782) by J.-J. Rousseau.

en ce qu'elle avait de particulier, et j'oserai dire d'essentiel, semblait décidément subalterne, inférieure à la prose, incapable dans ses vieilles entraves d'atteindre à tout un ordre d'idées modernes et d'inspirations, qui s'élargissait de jour en jour. Jean-Jacques, M. de Chateaubriand, Benjamin Constant[1] et Mme de Staël, essayant de s'exprimer en vers, m'ont toujours fait l'effet de Minerve, qui, voulant jouer de la flûte au bord d'une fontaine, s'y regarde et se voit si laide, qu'elle jette de dépit la flûte au fond des eaux. J'en demande pardon à ces admirables prosateurs qui, révérant l'art des vers dans Corneille, Racine et La Fontaine, comme une rareté ensevelie, désespéraient de le faire renaître. Ils avaient cent autres dons excellents; un seul, mais qui n'était pas le moindre, leur a manqué. M. de Musset a cavalièrement raison contre eux tous dans la stance suivante:

J'aime surtout les vers, cette langue immortelle.
C'est peut-être un blasphème et je le dis tout bas;
Mais je l'aime à la rage. Elle a cela pour elle,
Que les sots d'aucun temps n'en ont pu faire cas,
Qu'elle nous vient de Dieu,—qu'elle est limpide et belle,
Que le monde l'entend et ne la parle pas[2].

Or, depuis 1819, ce qu'on pourrait appeler l'école poétique française n'a pas cessé de marcher et de produire: son développement non interrompu se partage assez bien en trois moments distincts; on y compte déjà trois générations et comme trois rangées de poëtes. De 1819 à 1824, sous la double influence directe d'André Chénier et des *Méditations*, sous le retentissement des chefs-d'œuvre de Byron et de Scott, au bruit des cris de la Grèce[3], au fort des illusions religieuses et monarchiques de la Restauration, il se forma un ensemble de

[1] For Benjamin Constant see above, p. 33, n. 2.

[2] *Namouna*, ii. 2.

[3] There were three periods in the Greek War of Independence: 1821–1824, when the Greeks fought single-handed with the help of a few Western volunteers; 1824–1827, when the Turks were reinforced by troops from Egypt; 1827–1828, when through the intervention of the Western powers Greece secured her liberty.

préludes, où dominaient une mélancolie vague, idéale, l'accent chevaleresque, et une grâce de détails curieuse et souvent exquise. MM. Soumet et Guiraud[1] appartiennent purement à cette phase de notre poésie, et en représentent, dans une espèce de mesure moyenne, les mérites passagers et les inconvénients. Deux autres talents plus fermes, qui s'y rapportent également, quoique issus du libéralisme, MM. Lebrun et de Latouche[2], l'un dans ses poëmes, l'autre dans ses trop rares élégies, réfléchissent aussi, avec une fidélité diverse, l'émotion et la teinte poétique de ce moment d'initiation, auquel M. Delavigne[3] demeura, lui, complétement insensible. Béranger[4] restait aussi tout à fait en dehors; mais il le pouvait, grâce à la maturité originale de son génie, au caractère expressément politique de sa mission,

[1] Alexandre Soumet wrote *La pauvre fille*, a touching elegy, and the following tragedies: *Saül* (1822), *Clytemnestre* (1822), *Cléopâtre* (1824), *Jeanne d'Arc* (1825), *Une fête de Néron* (1829), which are not in the least romantic in conception or execution but yet alarmed the conservatives by the "vague" and "bouffissure" of their style. "Il faudrait tâcher d'écrire en français et non pas en anglais ou en allemand." However, Soumet was recognized as a leader by the new school, and even after his defection in 1824 (see above, p. 58) he was hailed by Hugo as "notre grand poëte."

For Guiraud see the note at the beginning of *Nos doctrines*.

[2] Pierre Lebrun (1785–1873), "un homme de transition, la fin d'une phase et le commencement d'une autre" (Dumas *fils*). Although a second-rate writer, he was a true forerunner of Hugo. His *Voyage en Grèce* (1827) has many points of contact with *Les Orientales*, while his plays, *Marie Stuart* (1820) and *Le Cid d'Andalousie* (1825), were avowedly meant to introduce new form and colour into French drama. It was the last-named play, which fell flat despite the acting of Talma and Mlle Mars, that drew from the elder Dumas his famous apostrophe to Mediocrity. Cp. *Mes Mémoires*, iii. c. 27. This Lebrun is to be distinguished from his homonym "Lebrun-Pindare."

Hyacinthe Thabaud (*alias* Henri) de Latouche (1785–1851), a brilliant but careless writer who was the despair of his collaborator Émile Deschamps. "C'était une souffrance de voir un si fin esprit si mal servi par son talent." He deserves to be remembered as the first editor of André Chénier's works (1819). "Honneur à M. de Latouche de nous les avoir rendues (sauf quelques points de détail) telles qu'il les avait reçues" (*Causeries du Lundi*, iii. 483).

[3] Casimir Delavigne (1793–1843), author of *Les Messéniennes* (1818–1819), *Les Vêpres Siciliennes* (1819), compromised between the old school and the new, borrowing the defects of both. He was a better man than a poet, but his *Louis XI* (1832) is a good acting play.

[4] See above, p. 67.

à la spécialité unique de son genre. Les secondes *Méditations*, *la Mort de Socrate*[1], les premières odes de M. Hugo, divers poëmes de M. de Vigny, datent et illustrent la période dont il s'agit; mais, à part M. de Lamartine qui l'avait ouverte, ces autres poëtes, plus jeunes, n'étaient pas arrivés à leur expansion définitive: ce ne fut guère que de 1824 à 1829, dans la seconde phase du mouvement que nous décrivons, qu'ils montèrent à leur rang, groupant autour d'eux et suscitant une génération fervente. Les principaux traits de cet autre moment si bien rempli furent la suprématie, le culte de l'Art considéré en lui-même et d'une façon plus détachée, un grand déploiement d'imagination, la science des peintures, l'histoire entamée dramatiquement, évoquée avec souffle, comme dans le *Cinq-Mars* et le *Cromwell*, la reproduction expressive du Moyen-Age mieux envisagé, de Dante et de Shakspeare compris à fond; on perfectionna, on exerça le style; on trempa le rhythme; la strophe eut des ailes; on se rapprochait en meme temps de la vérité franche et réelle dans les tableaux familiers de la vie. Vers la fin, comme cela a été récemment indiqué à propos de M. Antony Deschamps[2], on essayait d'infuser dans cette poésie pittoresque une philosophie platonicienne, dantesque, un peu alexandrine. Les tentatives passionnées du théâtre faisaient seules diversion à ces études intimes et délicieuses du moderne Musée[3].

Ces tentatives toutefois, en redoublant, commençaient à donner une direction assez divergente à plusieurs talents jusqu'alors unis, et l'école poétique était en plein train de se transformer par la force des choses, quand la révolution de Juillet, en éclatant brusquement, abrégea

[1] See above, p. 58.

[2] Antony Deschamps (1800–1869), the younger brother of Émile Deschamps. He translated the *Inferno* (1829) and informed his own work with something of the spirit of Dante.

[3] The Alexandrian Library and Museum was the meeting-place of the scholars and poets (the first Pleiad) who gathered round Ptolemy Philadelphus (309–247 B.C.), and who sought to supply the want of inspiration by careful elegance of expression.

l'intervalle de transition, et lança par contre-coup tout ce qui avait haleine dans une troisième marche dont nous pouvons déjà noter quelques pas. Jusqu'ici, depuis deux ans passés, il ne paraît plus qu'il existe aucun centre poétique auquel se rattachent particulièrement les essais nouveaux d'une certaine valeur. La dispersion est entière; chacun s'introduit et chemine pour son propre compte, fort chatouilleux avant tout sur l'indépendance. Les poëtes renommés, cependant, ont continué de produire. M. de Lamartine, en moisson dans l'Orient, a chanté de beaux chants de départ[1]; Béranger va nous donner ses adieux[2]. *Les Feuilles d'Automne*[3] ont révélé des richesses d'âme imprévues, là où il semblait que l'imagination eût tout tari de ses splendeurs. La prose de *Stello* si savante, si déliée, a fait acte de poésie, autant par les trois épisodes[4] qu'elle décore, que par cette analyse pénétrante de souffrances délicates et presque inexprimables qu'il n'est donné qu'à une sensibilité d'artiste de subir à ce point et de consacrer. Mais, indépendamment de ces talents établis qui poursuivent leur œuvre, en la modifiant la plupart, et avec raison, selon une pensée sociale, voilà qu'il s'élève et se dresse une troisième génération de poëtes, dont on peut déjà saisir la physionomie distincte et payer l'effort généreux. C'est au premier abord quelque chose de plus varié, de plus épars qu'auparavant, de plus dégagé des questions d'école, de plus préoccupé de soi et de l'état de la société tout ensemble. L'art, ou plutôt les vétilles de l'art, la bordure traînante du manteau, qui, chez quelques disci-

[1] In *Les Harmonies* (1830), which Sainte-Beuve preferred to the *Méditations*.

[2] The fifth volume of Béranger's verses (1833) contained a promise never to appear again in print. Cp.

"Amis, adieu. J'ai derrière la porte
Laissé tantôt mes sabots et mon luth."

("À ses amis devenus ministres.")

However a volume, *Dernières Chansons*, appeared after his death, in 1857.

[3] *Feuilles d'Automne* (1831).

[4] The three episodes (*Gilbert*, *Chatterton*, and *André Chénier*) of Vigny's *Stello* which appeared in 1832, are intended to shew that poets are doomed to starve under every form of government.

ples de la précédente manière, était relevée et troussée en chemin avec un soin superstitieux, fait souvent place ici à un désordre, à une profusion négligente, qui n'est ni sans charme ni sans affectation. L'auteur de *Marie*[1] pourtant a gardé chaste et noué le long vêtement de la Muse; espèce de Bion chrétien, de Synésius artiste, en nos jours troublés; jeune poëte alexandrin qui a maintenant rêvé sous les fresques de Raphaël, et qui mêle sur son front aux plus douces fleurs des landes natales une feuille cueillie au tombeau de Virgile. La philosophie discrète et sereine, qui transpire dans sa poésie, continue peut-être trop celle du moment antérieur; elle est douée toutefois d'un sentiment exquis du présent. Qu'il ose donc, sous de beaux symboles, à l'exemple du chantre de Pollion, toucher quelques points de la transformation profonde qui s'opère! Son ami, l'auteur des *Iambes*, et aujourd'hui du *Pianto*[2], a osé beaucoup: proférant des paroles ardentes, et d'une main qui n'a pas craint quelque souillure, il a fouillé du premier coup dans les plaies immondes, il les a fait saigner et crier. Son *Iambe*, non pas personnel et vengeur comme celui d'Archiloque[3] ou de Chénier, ressemblait plutôt à l'hyperbole des stoïciens Perse et Juvénal. Chez M. Barbier, artiste, sinon stoïcien, sectateur de Dante et de Michel-Ange, sinon de Chrysippe et de Crantor[4], il y avait un idéal de beauté et d'élévation

[1] Auguste Brizeux (1803–1853), a Breton poet who, beside his work in French, gave considerable impetus to the study of his native dialect. *Marie*, described in the first edition as a "roman," but afterwards, more truly, styled "Idylle," is remarkable for its expression of a Breton's love for his home.

[2] Auguste Barbier (1805–1880). His *Iambes* (1831), the metre of which he borrowed from André Chénier, form a link in the history of lyrical satire between Agrippa d'Aubigné and Victor Hugo. His *Il Pianto* or lament for Italy (1833) was dedicated to Brizeux, and appeared in the same number of the *Revue des deux mondes* that contains this article of Sainte-Beuve's. For Brizeux and Barbier see *Portraits Contemporains*, ii. 222 ff.

[3] Cp. "Archilochum proprio rabies armauit iambo."

Horace, *A.P.* 79.

[4] Cp. "(Lolli)

Qui, quid sit pulchrum, quid turpe, quid utile, quid non,
Planius ac melius Chrysippo et Crantore dicit."

Horace, *Ep.* i. 2. 3.

qu'il confrontait violemment avec la cohue de vices qu'un brusque orage avait soulevée. Cet idéal, qu'attestait déjà *la Tentation*[1], ressort désormais et se compose en plein sous une harmonieuse tristesse dans *le Pianto*, dont l'éclat est trop voisin de nos pages pour que nous puissions l'y juger. On saisira toute la portée de l'idée dont l'Italie n'est, à vrai dire, que la plus auguste figure. La religion sans âme, la beauté vénale et souillée, ce n'est pas seulement Rome ou Venise; le peuple méprisé et fort, c'est partout *la terre de labour*[2]; Juliette assoupie et non pas morte, Juliette au tombeau, appelant le fiancé[3], c'est la Vierge palingénésique de Ballanche[4], la noble Vierge qui, des ombres du caveau, s'en va nous apparaître sur la plate-forme de la tour; c'est l'avenir du siècle et du monde.

VICTOR HUGO[5]

Si l'on se reporte par la pensée vers l'année 1823, à cette brillante ivresse du parti royaliste, dont les gens d'honneur ne s'étaient pas encore séparés, au triomphe

[1] A poem of 240 lines (alexandrines) prefixed to the *Iambes* of 1831. It was unfortunately omitted from subsequent editions.

[2] Terre de labour, i.e. terra di lavoro, the former name of a province of Naples, now Caserta, one of the richest and most carefully cultivated regions in Europe.

[3] Cp. "Divine Juliette au cercueil étendue,
Toi qui n'es endormie et que l'on croit perdue,
Italie, ô beauté, si malgré ta pâleur
Tes membres ont encor gardé de la chaleur—
....
Belle ressuscitée, ô princesse chérie,
N'arrête tes beaux yeux qu'au sol de la patrie,
Dans tes fils réunis cherche ton Roméo,
Noble et douce Italie, ô mère du vrai beau!"
Il Pianto ad fin.

[4] Pierre Ballanche (1776–1847), philosopher, and friend of Chateaubriand. His *Palingénésie sociale* (1828) is an idealistic attempt to sketch the re-birth and growth of society in a way to realize its true destiny.
Cp. *Portraits Contemporains*, ii. 1—51 (written in 1834).

[5] See above, p. 69, n. 1.

récent de la guerre d'Espagne[1], au désarmement du carbonarisme[2] à l'intérieur, à l'union décevante des habiles et des éloquents, de M. de Chateaubriand[3] et de M. de Villèle; si, faisant la part des passions, des fanatismes et des prestiges, oubliant le sang généreux, qui, sept ans trop tôt[4], coulait déjà des veines populaires; — si on consent à voir dans cette année, qu'on pourrait à meilleur droit appeler *néfaste*, le moment éblouissant, pindarique, de la Restauration, comme les dix-huit mois de M. de Martignac[5] en furent le moment tolérable et sensé; on comprendra alors que des jeunes hommes, la plupart d'éducation distinguée ou d'habitudes choisies, aimant l'art, la poésie, les tableaux flatteurs, la grâce ingénieuse des loisirs, nés royalistes, chrétiens par convenance et vague sentiment, aient cru le temps propice pour se créer un petit monde heureux, abrité et recueilli. Le public, la foule n'y avait que faire, comme bien l'on pense; en proie aux irritations de parti, aux engouements grossiers, aux fureurs stupides, on laissait cet éléphant blessé bondir dans l'arène, et l'on était là tout entre soi dans la loge grillée. Il s'agissait seulement de rallier quelques âmes perdues qui ignoraient cette chartreuse, de nourrir quelques absents qui la regrettaient, et *la Muse française*[6] servit en partie à cela. C'était au premier abord dans ces retraites mondaines

[1] War against Ferdinand VII's rebellious subjects was declared by the French government in January 1823, and carried to a triumphant issue by the Duc d'Angoulême before the end of the year. His return to Paris in December was made the occasion of a national fête, to celebrate the recovery of the military glory of France even at the cost of a neighbour's liberty.

[2] The *charbonnerie française*, formed in 1821 upon the model of the Neapolitan *carbonari*, aimed at restoring to the French nation the right of choosing its own sovereign. The conspiracy was quickly and skilfully put down by Villèle, Chief Minister of Louis XVIII.

[3] Chateaubriand was appointed minister of foreign affairs by Villèle in 1822. He was at this time an ardent Bourbonist and the chief promoter of the Spanish War, which he used to term "my war."

[4] The nation rose against the Bourbons in 1830 and drove Charles X from the throne ("Révolution de Juillet").

[5] The Vicomte de Martignac succeeded Villèle as Chief Minister in January 1828 and fell in August 1829.

[6] See above, p. 58.

quelque chose de doux, de parfumé, de caressant et d'enchanteur; l'initiation se faisait dans la louange; on était reconnu et salué poëte à je ne sais quel signe mystérieux, à je ne sais quel attouchement maçonnique; et dès lors choyé, fêté, applaudi à en mourir. Je n'exagère pas; il y avait des formules de tendresse, des manières adolescentes et pastorales de se nommer; aux femmes, par exemple, on ne disait *madame* qu'en vers; c'étaient des noms galants comme dans *Clélie*[1]. Le mépris pour la *vulgarité* libérale avait provoqué dans un coin cette quintessence. La chevalerie dorée, le joli Moyen-Age de châtelaines, de pages et de marraines, le christianisme de chapelles et d'ermites, les pauvres orphelins, les petits mendiants faisaient fureur et se partageaient le fonds général des sujets, sans parler des innombrables mélancolies personnelles. Un écho de la *sentimentalité* de Mme de Staël y retentissait vaguement. Après le bel esprit, on avait le règne du *beau cœur*, comme l'a si bien dit l'un des plus spirituels témoins et acteurs de cette période[2]. Le même a dit encore: "Ce poëte-là, une étoile! dites plutôt une bougie." M. de Latouche, dans son piquant article de *la Camaraderie*[3], a mis sur le compte d'une société qui n'était plus celle-là beaucoup des travers qu'il avait remarqués lui-même, et peut-être excités pour sa part, durant le premier enivrement de *la Muse*. Le plus beau jour, ou plutôt le plus beau soir (car c'étaient des soirées) du petit monde poétique fut celui de la représentation de *Clytemnestre*[4], si digne à tant d'égards de son succès. Ici point de contestation, de luttes comme plus

[1] *Clélie* (1656–1660), by Mlle de Scudéry.

[2] viz. Émile Deschamps, speaking of his friend Jules de Rességuier, "Le plus confit de tous en ces douceurs, et qui les résumait précieusement en sa personne."

[3] *La Camaraderie littéraire* is the title of a violent article against the Cénacle in the *Revue de Paris* for 1829. It was answered three years later by Gustave Planche in an article "De la haine littéraire" (*Revue des deux mondes*, 1832).

[4] *Clytemnestre*, by Alexandre Soumet, was produced at the Théâtre francais with great applause, 7 November, 1822.

tard, et de victoire arrachée, mais un concert de ravissement, des écharpes flottantes, une vraie fête de famille. On aurait pu compter ce soir-là tout le bataillon sacré, tout le chœur choisi : de peur de froisser personne en mentionnant, en qualifiant ou en omettant, j'aime mieux renvoyer pour les noms le lecteur curieux aux collections de *la Muse*. Le seul Lamartine échappait à ces fades mollesses et les ignorait; après avoir poussé son chant, il s'était enfui vers les lacs comme un cygne sauvage. Qu'on ne juge point pourtant que le résultat dernier de cette période fut d'être fatale à la poésie et à l'art; ceux qui étaient condamnés au mauvais goût en furent infectés et en périrent, voilà tout: les natures saines et fortes triomphèrent De Vigny, avec son beau et chaste génie, ne garda de la subtile mysticité d'alors que ce qui lui sied comme un faible et comme une grâce. Pour Hugo, il ne s'en est pas guéri seulement, il s'en est puni quelquefois. Ces vrais poëtes gagnèrent aux réunions intimes dont ils étaient l'âme, d'avoir dès lors un public, faux public il est vrai, provisoire du moins, artificiel et par trop complaisant, mais délicat, sensible aux beautés, et frémissant aux moindres touches. L'autre public, le vrai, le définitif, et aussi le plus lent à émouvoir, se dégrossissait durant ce temps, et il en était encore aux quolibets avec nos poëtes, ou, qui mieux est, à ne pas même les connaître de nom, que déjà ceux-ci avaient une gloire. Ils dûrent à cette gloire précoce et restreinte de prendre patience, d'avoir foi et de poursuivre. Cependant Hugo, par son humeur active et militante, par son peu de penchant à la rêverie sentimentale, par son amour presque sensuel de la matière, et des formes, et des couleurs, par ses violents instincts dramatiques et son besoin de la foule, par son intelligence complète du Moyen-Age, même laid et grotesque, et les conquêtes infatigables qu'il méditait sur le présent, par tous les bords enfin et dans tous les sens, dépassait et devait bientôt briser le cadre étroit, l'étouffant huis clos, où les autres jouaient à l'aise, et dans lequel, sous forme de sylphe ou de gnome, il s'était fait tenir un moment.

Aussi les marques qu'il en contracta sont légères et se discernent à peine: ses premières ballades se ressentent un peu de l'atmosphère où elles naquirent; il y a trop sacrifié au joli: il s'y est trop détourné à la périphrase: plus tard, en dépouillant brusquement cette manière, il lui est arrivé, par une contradiction bien concevable, d'attacher une vertu excessive au mot propre, et de pousser quelquefois les représailles jusqu'à prodiguer le mot cru. A part ces inconvénients passagers, l'influence de la période de *la Muse* n'entra point dans son œuvre; ces sucreries expirèrent à l'écorce contre la verdeur et la sève du jeune fruit croissant. Et puis la dissolution de la coterie arriva assez vite par l'effet d'un contre-coup politique. La chute de M. de Chateaubriand[1] mit le désunion dans les rangs royalistes, et une bouffée perdue de cet orage emporta en mille pièces le pavillon couleur de rose, guitares, cassolettes, soupirs et mandores: il ne resta debout que deux ou trois poëtes.

On continua de se voir isolément et de s'aimer à distance. Hugo travaillait dans la retraite, et se dessinait de plus en plus. Vers 1828, à cette époque que nous avons appelée le moment calme et sensé de la Restauration, le public avait fait de grands progrès; l'exaspération des partis, soit lassitude, soit sagesse, avait cédé à un désir infini de voir, de comprendre et de juger. Les romans, les vers, la littérature, étaient devenus l'aliment des conversations, des loisirs; et mille indices, éclos comme un mirage à l'horizon, et réfléchis à la surface de la société, semblaient promettre un âge de paisible développement où la voix des poëtes serait entendue. Autour de Hugo, et dans l'abandon d'une intimité charmante, il s'en était formé un très-petit nombre de nouveaux; deux ou trois des anciens s'étaient rapprochés; on devisait les soirs ensemble, on se laissait aller à l'illusion flatteuse qui n'était, après tout, qu'un vœu; on comptait sur un âge meilleur qu'on se figurait facile et prochain. Dans cette confiante indifférence, le présent échappait inaperçu, la fantaisie allait ailleurs;

[1] July, 1824.

le vrai Moyen-Age était étudié, senti, dans son architecture, dans ses chroniques, dans sa vivacité pittoresque; il y avait un sculpteur[1], un peintre[2] parmi ces poëtes, et Hugo qui, de ciselure et de couleur, rivalisait avec tous les deux. Les soirées de cette belle saison des *Orientales* se passaient innocemment à aller voir coucher le soleil dans la plaine, à contempler du haut des tours de Notre-Dame les reflets sanglants de l'astre sur les eaux du fleuve[3]; puis, au retour, à se lire les vers qu'on avait composés. Ainsi les palettes se chargeaient à l'envi, ainsi s'amassaient les souvenirs. L'hiver, on eut quelques réunions plus arrangées, qui rappelèrent peut-être par moments certains travers de l'ancienne *Muse*, et l'auteur de cet article doit lui-même se reprocher d'avoir trop poussé à l'idée du *Cénacle*, en le célébrant. Quoi qu'il en soit, cette année amena pour Victor Hugo sa plus paisible et sa plus riche efflorescence lyrique: *les Orientales* sont, en quelque sorte, son architecture gothique du xve siècle; comme elle, ornées, amusantes, épanouies. Nulles poésies ne caractérisent plus brillamment le clair intervalle où elles sont nées, précisément par cet oubli où elles le laissent, par le désintéressement du fond, la fantaisie libre et courante, la curiosité du style, et ce trône merveilleux dressé à l'art pur. Et, toutefois, pour sortir de la magnifique vision où il s'était étalé et reposé, Victor Hugo n'attendit pas la révolution qui a soufflé sur tant de rêves. Là où d'autres eussent mis leur âge d'or, tâchant de l'éterniser, lui, ardent et inquiet, s'était vite retrouvé avec de plus vastes désirs. Par *Hernani*[4], donc, il aborda le drame, et par le drame, la vie active. Face à face désormais avec la foule, il est

[1] Pierre-Jean David (1789–1856), known as David d'Angers. He fought in the ranks of the people in the Revolution of July and was selected to execute the pediment of the *Panthéon* (1835–1837). He made busts of most of the romanticists. See above, p. 62.

[2] Louis Boulanger (1806–1867) the favourite painter of the romanticists. His first picture "Mazeppa,"—"une peinture fougueuse...dont l'aspect éblouissait les yeux habitués aux pâleurs de l'école classique" (Gautier)—inspired Hugo's poem of this name. There is an admirable sepia drawing by Boulanger of Balzac in the *Musée* at Tours.

[3] See above, p. 62.

[4] 1830.

de taille à l'ébranler, à l'enlever dans la lutte; et nous avons, comme lui, confiance en l'issue. Après cela, faut-il l'avouer? qu'il y ait eu des regrets de notre part, hommes de poésie discrète et d'intimité, à voir le plus entouré de nos amis nous échapper dans le bruit et la poussière des théâtres, on le concevra sans peine: notre poésie aime le choix, et toute amitié est jalouse. Mais nous avons bientôt pensé que, même au milieu des plus enivrantes acclamations dramatiques, il y aurait toujours dans l'âme de Victor Hugo un lyrisme caché, plus sévère, plus profond peut-être, plus vibrant encore par le refoulement, plus gravement empreint des images dispersées et des émotions d'une jeunesse irréparable. Le futur recueil dont on a lu le prologue[1], sera pour le public la preuve de ceci, nous l'espérons.

[1] The *futur recueil* is *Les Feuilles d'Automne* which appeared towards the end of 1831; the *prologue* is the last poem ("Novembre") of *Les Orientales*.

ALEXANDRE GUIRAUD

Pierre-Marie-Thérèse-Alexandre Guiraud (1788–1847), a Gascon like his friend Alexandre Soumet—they were known as "les deux Alexandres"—was the son of a rich cloth manufacturer at Limoux, and was himself for a time in his father's business. But his real leaning was towards letters, and a prize won at the Floral Games of Toulouse determined his vocation. He came to Paris in 1813, and after several tentative efforts won success with a tragedy, *Les Machabées*, produced at the Odéon in 1822. He collaborated with Soumet and Ancelot in the opera, *Pharamond*, played on the occasion of Charles X's coronation (1825). But his great achievement was his *Élégies savoyardes*, written and sold for the benefit of "les petits savoyards" (1823), with which he inaugurated a *genre*, new at the time but familiar to us to-day through the delicate, sentimental verse of François Coppée. Guiraud was admitted to the Academy in 1826 and made a baron in 1828. Apart from his literary gifts, which were considerable, his energy and business capacity stood the Romantic school in good stead. He drew up the prospectus of *La Muse française* (see above, p. 58), of which Soumet and he were two chief promoters, and he wrote the important article from which some passages are printed below for the first number of 1824. The *Muse* appeared once a month, and each number contained three parts, devoted respectively to poetry, literary criticism, and general topics ("mœurs"). It has recently been edited by M. Jules Marsan for the *Société des textes modernes français*.

Nos Doctrines

Cependant[1] ce même mouvement des esprits qui préparait une révolution politique si cruelle, et devait ramener les peuples avec tant de violence à des vérités d'un usage impossible, rapprochait d'une manière insensible et plus heureuse, la société, et la littérature qui en exprime les goûts et les besoins, de cette vérité[2] qui pour elles est la source la plus pure de toutes les beautés. Notre siècle littéraire actuel a commencé avant la fin du

[1] The writer has been speaking of Voltaire and the paralysing influence which his worship of *goût* exercised upon French poetry.

[2] Boileau's line, "Rien n'est beau que le vrai; le vrai seul est aimable" (*Ép.* ix. 43), is prefixed by Guiraud to his article by way of motto.

dernier siècle; les vers de Gilbert, la comédie des *Étourdis*, les poëmes de Delille, les tragédies de Ducis, quelques odes de Lebrun[1], ont marqué d'une manière très éclatante la transition d'une époque à l'autre, et prouvent incontestablement que déjà, avant la révolution, les esprits distingués sentaient le besoin de remonter aux modèles du grand siècle pour simplifier, d'après eux, leurs conceptions, épurer leur style, et chercher enfin dans leur âme cette inspiration poétique que le dix-huitième siècle avait vainement demandée aux abstractions, aux sophismes et à toutes les fausses prétentions de l'esprit....

Notre révolution vint couper au pied cette société flétrie, dont les rameaux se séchaient de toutes parts, et dont toute la vie semblait s'être retirée dans quelques beaux rejetons; elle fut comme un nouveau déluge qui rajeunit le monde social. Les individus qui s'étaient précipités, dès long-temps, hors des sentiments naturels

[1] Nicolas-Joseph-Laurent Gilbert (1751–1780) is the hero of the first incident in Vigny's *Stello*, but there is no foundation for the story that he died in distress. He was killed by a fall from his horse, and the *Ode imitée de plusieurs psaumes*, which contains the famous lines:

> "Au banquet de la vie, infortuné convive,
> J'apparus un jour, et je meurs",

and which would alone justify the place awarded him here by Guiraud, was written from his death-bed in the hospital to which he was carried. Gilbert attacked the "philosophes" in his satire, *Dix-huitième siècle*, and so incurred the bitter enmity of La Harpe.

Les Étourdis, ou le mort supposé (1787) is the best comedy of the prolific writer, François-Guillaume-Jean-Stanislas Andrieux (1759–1833). He was a successful lawyer and a promising politician, but his public career was cut short by Napoleon, whom he opposed as Tribune at the discussion on the Civil Code (1801), and he thenceforth devoted himself entirely to literature, producing a vast number of tales, plays, epistles, and fables. He succeeded Auger in 1829 as perpetual secretary to the Academy.

For Delille see above, p. 17, n. 2.

Jean-François Ducis (1733–1816) introduced Shakespeare to the French stage, though in an extremely Gallicized form. He presented *Hamlet* in 1769; *Romeo and Juliet plus* the Ugolino incident from Dante in 1772; *Lear* in 1783; *Macbeth* in 1784; *Othello* in 1792. He was a man of some strength of character and he refused the favours of Napoleon, saying, "Il vaut mieux porter des haillons que des chaînes."

Ponce-Denis-Escouchard Lebrun (1729–1807), a writer of bad odes and good epigrams, the friend of André Chénier, who gave him the nickname of "Lebrun-Pindare"; cp. Sainte-Beuve, *Causeries du Lundi*, v. 145 ff.

et religieux, et par conséquent hors de la vérité, dans toutes les fausses voies de la corruption, furent soudainement ramenés à ce sentiment primitif qui, dès qu'il se montre, anéantit tous les autres: la conservation de soi. Avec lui l'existence morale recommença tout entière. La famille reprit racine dans la société, et y ramena les goûts et les principes vrais et purs qui sont les seuls vraiment nobles et sociaux. Or, ce monde nouveau, régénéré par un baptême de sang, est maintenant encore dans sa jeunesse; et comme l'énergie des premiers temps a fortement empreint de couleurs poétiques nos deux plus belles productions, la Genèse et l'Iliade, nous ne doutons pas que notre littérature ne se ressente aussi poétiquement de cette vie nouvelle qui anime notre société. Celle-ci est devenue plus vraie; la littérature le sera aussi: il est entré violemment du sérieux dans les esprits; elle sera sérieuse. Nos pensées ont été fortement refoulées en nous-mêmes; elle sera plus intime: elle nous révèlera des secrètes parties du cœur que lui auront découvertes ses grandes secousses; elle exprimera les sentiments, les passions qui l'auront déchiré; elle nous donnera enfin de la poésie, car le malheur est de toutes les inspirations poétiques la plus féconde....

La lutte n'est donc pas engagée entièrement à son sujet[1] entre deux partis politiques; elle existe entre ceux qui veulent croire quelquefois à leur cœur, et ceux qui, ne croyant qu'à leur raison ou à leur mémoire, ne se fient qu'aux routes déjà tracées, dans le domaine de l'imagination; on pourrait même dire, entre le XVIIIe et le XIXe siècle....

A cet enseignement funeste des écoles dont la tendance philosophique doit finir nécessairement par être irréligieuse, à ces déclamations quotidiennes des scolastiques, contre cette poésie qu'ils accusent d'être fausse, parce qu'ils ne connaissent que des vérités de convention, nous voulons opposer un enseignement public et solennel, qui proclame non pas de nouvelles doctrines, mais les

[1] i.e. *la poésie.*

principes éternels du vrai et du beau, fondés sur les deux plus anciens livres du monde, la Bible et l'Iliade ; nous voulons continuer en quelque sorte les grands exemples de Corneille et de Bossuet, sinon par nos ouvrages, du moins par nos conseils et notre admiration hautement publiée, et montrer d'après eux comment les Français doivent imiter. Nous laissons à toutes les réputations littéraires contemporaines le soin de l'enseigner par leur exemple ; car l'exemple est le meilleur des conseils. Nos doctrines seront fortes, car elles s'appuieront à la fois et sur les modèles qui nous ont été laissés, et sur ceux qui nous sont donnés depuis trente ans. Et si un scrupule, qu'à tort on appellera *classique*, éloigne de nos rangs des écrivains qui tiennent plus par leurs préjugés que par leur talent, à une école que nous croyons pernicieuse, parce qu'elle est fausse, ils ne peuvent nous empêcher de nous servir de leurs productions, comme d'un appui utile à notre cause ; leurs ouvrages nous appartiennent ; et c'est là surtout que nous aimons à chercher leurs vrais principes, plutôt que dans des discussions d'apparat et des conversations de coterie, où tout est obligé et réglé d'avance par l'usage et les procédés. Agamemnon, Tibère et les Templiers, l'Histoire des guerres de Religion[1], Corinne et le Génie du Christianisme, tout ce que la comédie a reçu de distingué

[1] Népomucène Lemercier (see above, p. 36) wrote an *Agamemnon* in 1797, but Guiraud is probably referring here to Soumet's *Clytemnestre* (see above, p. 58).

Tibère is the title of a play—which Napoleon interdicted—by Marie-Joseph Chénier (1764–1811), the younger brother of André Chénier. He was a member of the Legislative Assembly and the author of some rather ponderous satires and plays, of which the best, *Charles IX* (1789), had immense success as a patriotic tragedy. "Il attachait à Melpomène la cocarde nationale" (C. Delavigne).

For "les Templiers" see above, p. 30, n. 3.

By "l'Histoire des guerres de Religion" Guiraud probably intends Raynouard's historical play, *Les États de Blois* (1810), in the preface to which he said, "Le genre d'intérêt qu'offrent les sujets dramatiques choisis dans l'histoire ancienne est presque épuisé....Reproduisons sur la scène les grands événements et les fameuses catastrophes que l'histoire moderne et surtout nos propres annales offrent à la méditation poétique." But he handled the new theme in a thoroughly classical spirit.

des auteurs de *la Petite ville*, des *Étourdis* et de *l'Avocat*[1] (pour ne parler que des productions que l'opinion a déjà souverainement adoptées), sont autant de monuments élevés à la gloire littéraire du XIXe siècle, qui portent tous plus ou moins ce type de vérité *relative* ou *absolue*, que nous demandons à sa régénération. Nous appelons de tous nos vœux, dans nos rangs dociles, mais dévoués, tous les chefs expérimentés qui voudront les conduire avec courage; nous croyons qu'il y a encore quelque gloire à concourir au but que nous nous sommes proposé, et que nous atteindrons bien plus sûrement avec eux. Tout devient solennel maintenant dans les lettres, et la plus grande utilité politique et morale pourrait résulter d'une telle association. Qu'on songe bien que ce n'est plus le moment d'enfermer les doctrines dans les écoles et dans les salons: dans un gouvernement où toute la nation est appelée à participer aux droits de conseil et d'administration, tous les enseignements doivent être publics, et celui des lettres surtout, parce que si la société agit d'abord sur elles, elles réagissent à leur tour avec une influence au moins égale sur la société, et que les principes de vie et de prospérité sont les mêmes pour toutes deux.

[1] *La petite ville* (1801) by Louis-Benoît Picard (1769–1828), who was an actor as well as a playwright, but gave up this profession when he was admitted to the Academy in 1808. He somewhat anticipates Labiche (1815–1888) in his gaiety and sense of the ridiculous.

L'Avocat (1806) by Jean-François Roger (1776–1842) opened the doors of the Academy to its author.

VICTOR HUGO

Victor-Marie Hugo (1802–1885), third son of General Sigisbert Hugo (a Lorrainer) and Sophie Trébuchet (a Breton), both of bourgeois family. He was born at Besançon in Franche-Comté, but his childhood was spent in Italy and the Italian islands, in Madrid and in Paris, according as his father shifted quarters. He was educated partly in Madrid and partly in Paris. He began writing poetry at the age of 10; at 14 he produced a tragedy (*Artamène*); at 17 he was laureate of the Floral Games of Toulouse; at 20 he published his first *Odes*. In the same year as these (1822) he married Adèle Faucher; for the next thirty years he lived in Paris, the acknowledged leader of the Romantic School in virtue of his poems (*Orientales*, *Feuilles d'automne*, *Chants du crépuscule*, *Voix intérieures*, *les Rayons et les Ombres*); his plays (*Cromwell*, *Hernani*, *Marion Delorme*, *Le Roi s'amuse*, *Lucrèce Borgia*, *Marie Tudor*, *Angelo*, *Ruy Blas*, *Les Burgraves*); his novel (*Notre-Dame de Paris*); and a prominent figure in the political world—he was made a peer of France by Louis Philippe and sat for Paris in the Constituent and Legislative Assemblies. On the *coup d'état* of 2 December, 1852, he withdrew to Jersey, whence he issued *Napoléon le petit* and *Les Châtiments* against the Emperor, and where he also wrote his *Contemplations*, the *Chansons des rues et des bois* and *La légende des siècles*, and his novels *Les Misérables*, *Les Travailleurs de la mer*, and *L'homme qui rit*. He returned to Paris after the 4th of September, 1870, and lived there till his death in 1885. Here he wrote *L'année terrible*, *Quatre-vingt-treize*, *l'Histoire d'un crime*; more of the *Légende des siècles*, *l'Art d'être grand-père*, etc. His funeral at the Panthéon (31 May, 1885) was a national event. He is the greatest French poet of the nineteenth century, if not of all time.

The first edition of the *Odes* appeared in June, 1822, under the title *Odes et Poésies diverses*; the second edition, December, 1822, which omitted the last three pieces, was called simply *Odes*. In February, 1824, appeared the *Nouvelles Odes*, containing a selection from the first book and 28 new pieces. To this volume was prefixed a new Preface printed here.

1824

Voici de nouvelles preuves pour ou contre le système de composition lyrique indiqué déjà par l'auteur de ces Odes. Ce n'est pas sans une défiance extrême qu'il les présente à l'examen des gens de goût; car, s'il croit à des théories nées d'études consciencieuses et de méditations assidues, d'un autre côté, il croit fort peu à son talent. Il prie donc les hommes éclairés de vouloir bien ne pas étendre jusqu'à ses doctrines littéraires l'arrêt qu'ils seront sans doute fondés à prononcer contre ses essais poétiques. Aristote n'est-il pas innocent des tragédies de l'abbé d'Aubignac[1]?

Cependant, malgré son obscurité, il a déjà eu la douleur de voir ses principes littéraires, qu'il croyait irréprochables, calomniés ou du moins mal interprétés. C'est ce qui le détermine aujourd'hui à fortifier cette publication nouvelle d'une déclaration simple et loyale, laquelle le mette à l'abri de tout soupçon d'hérésie dans la querelle qui divise aujourd'hui le public lettré. Il y a maintenant deux partis dans la littérature[2] comme dans l'État, et la guerre poétique ne paraît pas devoir être moins acharnée que la guerre sociale n'est furieuse. Les deux camps semblent plus impatients de combattre que de traiter. Ils s'obstinent à ne vouloir point parler la même langue; ils n'ont d'autre langage que le mot d'ordre à l'intérieur et le cri de guerre à l'extérieur. Ce n'est pas le moyen de s'entendre.

Quelques voix importantes néanmoins se sont élevées, depuis quelques temps, parmi les clameurs des deux armées. Des conciliateurs se sont présentés avec de sages paroles entre les deux fronts d'attaque. Ils seront peut-être les premiers immolés, mais n'importe! C'est dans leurs rangs que l'auteur de ce livre veut être placé, dût-il y être confondu. Il discutera, sinon avec la même autorité, du moins avec la même bonne foi. Ce n'est pas qu'il ne s'attende aux imputations les plus étranges, aux accusations les plus singulières. Dans le trouble où sont les esprits, le danger de parler est plus grand encore que celui de se taire; mais quand il s'agit d'éclairer et d'être éclairé, il faut regarder où est le devoir,

[1] François Hédelin, abbé d'Aubignac (1604–1676), wrote a bad tragedy called *Zénobie*, but he is best known as the opponent of Corneille, and as the author of *La Pratique du Théâtre*, which he wrote by Richelieu's order about 1640—it was not published till 1657—in support of Aristotle and the unities.

[2] See above, p. 84.

et non où est le péril ; il se résigne donc. Il agitera, sans hésitation, les questions les plus redoutées ; et, comme le petit enfant thébain, il osera secouer la peau du lion.

Et d'abord, pour donner quelque dignité à cette discussion impartiale, dans laquelle il cherche la lumière bien plus qu'il ne l'apporte, il répudie tous ces termes de convention que les partis se rejettent réciproquement comme des ballons vides, signes sans signification, expressions sans expression, mots vagues que chacun définit au besoin de ses haines ou de ses préjugés, et qui ne servent de raisons qu'à ceux qui n'en ont pas. Pour lui, il ignore profondément ce que c'est que le *genre classique* et que le *genre romantique*[1]. Selon une femme de génie, qui, la première, a prononcé le mot de *littérature romantique* en France, *cette division se rapporte aux deux grandes ères du monde, celle qui a précédé l'établissement du christianisme et celle qui l'a suivi*[2]. D'après le sens littéral de cette explication, il semble que le *Paradis perdu* serait un poëme *classique* et la *Henriade* une œuvre *romantique*. Il ne paraît pas démontré que les deux mots importés par madame de Staël soient aujourd'hui compris de cette façon.

En littérature, comme en toute chose, il n'y a que le bon et le mauvais, le beau et le difforme, le vrai et le faux. Or, sans établir ici de comparaisons qui exigeraient des restrictions et des développements, le *beau* dans Shakespeare est tout aussi classique (si *classique* signifie digne d'être étudié) que le *beau* dans Racine ; et le *faux* dans Voltaire est tout aussi romantique (si *romantique* veut dire mauvais) que le *faux* dans Calderon. Ce sont là de ces vérités naïves qui ressemblent plus encore à des pléonasmes qu'à des axiomes; mais où n'est-on pas obligé de descendre pour convaincre l'entêtement et pour déconcerter la mauvaise foi ?

[1] "Nous nous hâtons de déclarer, ainsi que vient de faire M. Victor Hugo, que nous avons toujours profondément ignoré ce qu'on entendait par l'expression de genre romantique." A. Soumet in a review of the *Nouvelles Odes* (*Muse Française*, ii. 153).

[2] See above, p. 19.

On objectera peut-être ici que les deux mots de guerre ont depuis quelque temps changé encore d'acception, et que certains critiques sont convenus d'honorer désormais du nom de *classique* toute production de l'esprit antérieure à notre époque, tandis que la qualification de *romantique* serait spécialement restreinte à cette littérature qui grandit et se développe avec le dix-neuvième siècle. Avant d'examiner en quoi cette littérature est propre à notre siècle, on demande en quoi elle peut avoir mérité ou encouru une désignation exceptionnelle. Il est reconnu que chaque littérature s'empreint plus ou moins profondément du ciel, des mœurs et de l'histoire du peuple dont elle est l'expression. Il y a donc autant de littératures diverses qu'il y a de sociétés différentes. David, Homère, Virgile, le Tasse, Milton et Corneille, ces hommes, dont chacun représente une poésie et une nation, n'ont de commun entre eux que le génie. Chacun d'eux a exprimé et a fécondé la pensée publique dans son pays et dans son temps. Chacun d'eux a créé pour sa sphère sociale un monde d'idées et de sentiments, approprié au mouvement et à l'étendue de cette sphère. Pourquoi donc envelopper d'une désignation vague et collective ces créations qui, pour être toutes animées de la même âme, la vérité, n'en sont pas moins dissemblables, et souvent contraires dans leur formes, dans leurs éléments et dans leurs natures? Pourquoi en même temps cette contradiction bizarre de décerner à une autre littérature, expression imparfaite encore d'une époque encore incomplète, l'honneur ou l'outrage d'une qualification également vague, mais exclusive, qui la sépare des littératures qui l'ont précédée? Comme si elle ne pouvait être pesée que dans l'autre plateau de la balance! Comme si elle ne devait être inscrite que sur le revers du livre! D'où lui vient ce nom de *romantique?* Est-ce que vous lui avez découvert quelque rapport bien évident et bien intime avec la langue *romance* ou *romane?* ...Alors expliquez-vous; examinons la valeur de cette allégation; prouvez d'abord qu'elle est fondée; il vous restera ensuite à démontrer qu'elle n'est pas insignifiante.

Mais on se garde fort aujourd'hui d'entamer de ce côté une discussion qui pourrait n'enfanter que le *ridiculus mus;* on veut laisser à ce mot de *romantique* un certain vague fantastique et indéfinissable qui en redouble l'horreur. Aussi, tous les anathèmes lancés contre d'illustres écrivains et poëtes contemporains peuvent-ils se réduire à cette argumentation: "Nous condamnons la littérature du dix-neuvième siècle, parce qu'elle est *romantique*...—Et pourquoi est-elle *romantique?*—Parce qu'elle est la littérature du dix-neuvième siècle." On ose affirmer ici, après un mûr examen, que l'évidence d'un tel raisonnement ne paraît pas absolument incontestable.

Abandonnons enfin cette question de mots, qui ne peut suffire qu'aux esprits superficiels dont elle est le risible labeur. Laissons en paix la procession des rhéteurs et des pédagogues apporter gravement de l'eau claire au tonneau vide. Souhaitons longue haleine à tous ces pauvres Sisyphes essoufflés, qui vont roulant et roulant sans cesse leur pierre au haut d'une butte;

> Palus inamabilis unda
> Alligat, et novies Styx interfusa coercet[1].

Passons, et abordons la question de choses, car la frivole querelle des *romantiques* et des *classiques* n'est que la parodie d'une importante discussion, qui occupe aujourd'hui les esprits judicieux et les âmes méditatives. Quittons donc la *Batrachomyomachie* pour l'*Iliade.* Ici du moins les adversaires peuvent espérer de s'entendre, parce qu'ils en sont dignes. Il y a une discordance absolue entre les rats et les grenouilles, tandis qu'un intime rapport de noblesse et de grandeur existe entre Achille et Hector.

Il faut en convenir, un mouvement vaste et profond travaille intérieurement la littérature de ce siècle. Quelques hommes distingués s'en étonnent, et il n'y a précisément dans tout cela d'étonnant que leur surprise.

[1] Virgil, *Georg.* iv. 479.

En effet, si après une révolution politique qui a frappé la société dans toutes ses sommités et dans toutes ses racines, qui a touché à toutes les gloires et à toutes les infamies, qui a tout désuni et tout mêlé, au point d'avoir dressé l'échafaud à l'abri de la tente, et mis la hache sous la garde du glaive; après une commotion effrayante qui n'a rien laissé dans la cœur des hommes qu'elle n'ait remué, rien dans l'ordre des choses qu'elle n'ait déplacé; si, disons-nous, après un si prodigieux événement, nul changement n'apparaissait dans l'esprit et dans le caractère d'un peuple, n'est-ce pas alors qu'il faudrait s'étonner, et d'un étonnement sans bornes?...Ici se présente une objection spécieuse et déjà développée avec une conviction respectable par des hommes de talent et d'autorité. "C'est précisément, disent-ils, parce que cette *révolution littéraire* est le résultat de notre *révolution politique*, que nous en déplorons le triomphe, que nous en condamnons les œuvres." Cette conséquence ne paraît pas juste. La littérature actuelle peut être en partie le *résultat* de la révolution, sans en être l'*expression.* La société, telle que l'avait faite la révolution, a eu sa littérature, hideuse et inepte comme elle. Cette littérature et cette société sont mortes ensemble et ne revivront plus. L'ordre renaît de toutes parts dans les institutions; il renaît également dans les lettres. La religion consacre la liberté: nous avons des citoyens. La foi épure l'imagination: nous avons des poëtes. La vérité revient partout, dans les mœurs, dans les lois, dans les arts. La littérature nouvelle est vraie. Et qu'importe qu'elle soit le résultat de la révolution? La moisson est-elle moins belle, parce qu'elle a mûri sur le volcan? Quel rapport trouvez-vous entre les laves qui ont consumé votre maison et l'épi de blé qui vous nourrit[1]?

Les plus grands poëtes du monde sont venus après de grandes calamités publiques. Sans parler des chantres sacrés, toujours inspirés pas des malheurs passés ou

[1] Compare the whole paragraph with the passage from *Nos doctrines*, given above, pp. 83 f.

futurs, nous voyons Homère apparaître après la chute de Troie et les catastrophes de l'Argolide, Virgile après le triumvirat. Jeté au milieu des discordes des Guelfes et des Gibelins, Dante avait été proscrit avant d'être poëte. Milton rêvait Satan chez Cromwell. Le meurtre de Henri IV précéda Corneille. Racine, Molière, Boileau, avaient assisté aux orages de la Fronde[1]. Après la révolution française, Chateaubriand s'élève, et la proportion est gardée.

Et ne nous étonnons point de cette liaison remarquable entre les grandes époques politiques et les belles époques littéraires. La marche sombre et imposante des événements par lesquels le pouvoir d'en haut se manifeste aux pouvoirs d'ici-bas, l'unité éternelle de leur cause, l'accord solennel de leurs résultats, ont quelque chose qui frappe profondément la pensée. Ce qu'il y a de sublime et d'immortel dans l'homme se réveille comme en sursaut, au bruit de toutes ces voix merveilleuses qui avertissent de Dieu. L'esprit des peuples, en un religieux silence, entend longtemps retentir de catastrophe en catastrophe la parole mystérieuse qui témoigne dans les ténèbres :

Admonet, et magna testatur voce per umbras[2].

Quelques âmes choisies recueillent cette parole et s'en fortifient. Quand elle a cessé de tonner dans les événements, elles la font éclater dans leurs inspirations, et c'est ainsi que les enseignements célestes se continuent par des chants. Telle est la mission du génie ; ses élus sont *ces sentinelles laissées par le Seigneur sur les tours de Jérusalem, et qui ne se tairont ni jour ni nuit*[3].

La littérature présente, telle que l'ont créée les Chateaubriand, les Staël, les Lamennais[4], n'appartient donc

[1] Racine and Boileau were still in their boyhood when the Fronde ended (1653).

[2] Virgil, *Aen.* vi. 619.

[3] Isaiah lxii. 6.

[4] Félicité-Robert de La Mennais (1782–1854), who changed his name to Lamennais after his rupture with Rome in 1831–2, was at the date of this Preface chiefly famous for his *Essai sur l'Indifférence en matière de religion*. Through this work he exercised a considerable influence on some of the Romanticists, notably on Lamartine, Hugo, and Sainte-Beuve.

en rien à la révolution. De même que les écrits sophistiques et déréglés des Voltaire, des Diderot et des Helvétius[1], ont été d'avance l'expression des innovations sociales écloses dans la décrépitude du dernier siècle, la littérature actuelle, que l'on attaque avec tant d'instinct d'un côté et si peu de sagacité de l'autre, est l'expression anticipée de la société religieuse et monarchique qui sortira sans doute du milieu de tant d'anciens débris, de tant de ruines récentes. Il faut le dire et le redire ; ce n'est pas un besoin de nouveauté qui tourmente les esprits, c'est un besoin de vérité ; et il est immense.

Ce besoin de vérité, la plupart des écrivains supérieurs de l'époque tendent à le satisfaire. Le goût[2], qui n'est autre chose que l'*autorité* en littérature, leur a enseigné que leurs ouvrages, vrais pour le fond, devaient être également vrais dans la forme ; sous ce rapport, ils ont fait faire un pas à la poésie. Les écrivains des autres peuples et des autres temps, même les admirables poëtes du grand siècle, ont trop souvent oublié dans l'exécution le principe de vérité dont ils vivifiaient leur composition. On rencontre fréquemment dans leurs plus beaux passages des détails empruntés à des mœurs, à des religions, ou à des époques trop étrangères au sujet. Ainsi l'*horloge* qui, au grand amusement de Voltaire[3], désigne au Brutus de Shakespeare l'heure où il doit frapper César, cette *horloge*, qui existait, comme on voit, bien avant qu'il y eût des horlogers, se retrouve, au milieu d'une brillante description des dieux mythologiques, placée par Boileau *à la main du Temps*[4]. Le *canon*, dont Calderon[5] arme les

[1] Claude-Adrien Helvétius (1715–1770), an Encyclopaedist, author of *De l'Esprit* (1758), in which all morality is reduced to self-interest.

[2] *Le goût* was the god of eighteenth century literature and Voltaire was its prophet.

[3] Cp. "On entend sonner l'horloge; ce n'est pas que les Romains eussent des horloges sonnantes, mais *le costume* est observé ici comme dans tout le reste." Voltaire's note in *Jules César*, act ii. sc. 2.

[4] "Le Temps qui s'enfuit une horloge à la main," *A. P.* iii. 230, upon which Desmarets remarks, "M. Despréaux a-t-il vu dans Homère ou Virgile le Temps qui s'enfuit une horloge à la main?"

[5] Pedro Calderon de la Barca (1601–1687), the great romantic dramatist

soldats d'Héraclius[1], et Milton les archanges des ténèbres[2], est tiré, dans l'*Ode sur Namur*, par *dix mille vaillants Alcides* qui en font *pétiller les remparts*[3]. Et certes, puisque les *Alcides* du législateur du Parnasse tirent du canon, le *Satan* de Milton peut à toute force considérer cet anachronisme comme de *bonne guerre*. Si dans un siècle littéraire encore barbare, le père Lemoyne, auteur d'un poëme de *Saint Louis*, fait *sonner les Vespres siciliennes* par *les cors des noires Euménides*[4], un âge éclairé nous montre J.-B. Rousseau[5] envoyant (dans son *Ode au comte de Luc*, dont le mouvement lyrique est fort remarquable) un *prophète fidèle jusque chez les dieux interroger le Sort;* et en trouvant fort ridicules les *Néréides* dont Camoëns obsède les compagnons de Gama[6], on désirerait, dans le célèbre *Passage du Rhin*

of Spain. Several of his plays were translated in the *Chefs-d'œuvre des théâtres étrangers* (1822).

1 "Ultima razón de reyes
Son la pólvora y las balas."

The passage to which Hugo refers is from act ii. sc. 23 of *En esta vida todo es verdad y todo mentira*. Voltaire, who adapted this play of Calderon's, is not slow to point out the anachronism of powder and shot in the fifth century.

2 Cp. *Paradise Lost*, vi. 484, 518, 586 etc.

3 "Dix mille vaillans Alcides
Les bordant de toutes parts,
D'éclairs au loin homicides
Font pétiller leurs remparts."
Ode sur la prise de Namur, 31 ff.

4 See below, p. 96, n. 1. Hugo, as usual, quotes inexactly. The words are

"Quand du Gibel ardent les démons implacables
Sonneront de leurs cors ces Vespres detestables."
Saint Louis, ix. 97, 98.

Pierre Lemoyne, S. J. (1602–1672), was the author of this enormous Epic in eighteen books. Boileau said of him: "Il est trop poète pour que j'en dise du mal; il est trop fou pour que j'en dise du bien."

5 Jean-Baptiste Rousseau (1671–1741) was the favourite lyric poet of the eighteenth century and the *bête noire* of the Romanticists. Sainte-Beuve in 1829 attacked him in an article of great bitterness (*Portraits littéraires*, i. 128 ff.), which made a considerable stir, and which he afterwards recognized as unjust. But his remark, "Ce fut le moins lyrique de tous les hommes à la moins lyrique de toutes les époques," is not far from the truth.

6 Cp. *Os Lusiados* i. 96 by Luiz de Camoëns (1524–1579). This great Portuguese Epic has Vasco da Gama for its hero.

de Boileau[1], voir autre chose que des *Naïades craintives*[2] fuir devant Louis, par la grâce de Dieu, roi de France et de Navarre, accompagné de ses maréchaux-des-camps-et-armées.

Des citations de ce genre se prolongeraient à l'infini, mais il est inutile de les multiplier. Si de pareilles fautes de vérité se présentent fréquemment dans nos meilleurs auteurs, il faut se garder de leur en faire un crime. Ils auraient pu sans doute se borner à étudier les formes pures des divinités grecques, sans leur emprunter leurs attributs païens. Lorsqu'à Rome on voulut convertir en *Saint-Pierre* un *Jupiter olympien*, on commença du moins par ôter au maître du tonnerre l'aigle qu'il foulait sous ses pieds. Mais quand on considère les immenses services rendus à la langue et aux lettres par nos premiers grands poëtes, on s'humilie devant leur génie, et on ne se sent pas la force de leur reprocher un défaut de goût. Certainement ce défaut a été bien funeste, puisqu'il a introduit en France je ne sais quel genre faux, qu'on a fort bien nommé le *genre scolastique*[3], genre qui est au *classique* ce que la superstition et le fanatisme sont à la religion, et qui ne contre-balance aujourd'hui le triomphe de la vraie poésie que par l'autorité respectable des illustres maîtres chez lesquels il trouve malheureusement des modèles. On a rassemblé ci-dessus quelques exemples pareils entre eux de ce faux goût, empruntés à la fois aux écrivains les plus opposés, à ceux que les scolastiques appellent *classiques* et à ceux qu'ils qualifient de *romantiques:* on espère par là faire voir que si Calderon a pu pécher par excès

[1] Les personnes de bonne foi comprendront aisément pourquoi nous citons ici fréquemment le nom de Boileau. Les fautes de goût, dans un homme d'un goût aussi pur, ont quelque chose de frappant qui les rend d'un utile exemple. Il faut que l'absence de vérité soit bien contraire à la poésie, puisqu'elle dépare même les vers de Boileau. Quant aux critiques malveillants, qui voudraient voir dans ces citations un manque de respect à un grand nom, ils sauront que nul ne pousse plus loin que l'auteur de ce livre l'estime pour cet excellent esprit. Boileau partage avec notre Racine le mérite *unique* d'avoir fixé la langue française, ce qui suffirait pour prouver que lui aussi avait un *génie créateur*. (Note of Victor Hugo.)

[2] *Épître*, iv. 46.

[3] See above, p. 84.

d'ignorance, Boileau a pu faillir aussi par excès de science; et que si, lorsqu'on étudie les écrits de ce dernier, on doit suivre religieusement les règles imposées au langage par le critique[1], il faut en même temps se garder scrupuleusement d'adopter les fausses couleurs employées quelquefois par le poëte.

Et remarquons en passant que, si la littérature du grand siècle de Louis-le-Grand eût invoqué le christianisme au lieu d'adorer les dieux païens, si ces poëtes eussent été ce qu'étaient ceux des temps primitifs, des prêtres chantant les grandes choses de leur religion et de leur patrie, le triomphe des doctrines sophistiques du dernier siècle eût été beaucoup plus difficile, peut-être même impossible. Aux premières attaques des novateurs, la religion et la morale se fussent réfugiées dans le sanctuaire des lettres, sous la garde de tant de grands hommes. Le goût national, accoutumé à ne point séparer les idées de religion et de poésie, eût répudié tout essai de poésie irréligieuse, et flétri cette monstruosité non moins comme un sacrilège littéraire que comme un sacrilège social. Qui peut calculer ce qui fût arrivé de la *philosophie*, si la cause de Dieu, défendue en vain par la vertu, eût été aussi plaidée par le génie?...Mais la

[1] Insistons sur ce point, afin d'ôter tout prétexte aux *malvoyants*. S'il est utile et parfois nécessaire de rajeunir quelques tournures usées, de renouveler quelques vieilles expressions, et peut-être d'essayer encore d'embellir notre versification par la plénitude du mètre et la pureté de la rime, on ne saurait trop répéter que là doit s'arrêter l'esprit de perfectionnement. Toute innovation contraire à la nature de notre prosodie et au génie de notre langue doit être signalée comme un attentat aux premiers principes du goût.

Après une si franche déclaration, il sera sans doute permis de faire observer ici aux *hyper-critiques* que le vrai talent regarde avec raison les règles comme la limite qu'il ne faut jamais franchir, et non comme le sentier qu'il faut toujours suivre. Elles rappellent incessamment la pensée vers un centre unique, le *beau*; mais elles ne le circonscrivent pas. Les règles sont en littérature ce que sont les lois en morale: elles ne peuvent tout prévoir Un homme ne sera jamais réputé vertueux, parce qu'il aura borné sa conduite à l'observance du Code. Un poëte ne sera jamais réputé grand, parce qu'il se sera contenté d'écrire suivant les règles. La morale ne résulte pas des lois, mais de la religion et de la vertu. La littérature ne vit pas seulement par le goût; il faut qu'elle soit vivifiée par la poésie et fécondée par le génie. (Note of Victor Hugo.)

France n'eut pas ce bonheur; ses poëtes nationaux étaient presque tous des poëtes païens; et notre littérature était plutôt l'expression d'une société idolâtre et démocratique que d'une société monarchique et chrétienne. Aussi les philosophes parvinrent-ils, en moins d'un siècle, à chasser des cœurs une religion qui n'était pas dans les esprits.

C'est surtout à réparer le mal fait par les sophistes[1] que doit s'attacher aujourd'hui le poëte. Il doit marcher devant les peuples comme une lumière, et leur montrer le chemin. Il doit les ramener à tous les grands principes d'ordre, de morale et d'honneur; et pour que sa puissance leur soit douce, il faut que toutes les fibres du cœur humain vibrent sous ses doigts comme les cordes d'une lyre. Il ne sera jamais l'écho d'aucune parole, si ce n'est de celle de Dieu. Il se rappellera toujours ce que ces prédécesseurs ont trop oublié, que lui aussi il a une religion et une patrie. Ses chants célébreront sans cesse les gloires et les infortunes de son pays, les austérités et les ravissements de son culte, afin que ses aïeux et ses contemporains recueillent quelque chose de son génie et de son âme, et que, dans la postérité, les autres peuples ne disent pas de lui: "Celui-là chantait dans une terre barbare."

In qua scribebat, barbara terra fuit[2].

1826[3]

Pour la première fois, l'auteur de ces compositions lyriques a cru devoir séparer les genres de ces compositions par une division marquée.

Il continue à comprendre sous le titre d'*Odes* toute inspiration purement religieuse, toute étude purement antique, toute traduction d'un événement contemporain

[1] Cp. *La Muse française*, "Nos doctrines," ii. 14.

[2] Ovid, *Trist.* III. i. 18.

[3] A volume, entitled *Odes et Ballades*, appeared in 1826, containing thirteen odes and ten ballads, and with a preface which we reproduce.

ou d'une impression personnelle. Les pièces qu'il intitule *Ballades* ont un caractère différent ; ce sont des esquisses d'un genre capricieux ; tableaux, rêves, scènes, récits, légendes superstitieuses, traditions populaires. L'auteur en les composant a essayé de donner quelque idée de ce que pouvaient être les poëmes des premiers troubadours du moyen âge, de ces rapsodes chrétiens qui n'avaient au monde que leur épée et leur guitare, et s'en allaient de château en château, payant l'hospitalité avec des chants.

S'il n'y avait beaucoup trop de pompe dans ces expressions, l'auteur dirait, pour compléter son idée, qu'il a mis plus de son âme dans les *Odes*, plus de son imagination dans les *Ballades*.

Au reste, il n'attache pas à ces classifications plus d'importance qu'elles n'en méritent. Beaucoup de personnes dont l'opinion est grave ont dit que ses *Odes* n'étaient pas des odes ; soit. Beaucoup d'autres diront sans doute, avec non moins de raison, que ses *Ballades* ne sont pas des ballades ; passe encore. Qu'on leur donne tel autre titre qu'on voudra ; l'auteur y souscrit d'avance.

A cette occasion, mais en laissant absolument de côté ses propres ouvrages, si imparfaits et si incomplets, il hasardera quelques réflexions.

On entend tous les jours, à propos de productions littéraires, parler de la *dignité* de tel genre, des *convenances* de tel autre, des *limites* de celui-ci, des *latitudes* de celui-là ; la *tragédie* interdit ce que le *roman* permet ; la *chanson* tolère ce que l'*ode* défend, etc. L'auteur de ce livre a le malheur de ne rien comprendre à tout cela ; il y cherche des choses et n'y voit que des mots ; il lui semble que ce qui est réellement beau et vrai, est beau et vrai partout ; que ce qui est dramatique dans un roman sera dramatique sur la scène ; que ce qui est lyrique dans un couplet sera lyrique dans une strophe ; qu'enfin et toujours la seule distinction véritable dans les œuvres de l'esprit est celle du bon et du mauvais. La pensée est une terre vierge et féconde dont les pro ductions veulent croître librement, et pour ainsi dire au hasard, sans se classer, sans s'aligner en plates-bandes, comme les bouquets dans un jardin classique de Le Nôtre[1], ou comme les fleurs du langage dans un traité de rhétorique.

Il ne faut pas croire pourtant que cette liberté doive produire le désordre; bien au contraire. Développons notre idée. Comparez un moment au jardin royal de Versailles, bien nivelé, bien taillé, bien nettoyé, bien ratissé, bien sablé; tout plein de petites cascades, de petits bassins, de petits bosquets, de tritons de bronze folâtrant en cérémonie sur des océans pompés à grands frais dans la Seine, de faunes de marbre courtisant les dryades allégoriquement renfermées dans une multitude d'ifs coniques, de lauriers cylindriques, d'orangers sphériques, de myrtes elliptiques, et d'autres arbres dont la forme naturelle, trop triviale sans doute, a été gracieusement corrigée par la serpette du jardinier; comparez ce jardin si vanté à une forêt primitive du Nouveau-Monde, avec ses arbres géants, ses hautes herbes, sa végétation profonde, ses mille oiseaux de mille couleurs, ses larges avenues où l'ombre et la lumière ne se jouent que sur de la verdure, ses sauvages harmonies, ses grands fleuves qui charrient des îles de fleurs, ses immenses cataractes qui balancent des arcs-en-ciel! Nous ne dirons pas: Où est la magnificence? où est la grandeur? où est la beauté? mais simplement: Où est l'ordre? où est le désordre? Là, des eaux captives ou détournées de leur cours, ne jaillissant que pour croupir; des dieux pétrifiés; des arbres transplantés de leur sol natal, arrachés de leur climat, privés même de leur forme, de leurs fruits, et forcés de subir les grotesques caprices de la serpe et du cordeau; partout enfin l'ordre naturel contrarié, interverti, bouleversé, détruit. Ici, au contraire, tout obéit à une loi invariable; un Dieu semble vivre en tout. Les gouttes d'eau suivent

[1] André Le Nôtre (1613–1700), the celebrated landscape gardener, laid out Vaux-le-Vicomte for Fouquet, Versailles for Louis XIV, and Chantilly for Condé.

leur pente et font des fleuves qui feront des mers; les semences choisissent leur terrain et produisent une forêt. Chaque plante, chaque arbuste, chaque arbre naît dans sa saison, croît en son lieu, produit son fruit, meurt à son temps. La ronce même y est belle. Nous le demandons encore: Où est l'ordre?

Choisissez donc du chef-d'œuvre du jardinage ou de l'œuvre de la nature, de ce qui est beau de convention ou de ce qui est beau sans les règles, d'une littérature artificielle ou d'une poésie originale!

On nous objectera que la forêt vierge cache dans ses magnifiques solitudes mille animaux dangereux, et que les bassins marécageux du jardin français recèlent tout au plus quelques bêtes insipides. C'est un malheur sans doute; mais à tout prendre, nous aimons mieux un crocodile qu'un crapaud; nous préférons une barbarie de Shakespeare à une ineptie de Campistron[1].

Ce qu'il est très-important de fixer, c'est qu'en littérature comme en politique, l'ordre se concilie merveilleusement avec la liberté; il en est même le résultat. Au reste, il faut bien se garder de confondre l'ordre avec la régularité. La régularité ne s'attache qu'à la forme extérieure; l'ordre résulte du fond même des choses, de la disposition intelligente des éléments intimes d'un sujet. La régularité est une combinaison matérielle et purement humaine: l'ordre est pour ainsi dire divin. Ces deux qualités si diverses dans leur essence marchent fréquemment l'une sans l'autre. Une cathédrale gothique présente un ordre admirable dans sa naïve irrégularité; nos édifices français modernes, auxquels on a si gauchement appliqué l'architecture grecque ou romaine, n'offrent qu'un désordre régulier. Un homme ordinaire pourra toujours faire un ouvrage régulier; il n'y a que les grands esprits qui sachent ordonner une composition. Le créa-

[1] Jean Galbert de Campistron (1656–1723) professed to be a disciple of Racine, but was also influenced by Quinault. His best play is *Andronic* (1685). He was a favourite target for the shafts of the Romanticists. Cp. "Sur le Racine mort le Campistron pullule." (*Réponse à un acte d'accusation* in *Contemplations*, livre i.)

teur qui voit de haut ordonne; l'imitateur qui regarde de près régularise: le premier procède selon la loi de sa nature, le dernier suivant les règles de son école. L'art est une inspiration pour l'un; il n'est qu'une science pour l'autre. En deux mots, et nous ne nous opposons pas à ce qu'on juge d'après cette observation les deux littératures dites *classique* et *romantique*, la régularité est le goût de la médiocrité, l'ordre est le goût du génie.

Il est bien entendu que la liberté ne doit jamais être l'anarchie: que l'originalité ne peut en aucun cas servir de prétexte à l'incorrection. Dans une œuvre littéraire, l'exécution doit être d'autant plus irréprochable que la conception est plus hardie. Si vous voulez avoir raison autrement que les autres, vous devez avoir dix fois raison. Plus on dédaigne la rhétorique, plus il sied de respecter la grammaire. On ne doit détrôner Aristote que pour faire régner Vaugelas[1]; et il faut aimer l'*Art poétique* de Boileau, sinon pour les principes, du moins pour le style. Un écrivain qui a quelque souci de la postérité cherchera sans cesse à purifier sa diction, sans effacer toutefois le caractère particulier par lequel son expression révèle l'individualité de son esprit. Le néologisme n'est d'ailleurs qu'une triste ressource pour l'impuissance. Des fautes de langue ne rendront jamais une pensée; et le style est comme le cristal: sa pureté fait son éclat.

L'auteur de ce recueil développera peut-être ailleurs tout ce qui n est ici qu'indiqué. Qu'il lui soit permis de déclarer avant de terminer que l'esprit d'imitation, recommandé par d'autres comme le salut des écoles, lui a toujours paru le fléau de l'art; et il ne condamnerait pas moins l'imitation qui s'attache aux écrivains dits *romantiques*, que celle dont on poursuit les auteurs dits *classiques*. Celui qui imite un poëte *romantique* devient

[1] Claude Favre, Seigneur de Vaugelas (1595–1650), wrote *Remarques sur la langue française* (1647), and was the first editor of the Academy's Dictionary. Hugo in the *Réponse* speaks of common words "que Vaugelas leur chef | Dans le bagne Lexique avait marqués d'une F."

nécessairement un *classique*, puisqu'il imite[1]. Que vous soyez l'écho de Racine ou le reflet de Shakespeare, vous n'êtes toujours qu'un écho et qu'un reflet Quand vous viendrez à bout de calquer exactement un homme de génie, il vous manquera toujours son originalité, c'est-à-dire son génie. Admirons les grands maîtres; ne les imitons pas Faisons autrement. Si nous réussissons, tant mieux; si nous échouons, qu'importe?

Il existe certaines eaux qui, si vous y plongez une fleur, un fruit, un oiseau, ne vous les rendent au bout de quelque temps que revêtus d'une épaisse croûte de pierre sous laquelle on devine encore, il est vrai, leur forme primitive; mais le parfum, la saveur, la vie, ont disparu. Les pédantesques enseignements, les préjugés scolastiques, la contagion de la routine, la manie d'imitation, produisent le même effet. Si vous y ensevelissez vos facultés natives, votre imagination, votre pensée, elles n'en sortiront pas. Ce que vous en retirerez conservera bien peut-être quelque apparence d'esprit, de talent, de génie; mais ce sera pétrifié.

A entendre des écrivains qui se proclament *classiques*, celui-là s'écarte de la route du vrai et du beau qui ne suit pas servilement les vestiges que d'autres y ont imprimés avant lui. Erreur! ces écrivains confondent la routine avec l'art; ils prennent l'ornière pour le chemin.

Le poëte ne doit avoir qu'un modèle, la nature; qu'un guide, la vérité. Il ne doit pas écrire avec ce qui a été écrit, mais avec son âme et avec son cœur. De tous les livres qui circulent entre les mains des hommes, deux seuls doivent être étudiés par lui, Homère et la Bible. C'est que ces deux livres vénérables, les premiers de tous par leur date et par leur valeur, presque aussi anciens que le monde, sont eux-mêmes deux mondes pour la pensée. On y retrouve en quelque sorte la création tout entière considérée sous son double aspect, dans Homère par le génie de l'homme, dans la Bible par l'esprit de Dieu.

[1] Ces mots sont employés ici dans l'acception à demi comprise, bien que non définie, qu'on leur donne le plus généralement. (Note of Victor Hugo.)

1828[1]

Il faut tout dire. Les modifications apportées à ce recueil ne se bornent pas peut-être à ces changements matériels. Quelque puérile que paraisse à l'auteur l'habitude *de faire des corrections* érigée en système, il est très-loin d'avoir fui, ce qui serait aussi un système non moins fâcheux, les corrections qui lui ont paru importantes ; mais il a fallu pour cela qu'elles se présentassent naturellement, invinciblement, comme d'elles-mêmes, et en quelque sorte avec le caractère de l'inspiration. Ainsi bon nombre de vers se sont trouvés refaits, bon nombre de strophes remaniées, remplacées ou ajoutées. Au reste, tout cela ne valait peut-être pas plus la peine d'être fait que d'être dit.

Ç'aurait sans doute été plutôt ici le lieu d'agiter quelques-unes des hautes questions de langue, de style, de versification, et particulièrement de rhythme, qu'un recueil de poésie lyrique française au XIXe siècle peut et doit soulever. Mais il est rare que de semblables dissertations ne ressemblent pas plus ou moins à des apologies. L'auteur s'en abstiendra donc ici, en se réservant d'exposer ailleurs les idées qu'il a pu recueillir sur ces matières, et, qu'on lui pardonne la présomption de ces paroles, de dire ce qu'il croit que l'art lui a appris. En attendant, il appelle sur ces questions l'attention de tous les critiques qui comprennent quelque chose au mouvement progressif de la pensée humaine, qui ne cloîtrent pas l'art dans les poétiques et les règles, et qui ne concentrent pas toute la poésie d'une nation dans un genre, dans une école, dans un siècle hermétiquement fermé.

[1] In 1828 Hugo published a final edition of *Odes et Ballades* comprising all but one of the pieces of the three preceding volumes, and eleven new ones. To this volume he prefixed a short preface, from which we have detached the last three paragraphs.

Au reste, ces idées sont de jour en jour mieux comprises. Il est admirable de voir quels pas de géant l'art fait et fait faire. Une forte école s'élève, une génération forte croît dans l'ombre pour elle. Tous les principes que cette époque a posés, pour le monde des intelligences comme pour le monde des affaires, amènent déjà rapidement leurs conséquences. Espérons qu'un jour le XIXe siècle, politique et littéraire, pourra être résumé d'un mot : la liberté dans l'ordre, la liberté dans l'art.

ÉMILE DESCHAMPS

Émile Deschamps (1791–1871), the elder brother of Antony Deschamps (see above, p. 72), was one of the most active members of the first Cénacle, and, if not a great leader, an admirable champion of the new doctrines. "C'était le patriarche de l'école, patriarche aimable, souriant, etc." (Th. Gautier, *Journal Officiel*, 25 April, 1871). His enthusiasm and his undoubted talent were always at the service of others. "Il avait le don de l'admiration.... Tout le monde lui demandait des vers, et il n'en refusait à personne." His *Études françaises et étrangères* (1828) consist of original pieces, and translations from the Latin, German, Russian, and English The first paragraph of the Preface, part of the second and part of another on p. 113 are repeated from an article, *La Guerre en temps de paix*, which he contributed to the penultimate number of the *Muse française* (May, 1824).

Préface des Études

Il faut aux hommes, et surtout aux Français, grands querelleurs et grands parleurs, un champ de bataille toujours ouvert, ou une arène de discussions toujours en mouvement. Après les guerres de la Ligue et de la Fronde, sont venues les querelles des Jansénistes et des Molinistes, auxquelles ont succédé beaucoup d'autres disputes jusqu'à celles des Gluckistes et des Piccinistes[1]; et maintenant, de toutes les factions qui ont troublé la France, il ne reste plus, nous l'espérons, que des Classiques et des Romantiques, et une bonne animosité de part et d'autre. C'est décidément la haine à la mode

On a défini tant de fois le *Romantisme* que la question est bien assez embrouillée comme cela sans que nous l'obscurcissions encore par de nouveaux éclaircissements. Il y a des hommes de lettres qui ont dit: "Nous condamnons la littérature du XIXe siècle parce

[1] For Jansenist v. Molinist cp. Pascal, *Lettres Provinciales* (1656–7), *passim*.

For the long battle beginning in 1778 between the partisans of Gluck, who revolutionized French opera, and those of Piccinni, who upheld the old tradition, see Morellet's (posthumous) *Mémoires* (1822), vol. ii. ch. 12

qu'elle est romantique."—Et pourquoi est-elle romantique?—"Parce qu'elle est la littérature du XIXe siècle." Cet argument ne nous a pas complétement satisfait. D'autres ont ajouté: "On appelle *classiques* tous les ouvrages faits pour servir de modèles, et *romantiques* tous les ouvrages absurdes: donc, pour peu qu'on ait le sens commun, il est impossible qu'on soutienne la cause du romantisme." Ceci est plus fort. Cependant on peut encore trouver mieux, en cherchant bien. Ne cherchons pas, et contentons-nous, en dépouillant ces deux définitions hostiles de ce qu'elles ont de niais, d'en faire jaillir deux grandes vérités, savoir: qu'il n'y a réellement pas de *romantisme*, mais bien une littérature du XIXe siècle; et en second lieu, qu'il n'existe dans ce siècle, comme dans tous, que de bons et de mauvais ouvrages, et même, si vous le voulez, infiniment plus de mauvais que de bons. Maintenant que les *non-sens* des dénominations ont disparu, il sera facile de s'entendre.

En quoi consiste réellement la littérature française de l'époque actuelle? Par quels genres de compositions se fait-elle surtout remarquer? Quels sont les ouvrages qui font déjà sa gloire?—Pour répondre à ces questions, il ne faut qu'examiner en quoi consiste notre gloire littéraire dans les époques précédentes, et quels sont les genres où nos hommes de génie ont excellé. Or, c'est précisément dans ce qu'ils n'ont pas fait qu'on peut se faire un nom. Nos grands maîtres ont parcouru en triomphe et jusqu'au bout toutes les routes qu'ils se sont ouvertes. On doit s'écarter de leur chemin autant par respect que par prudence; et certes, ce n'est point en cherchant à les imiter qu'on parviendra jamais à les égaler. Un grand siècle littéraire n'est jamais la continuation d'un autre siècle.

Les hommes d'un vrai talent de chaque époque sont toujours doués d'un instinct qui les pousse vers le *nouveau*, comme des voyageurs qui marchent sans cesse à la découverte de pays inconnus. Après Montaigne, Pascal, La Bruyère, Bossuet, Montesquieu, Voltaire, J.-J. Rousseau, etc., tous ces beaux génies, si dissemblables entre eux, qui ont fait de la prose française la plus spirituelle et la plus éloquente prose de l'Europe, comment Bernardin de Saint-Pierre, comment M. de Chateaubriand, la plus grande figure littéraire de notre temps, se sont-ils placés tout d'un coup à côté d'eux? C'est encore en ne leur ressemblant pas. *Les Études de la nature*, *Paul et Virginie*, le *Génie du Christianisme*, *René*, l'*Itinéraire*[1], sont des productions qui n'avaient pas leur germe dans notre langue; et aujourd'hui même, parmi les écrivains exclusivement voués à la prose, quels sont les plus remarquables par la pensée et par l'expression, si ce n'est ceux qui se livrent à la haute étude des sciences philosophiques[2] ou aux profondes recherches historiques[3]: deux importantes matières que nos grands prosateurs des derniers siècles étaient loin d'avoir épuisées, et dans lesquelles les littératures étrangères nous ont devancés et surpassés. Les historiens et les philosophes de la génération nouvelle sont entourés de trop d'estime et de célébrité pour qu'il soit besoin de les louer et même de les nommer. Qu'il nous suffise de rappeler qu'ils méritent leurs noms et nos éloges, principalement parce qu'ils cultivent un champ dont leurs devanciers avaient à peine défriché une partie.

Si de la prose nous passons à la poésie, nous retrouverons les mêmes symptômes et l'application invariable des mêmes règles, mais bien plus frappantes encore, parce que (le théâtre excepté) le siècle de Louis XIV et celui de Voltaire ne sont pas, à beaucoup près, aussi grands ni aussi complets dans la poésie que dans la prose. En effet (mettant toujours à part la poésie dramatique qui fera tout à l'heure l'objet d'un examen spécial), voyons quels monuments impérissables nous ont

[1] *Itinéraire de Paris à Jérusalem* (1811).

[2] Deschamps is probably thinking of Ballanche (see above, p. 75) and more particularly of Victor Cousin (see above, p. 38), who revived spiritualistic philosophy in France, and who at this time enjoyed a reputation as thinker and writer which has since very sensibly declined.

[3] Such as Thierry, Villemain (see above, p. 66), and Guizot, all of whom answer sufficiently well to Deschamps's description.

laissés nos poëtes classiques: Voltaire se présente avec ses épîtres philosophiques[1], un poëme héroï-comique qui est un péché *mortel* et *immortel*[2], et toute sa poésie légère; Boileau avec un poëme didactique[3], un volume de satires et son admirable *Lutrin*; et La Fontaine, le plus poëte de tous, avec ses fables et ses contes. Voilà des genres de poésie dans lesquels trois grands hommes ont donné à la France une incontestable supériorité, et nous admirons sincèrement l'orgueil ou l'humilité de ceux de nos auteurs qui continuent à s'y exercer. Pourquoi courir après des palmes déjà cueillies? Comment espère-t-on avancer dans une carrière encombrée de chefs-d'œuvre?

Mais la littérature française des deux derniers siècles est restée fort inférieure à toutes les littératures anciennes et modernes dans trois autres genres; et fort heureusement pour les poëtes du siècle actuel, ces genres sont: l'*Épique*, le *Lyrique*, et l'*Élégiaque*, c'est-à-dire, ce qu'il y a de plus élevé dans la poésie, si ce n'est pas la poésie même. Franchement, quelques strophes de Malherbe, très-belles de formes et d'expressions, quelques odes aussi harmonieuses, mais moins poétiques de J.-B. Rousseau, et à la fin du XVIIIe siècle quelques grands lambeaux lyriques de Lebrun, remarquables par l'éclat et l'élégance, mais glacés de mythologie, de faux sublime et de vieilles périphrases; d'un autre côté, les Élégies exclusivement érotiques de Bertin et de Parny[4], où l'on trouve sans doute de la mollesse, de la grâce, de la volupté, de la passion même, mais tout cela dans les proportions du *boudoir*... telles étaient les richesses lyriques et élégiaques de nos devanciers, et malgré tout l'esprit et le talent qu'on doit reconnaître aux auteurs dont nous venons de parler, on sentait que l'Ode inspirée et la grande Élégie n'avaient pas eu leurs poëtes, comme

[1] None of Voltaire's *Épîtres* can really be termed *philosophiques*; while his philosophical poems such as the *Discours sur l'homme* and the *Désastre de Lisbonne* are not in the form of epistles.

[2] *La Pucelle.*

[3] *L'Art poétique.*

[4] For Bertin and Parny see above, p. 44.

l'Épître, la Satire, la Fable. Quant à l'Épopée, *la Henriade* de Voltaire est venue faire prendre à la France sa place épique bien loin derrière toutes les autres nations: car ce sont précisément la conception et le ton épiques qui manquent à cette épopée, même dans les passages les plus justement cités par les rhétoriques de collége.

Au surplus, Voltaire a vécu au milieu d'une civilisation trop avancée pour composer un bon poëme épique, quand bien même il en aurait eu la puissance et la vocation. C'est en général dans les premiers temps littéraires d'un peuple, lorsque les croyances ne sont pas attiédies, et lorsque l'invasion du roman n'a pas encore eu lieu, que paraissent les épopées vraiment dignes de ce nom. La France a laissé passer le temps. C'était au XVIe siècle, c'était parmi les guerres religieuses, sous les règnes si orageux et si poétiques des derniers Valois, que devait surgir l'Épopée française; à cette époque, on trouve Ronsard et quelques autres poëtes de la *Pléiade*, trop vantés alors, et surtout trop décriés de nos jours par des auteurs qui ne les connaissent guère et qui sont loin de les égaler; mais on cherche vainement, dans cette *Pléiade* brillante, l'homme d'une puissante imagination, le poëte de génie enfin, capable d'enfanter une œuvre épique[1]. Ce serait ici l'occasion de rechercher quelles influences fatales ont écarté du sol de la France le plus beau laurier poétique, et quelles conséquences en ont résulté pour l'avenir de la poésie français, qui, privée des divins secours d'une épopée, où toutes les autres littératures puisent comme dans un fleuve, a cherché sa gloire dans les genres qui n'en découlent pas nécessairement, et a pris ce caractère léger, didactique ou satirique, qu'elle a conservé pendant deux siècles, et qui lui a donné une physionomie moins belle sans doute, mais bien distincte au milieu des nations modernes. L'espace

[1] Ronsard published four books of an epic poem, *La Franciade*, in 1572. His genius however was not epic but lyric, and he chose the wrong metre, the tinkling decasyllable.

nous manque pour une pareille dissertation, et d'ailleurs ces questions et beaucoup d'autres aussi importantes sont traitées de main de maître par M. Sainte-Beuve, dans son *Tableau de la Poésie française au* XVIe *siècle*, ouvrage d'une grande utilité et d'un grand charme, qui restera comme un monument de l'art, comme un modèle de critique, et qui ne pouvait sortir que de la tête d'un érudit, d'un philosophe et d'un poëte.

Le *Lyrique*, l'*Élégiaque* et l'*Épique* étant les parties faibles de notre ancienne poésie, comme nous l'avons déjà observé, c'est donc de ce côté que devait se porter la vie de la poésie actuelle. Aussi M. Victor Hugo s'est-il révélé dans l'Ode, M. de Lamartine dans l'Élégie, et M. Alfred de Vigny dans le Poëme[1]. Mais avec quelle habileté ces trois jeunes poëtes ont approprié ces trois genres aux besoins et aux exigences du siècle ! M. Alfred de Vigny, un des premiers, a senti que la vieille épopée était devenue presque impossible en vers, et principalement en vers français, avec tout l'attirail du merveilleux ; il a senti que *les Martyrs* sont la seule épopée qui puisse être lue de nos jours, parce qu'elle est en prose, et surtout en prose de M. de Chateaubriand ; et à l'exemple de lord Byron, il a su renfermer la poésie épique dans des compositions d'une moyenne étendue et toutes inventées ; il a su être grand sans être long. M. de Lamartine a jeté dans ses admirables chants élégiaques toute cette haute métaphysique sans laquelle il n'y a plus de poésie forte ; et ce que l'âme a de plus tendre et de plus douloureux s'y trouve incessamment mêlé avec ce que la pensée a de plus libre et de plus élevé. L'élégie, sur sa lyre, est devenue immense. Enfin M. Victor Hugo a non-seulement composé un grand nombre de magnifiques odes, mais on peut dire qu'il a créé l'ode moderne ; cette ode, d'où il a banni les faux ornements, les froides exclamations, l'enthousiasme symétrique, et où il fait entrer, comme dans un moule sonore, tous les secrets du cœur, tous les rêves de l'imagination, et toutes les sublimités de la philosophie.

[1] See above, pp. 57 ff.

La grande poésie française de notre époque (toujours abstraction faite du théâtre) nous semble donc principalement représentée par MM. Victor Hugo, de Lamartine et Alfred de Vigny, autant à cause de leur talent que parce qu'ils l'ont appliqué à des genres dont notre langue n'offrait pas d'exemples, ou dont elle n'offrait que des modèles incomplets. Il est encore un poëte qu'il est impossible d'oublier: il n'a fait que des chansons, qu'importe! il n'y a point de genre secondaire pour un talent de premier ordre. M. Béranger[1] mériterait littérairement, par ses chansons non politiques, toute la célébrité que lui a faite l'esprit de parti, le plus bête de tous les esprits.

Le Français, né malin, créa le vaudeville[2].

Il ne voudra pas anéantir sa création. La chanson enflammait nos aïeux dans leurs combats, elle les servait dans leurs amours, les consolait dans leurs disgrâces, les égayait sous le chaume et même dans les palais.... Ce ne seront jamais les amours ni les combats qui nous manqueront; le frais laurier de la chanson ne peut pas vieillir ni mourir sur la terre de France.

Certes, il existe en ce moment plusieurs autres poëtes qui cultivent avec un juste succès les quatre genres que nous venons de citer; mais ceux d'entre eux qui ont le plus de droit aux hommages seront les premiers à sanctionner les nôtres; certes, nous avons des écrivains distingués qui traitent encore des genres si admirablement traités par nos grands maîtres; mais, on ne saurait trop le répéter, ce ne sont pas ces écrivains qui peuvent caractériser l'époque actuelle.

Les censeurs classiques et moroses qui ne cessent de vanter le passé au préjudice du présent ont également tort et raison. Ils ont mille fois raison quand ils disent que les contes, les épîtres philosophiques, les poésies légères, les poëmes didactiques ou héroï-comiques, les satires et les fables, que l'on fait aujourd'hui, sont à cent lieues de ce que nos hommes de génie faisaient en ce

[1] See above, p. 67. [2] Boileau, *Art poétique*, ii. 182.

genre il y a cent ans. Ils ont tort quand ils ne conviennent pas de la supériorité relative et absolue de notre siècle, dans tous les autres genres. Ils ont raison quand ils veulent que nos anciens chefs-d'œuvre soient étudiés et admirés avec enthousiasme; ils ont tort quand ils veulent qu'ils soient continués perpétuellement et reproduits sous toutes les formes.

Au surplus, la comparaison du siècle vivant avec les siècles qui l'ont précédé manque toujours de justesse et de justice. Elle tombe à faux en ce que les grandes époques littéraires ne sont quelque chose que par les points où elles ne se touchent pas; et véritablement il y a peu de conscience et d'équité à opposer tous les grands écrivains morts que les temps ont lentement produits, aux écrivains d'une seule époque qui est à peine au quart de son période.

Il n'y a de comparaison possible et utile à faire qu'entre les écrivains d'un même siècle; c'est-à-dire entre les continuateurs de l'ancienne école et les sectateurs de l'école qui commence. Or, à talent égal même, ces derniers auraient un immense avantage: car les idées nouvelles triompheront complétement, et cela, par l'excellente raison qu'elles sont les idées nouvelles. Il en est dans les arts comme en politique: malheur à qui se laisse arriérer! Avant tout et en tout, il faut être de son temps. Il n'est plus douteux d'ailleurs que les *Romantiques* (pour nous servir encore de cette expression déjà surannée) n'aient en ce moment l'avantage du talent comme celui de la position.—"Mais, nous dit-on, n'y a-t-il point parmi les rangs des Romantiques des gens à idées extravagantes, à imagination déréglée, dont les compositions ne ressemblent à rien et dont le style est alternativement barbare et ridicule?"—Qui vous dit le contraire? n'avez-vous pas vous-mêmes, dans vos rangs *classiques*, des gens dont le style et les compositions ressemblent à tout, qui ont des idées...et une imagination...c'est-à-dire qui n'ont point d'idées ni d'imagination? Quelle conclusion peut-on tirer de là? depuis quand calcule-t-on les forces de deux armées par leurs blessés et leurs infirmes? Laissez-nous compter nos forces effectives, les talents véritables qu'on a tour à tour traités de *romantiques* depuis vingt-cinq ans; nous laisserons les noms *classiques* en blanc, vous les remplirez vous-mêmes. Nous ne pouvons pas mieux dire. Ensuite l'Europe ou un enfant décidera.

On convient généralement de la supériorité de notre jeune école philosophique et historique; notre siècle est déjà si bon juge en fait de prose, que personne ne songe à nier l'immense talent de M. l'abbé de la Mennais[1], quoique ses systèmes soient combattus de toutes parts. Les triomphes de notre jeune école poétique sont au contraire fort contestés. C'est que pour juger la prose il faut de l'esprit, de la raison, de l'érudition, et qu'il y a beaucoup de tout cela en France; tandis que pour juger la poésie il faut le sentiment des arts et l'imagination, et ce sont deux qualités aussi rares dans les lecteurs que dans les auteurs français. Dans notre pays, on *comprend* beaucoup plus et beaucoup mieux qu'on ne *sent*. Or la poésie n'est pas seulement un genre de littérature, elle est aussi un art, par son harmonie, ses couleurs et ses images, et comme telle c'est sur les sens et l'imagination qu'elle doit d'abord agir; c'est par cette double route qu'elle doit arriver au cœur et à l'entendement. De là vient que les grands musiciens et surtout les grands peintres, enfin tous les artistes distingués, sont bien plus sensibles à la poésie, et par conséquent en sont bien meilleurs juges, que les hommes de lettres proprement dits. L'éducation musicale commence à se faire parmi nous, le goût de la peinture est déjà fort répandu; et cependant combien de gens d'esprit, sans compter ceux qui n'en ont pas, préfèrent encore un *nocturne* bien doux, ou l'ancien *plain-chant* de notre opéra, aux plus délicieuses modulations ou aux plus riches harmonies; et un *intérieur de cuisine*, ou un *effet de neige avec un peu de feu*, aux plus sublimes têtes et aux compositions les plus inspirées et les plus étudiées! Ce qui est vrai pour la musique et la peinture, l'est bien davantage pour la poésie qui est

[1] See above, p. 93.

l'art le moins palpable, celui dont les secrets sont les plus nombreux et les plus intimes, celui enfin qui a le grand désavantage sur les autres arts de n'avoir pas une langue à part et d'être obligé de s'exprimer avec les mêmes signes qu'un exploit d'huissier, ou qu'un roman vertueux qui fait pleurer les marchandes de modes. De tous temps, les poëtes ont souffert de l'indifférence ou de l'ignorance du public. Le *Odi profanum vulgus et arceo* d'Horace, tout impertinent qu'il paraisse, devrait être l'épigraphe de chaque œuvre vraiment poétique. A moins d'un miracle qui arrive de loin en loin, quelle illusion peut se faire un poëte de nos jours, quand le Dante, le Tasse, le Camoëns, Milton, etc., etc., ont été méconnus de leurs contemporains! La poésie, non dramatique s'entend (car le public assemblé est presque la postérité), se trouve étrangement compromise entre les hommes à idées positives et la frivolité des salons.

C'est en France surtout, chez ce peuple le plus spirituel et le plus intelligent de l'Europe, que la haute poésie est peut-être le moins goûtée par ce qu'on appelle *le monde.* Le caractère, l'éducation, les habitudes des Français n'ont rien d'*artiste.* Les brillantes qualités de leur esprit, la vivacité prodigieuse de leur conversation, la coquetterie de leurs mœurs, sont en opposition directe avec le sentiment poétique, qui ne se développe que dans une vie recueillie ou passionnée. A Paris, les arts et la poésie sont un sujet de discussion au lieu d'être un amour; il n'y a pas de pays où l'on en parle plus et où l'on en jouisse moins. Quelque chose de moqueur et d'impatient agite et caractérise la population de nos salons; ce qui est naïf et grand y est traité d'ennuyeux ou de ridicule, et les bougies n'éclairent que les succès du bel esprit et des grâces fardées. Honneur donc aux poëtes dont les accents mâles et sévères ne provoquent point ces applaudissements efféminés, ces triomphes sans conséquence, qui s'éteignent et meurent avec les flambeaux d'une fête! Et pourtant la gloire est plus belle en France que partout ailleurs, et tous les grands hommes étrangers recherchent les suffrages de Paris, comme, dans les temps antiques, on recherchait les suffrages d'Athènes. C'est que, prise dans son ensemble, la France est toujours la reine des nations; c'est que nulle part les succès ne font autant de bruit; c'est qu'une jeunesse ardente et instruite fermente sur les bancs de ses universités; c'est enfin qu'au milieu même de ce *monde* si prosaïque et si superficiel, se trouvent peut-être cinq cents personnes, femmes et hommes, dont l'âme est aussi poétique et aussi rêveuse que dans les montagnes de l'Écosse ou sur les bords de l'Arno, et qui ne possèdent pas moins cette promptitude de conception, ce jugement sain, cette délicatesse de tact que rien n'égale et ne remplace chez les autres peuples. Si les *masses* sont vulgaires en France, nulle part les *individus* ne sont plus distingués. Nos poëtes et nos artistes doivent donc s'attacher uniquement à plaire aux esprits d'élite; c'est même le plus sûr moyen d'avoir un peu plus tôt ou un peu plus tard le succès populaire: car la pensée de quelques hommes supérieurs finit toujours par être celle de la foule.

La poésie, repoussée des salons, va encore se briser, comme sur un écueil, contre le stoïcisme des têtes exclusivement philosophiques ou politiques. Elle était trop forte là-bas; ici elle paraît trop futile. Il y a erreur ou distraction des deux côtés; car la poésie, qui est d'origine céleste, ne peut pas avoir tort. Plusieurs causes ont contribué de nos jours au peu d'attention que font aux vers les hommes d'une littérature très-grave. D'abord, la véritable poésie du XIXe siècle a fait invasion en France par la prose. M. de Chateaubriand et Mme de Staël ont été les premiers poëtes de l'époque. Beaucoup de gens s'en sont contentés; on se contenterait à moins. Et puis, il faut avouer que les poëmes de l'école *Delillienne*, et, plus tard, les vers de l'Empire, quelque bien faits qu'ils fussent, étaient surtout bien faits pour décourager de la poésie française!...Les hommes forts et pensants n'ont pas pu écouter longtemps tout ce ramage; et ils se sont habitués à ne plus ouvrir un volume de vers, de peur d'en voir sortir, à chaque page, tout un poulailler

décrit, ou de la mélancolie de *Directoire*. Leur défiance durait encore quand les poëtes réels sont arrivés, et cette défiance invétérée sera longue peut-être à se guérir entièrement. Si les Œuvres d'André Chénier, de ce poëte immense, sitôt moissonné par la faux implacable qui n'épargnait aucune royauté, eussent été publiées à la fin du dernier siècle, quelque incomplètes, quelque imparfaites qu'elles soient, à cause de cette mort précoce, nul doute que l'âme des hommes supérieurs ne se fût prise alors à cette poésie virile et naturelle, et la réconciliation qui s'accomplit lentement eût été avancée de trente ans. Mais l'ombre d'André Chénier ne devait être évoquée que par une voix toute poétique: M. de Latouche s'est acquitté de ce soin pieux avec la modestie et la ferveur du talent.

Au surplus, pour faire sentir l'injustice de quelques préventions défavorables, il est bon de rappeler que les poëtes ont en général été de grands écrivains en prose, quand ils l'ont bien voulu, tandis qu'il n'y a peut-être pas d'exemple de grands écrivains qui soient montés de la prose à la poésie. Racine écrivait en prose avec une rare élégance[1]. Voltaire est parti d'*Œdipe*[2] pour se lancer dans son admirable prose. Les deux Chénier étaient également de très-bons prosateurs[3]; et de nos jours, un des auteurs les plus brillants, un des érudits les plus profonds, M. Charles Nodier, faisait de charmants vers avant de faire son excellente prose[4]. Enfin, toute la belle et large prose de M. Victor Hugo[5], dans tous les genres,

[1] Cp. "Cette prose de Racine est un délice. C'est, de toutes les proses du XVIIe siècle, la plus légère, la plus dégagée." J. Lemaître, *Jean Racine* (1907).

[2] 1718.

[3] The prose works of André Chénier, of which the most celebrated is the *Avis au peuple français sur leurs véritables ennemis* (1790), were collected and published in 1840 by Paul Lacroix ("le bibliophile Jacob"). M.-J. Chénier wrote a vast number of political and literary tracts and articles. His most serious contribution to criticism is his *Tableau historique de l'état et des progrès de la littérature française depuis* 1789 (1816).

[4] e.g. *La Napoleone* (? 1803), *Les Essais d'un jeune barde* (1804).

[5] Hugo had by 1828 written *Han d'Islande* (1823) and *Cromwell* (1827), besides his various prose articles.

et ce grand roman historique de *Cinq-Mars*[1], qui eût suffi pour faire la réputation de M. Alfred de Vigny, sont des preuves de la prééminence du génie poétique; d'un autre côté, J.-J. Rousseau, lui-même, le génie de la prose, n'a pu produire que des vers sans couleur et sans chaleur[2]. Nous rappellerons aussi que les grands poëtes ont toujours été les hommes les plus instruits et les plus *philosophes* de leur temps; ce n'est même qu'à ces conditions qu'ils étaient de grands poëtes. Et qu'on ne dise pas que dans un siècle comme le nôtre, où les sciences politiques et les études philosophiques sont portées à un si haut degré de perfection, les poëtes ne peuvent plus acquérir la prépondérance qu'ils avaient dans les âges moins éclairés; les hautes renommées de Gœthe au milieu de la philosophique Allemagne, et de Byron dans le pays natal de la politique, sont là pour démentir ce préjugé trop répandu. Il y a une poésie comme une législation pour chaque grande époque. Mais, ainsi que nous l'avons déjà montré, la France n'a plus besoin d'aller chercher des exemples hors de chez elle; ses jeunes poëtes, nourris des souvenirs de son passé, enrichis des trésors littéraires de ses voisins, et tout palpitants encore des événements extraordinaires qui ont remué le monde autour d'eux, ne se laisseront point intimider par tant d'obstacles, et la monarchie constitutionnelle aura son beau siècle comme la monarchie absolue....[3]

Il en est de même de la versification. Beaucoup de personnes s'imaginent que, hors de la facture de Racine, il n'y a point de salut. La versification de Racine est sans doute admirable, mais celle de Corneille, de Molière et de La Fontaine est admirable aussi par des qualités toutes différentes. Ceux qui ne comprennent pas d'autre

[1] 1826.

[2] Cp. "J'ai fait de temps en temps de médiocres vers français: c'est un exercice assez bon pour se rompre aux inversions élégantes et apprendre à mieux écrire en prose, mais je n'ai jamais trouvé dans la poésie française assez d'attrait pour m'y livrer tout-à-fait." *Confessions*, Partie i. livre 4.

[3] The part of the Preface here omitted deals with the drama and with style.

mélodie que celle des vers de Racine, ne sont pas capables même de sentir les beautés de ce grand poëte. Ils font l'effet de ces *latinistes* qui sont tout déconcertés quand on les sort de l'*hexamètre* de Virgile, ou du *pentamètre* d'Ovide. Des vers ne sont point durs pour n'être pas composés dans le système harmonique de Racine. L'harmonie de Mozart n'a rien de commun avec celle de Cimarosa[1]. Parce qu'une partition semble obscure à des yeux peu exercés, elle n'en sera pas moins belle à l'oreille quand elle sera exécutée avec le sentiment de l'art. Certains beaux vers sont plus difficiles à réciter que certains autres ; mais qu'une voix habile vous les lise, et vous serez surpris d'y trouver des grâces et des effets que vous chercheriez en vain dans des vers en apparence plus mélodieux. La période arrondie, les vers symétriquement cadencés, l'euphonie continuelle des sons, forment les principales qualités de la versification *racinienne*, et cette manière a prévalu jusqu'à l'abbé Delille, qui l'a outrée au point de la rendre méconnaissable. Cet abbé, avec tout son esprit et tout son talent, a singulièrement appauvri la langue poétique, en croyant l'enrichir, parce qu'il nous donne toujours la périphrase à la place du mot propre. Il a changé nos louis d'or en gros sols : voilà tout. Et puis, quel misérable progrès de versification, qu'un logogriphe en huit alexandrins, dont le mot est *carotte* ou *chiendent*....Ce qu'il y a de plus triste, c'est que beaucoup de nos auteurs ont transporté ce faux langage dans la tragédie. Ils dépensent tout ce qu'ils ont de poésie dans leur mémoire, pour faire raconter un *détail vulgaire* par un personnage subalterne, et lorsque arrivent les scènes de passion, ils n'ont plus que des lieux communs à nous débiter dans un style éteint, comme cet avocat des *Plaideurs*,

> Qui dit fort longuement ce dont on n'a que faire[2],

[1] Domenico Cimarosa (1749–1801), composer of more than seventy operas, besides masses, oratorios etc. It is his melodies rather than his harmony which reveal his inferiority to Mozart, to whom he is undoubtedly akin.

[2] "Il dit fort posément ce dont on n'a que faire."
Les Plaideurs, Act iii. sc. 3.

et qui glisse sans qu'on s'en aperçoive sur le point essentiel.

Voilà pourtant, de dégradation en dégradation, où est tombée l'école de Racine. Certes, elle est tombée de bien haut: ne nous étonnons pas si elle en meurt.

André Chénier a rompu ce joug usé. Il a reproduit avec génie la manière franche, l'expression mâle du grand poëte Régnier[1], et, remontant aux premiers âges de notre poésie, il a rendu à nos vers l'indépendance de la césure et de l'enjambement, et ces formes elliptiques, et cette allure jeune et vive, dont ils n'avaient presque plus de traces. C'est le mode de versification que suit l'école actuelle qui a repris aussi à nos anciens poëtes cette richesse élégante de rimes, trop négligée dans le dernier siècle; car la rime est le trait caractéristique de notre poésie: il faut qu'elle soit une parure, pour n'avoir pas l'air d'une chaîne, et des vers rimés à peu près sont comme des vers qui auraient presque la mesure. Ce vers renouvelé a le grand avantage d'avoir été beaucoup moins employé et surtout d'offrir beaucoup plus de ressources et de variété; le récit poétique ne nous paraît même possible que de cette manière. Les repos réguliers et les formes carrées des autres vers sont insupportables dans un poëme de longue haleine; l'admiration devient bientôt de la fatigue. Les personnes peu familiarisées avec la versification d'André Chénier et de nos jeunes poëtes, se perdent dans les déplacements de césure et dans les enjambements, et crient à la barbarie et à la prose; ce sont elles qui sont prosaïques et barbares.

Barbarus hic ego sum quia non intelligor illis[2].

Comment ne sent-on pas que le rhythme continue sous ce désordre apparent et qu'il n'y manque rien que la monotonie! D'ailleurs, un mode n'exclut pas l'autre;

[1] Mathurin Régnier was always a great favourite with the Romanticists. Cp. "L'esprit mâle et hautain dont la sobre pensée
Fut dans ces rudes vers librement cadencée
(Ôtez votre chapeau), c'est Mathurin Régnier."
A. de Musset, *Sur la Paresse.*

[2] Ovid, *Trist.* v. x. 37.

c'est tout bénéfice. L'art est de les combiner et de les faire jouer dans des proportions et à des distances justes et harmoniques. Lorsque après une page de narration écrite en vers si faussement nommés prosaïques, se trouve une suite de beaux vers d'inspiration, pleins et cadencés, comme ceux de l'ancienne école, ils se détachent avec bien plus de grâce et de noblesse, et l'effet en est bien plus puissant. C'est un chant suave et pur qui sort d'un récitatif bruyant et agité. Que peut dire un poëte, quand il s'entend reprocher des contrastes comme des dissonances, et des choses étudiées comme des négligences ou des distractions? Rien; à moins qu'il ne dise avec Voltaire:

Qui n'aime pas les vers a l'esprit sec et lourd,
Je ne veux pas chanter aux oreilles d'un sourd[1].

C'est une bien grande erreur aussi de croire que tels versificateurs font mieux les vers que tels poëtes. Le talent suit toujours le génie. Sans doute avec du travail et une organisation assez heureuse, on parvient, dans les vers comme dans tous les arts, à une certaine élégance vulgaire, à une froide correction, à une mélodie molle, que n'ont pas quelquefois au même degré les hommes d'un vrai génie; mais les tours variés, les coupes hardies et pittoresques, les grands secrets de l'harmonie et de la *facture*, sont interdits au versificateur. Il ne choque point, parce que ses défauts sont communs, ainsi que ses qualités; c'est là le secret de ses petits triomphes de société. Il rappelle, en reflets effacés, dans ses hémistiches tout faits, dans ses images parasites, dans sa banale phraséologie, ce qu'on a justement admiré dans les chefs-d'œuvre de nos grands maîtres, et il y a des gens lettrés qui lui savent gré de cela. Le poëte, au contraire, arrive avec ses beautés et ses fautes à lui, et tout le monde s'effarouche. Mais depuis quand la perfection est-elle dans les créations humaines? Croit-on que Virgile même et Racine soient parfaits?...Il y a quelquefois dans leurs ouvrages défaut de force, défaut

[1] *Ep.* cxv. 15, 16.

d'invention, défaut d'originalité, comme les défauts de Shakespeare et de Dante sont le mauvais goût, l'inconvenance et l'irrégularité[1]. Chez les uns, les défauts sont négatifs, et pour ainsi dire d'omission; chez les autres, ils sont positifs et en relief: toute la différence est là. Ces quatre hommes n'en sont pas moins quatre poëtes divins. La critique devrait donc apprendre à se montrer un peu indulgente pour certains défauts, et très-difficile sur la nature des beautés. C'est le *commun* seul qui, dans notre siècle, tue les arts et les lettres, soit qu'il garde la forme *classique*, soit qu'il affecte la forme *romantique*; c'est contre le *commun* que toutes les colères de la saine critique doivent être dirigées. Pour nous, intimement convaincus de cet axiome de Boileau:

> Il n'est pas de degré du médiocre au pire[1],

si nous avons des voiles pour quelques défauts, du moins n'aurons-nous jamais de couronne pour la médiocrité.

[1] *Art poétique*, iv. 32.

THE ROMANTIC DRAMA

During the forty years of his long dramatic career Voltaire made several tentative experiments with the object of enlarging the scope of French Tragedy and of introducing into it more visible action and more spectacular effect. To this end he violated "le grand principe de ne pas ensanglanter la scène" by making the murder of Zopire (*Mahomet*) take place on the stage; to this end he filled his scenes with mute characters, such as guards and attendants, or even a promiscuous crowd; to this end he made the scenery more elaborate, and disregarded, though with discretion, the unity of place. Further, he strayed beyond the narrow range of classical history and mythology, and chose subjects that were in part or wholly national (*Zaïre*, *Adélaïde du Guesclin*, *Tancrède*), or going further afield sought them in Peru and China (*Alzire*, *L'Orphelin de la Chine*). And in these plays, in which the scene was laid in a distant age or a distant clime, he called in the help of spectacular effect to materialise and make visible to the eye that "local colour" which Corneille in the *Cid* and Racine in *Bajazet* had been content merely to suggest.

In *Tancrède* (1760), "une tragédie, d'un goût nouveau, pleine de fracas, d'action, de spectacle," Voltaire reached the high-water mark of his reforms, nor did any of the tragedies produced under Napoleon or the legitimate monarchy go beyond it in the anticipation of romantic drama. It is true that in Arnault's *les Venitiens* (1799), a play which owed its tragic *dénouement* to Napoleon's suggestion, there are no less than four different scenes, and that the stage directions, especially with regard to the dresses, are extremely precise. But this is merely a question of degree. The only real novelty is to be found in the dialogue between Montcassin and his judges (Act v. Scene 3), where the Alexandrine line is broken up with an audacious disregard of cæsura that is not surpassed even in *Hernani*.

But by the side of this Voltairian tragedy, still timidly clinging to the skirts of classical convention, there flourished in the theatres of the boulevard, the Porte Saint-Martin and the Ambigu-Comique, a drama of a wholly popular type, to which its founder, Guilbert de Pixerécourt, had given the name of melodrama. Flinging the unities and every rag of classical convention to the winds, and making no pretence to literature, it achieved its astonishing success[1] by means of startling incidents, copious bloodshed, thrilling situations, cheap appeals to sentiment, a complicated plot, and a *dénouement* in which vice was always punished, and virtue always rewarded. Yet in this crude melodrama there was at any rate life and movement, and Hugo and Dumas learnt from it some useful lessons. It must at least have helped them to realise that Voltairian tragedy was but a half-way house, and that the only logical course was to go still further. The spirit of classical tragedy had long since vanished; it was mere superstition to linger among its grave-clothes.

Their education was completed in a nobler and more inspiring school. In September 1827 an English company began a series of performances at the Odéon. The four most eminent English actors, Edmund Kean, Charles Kemble, Macready, and Young, went over in turn to exhibit Shakespeare to the Parisian public, and the chief female parts were taken by Miss Smithson, afterwards Mme Berlioz. They met with an enthusiastic reception, and their influence was two-fold. In the first place they familiarised the French public with a larger conception of tragedy. In the second they served as a spur and an inspiration to the budding dramatists of the

[1] *Le Pèlerin blanc* (1801), *drame à grand spectacle*, was played over 1500 times in Paris and the provinces.

romantic school. "Only then," says Dumas after the first performance of *Hamlet*, "did I realise what the drama could be....This was the first time that I had seen real passions on the stage, inspiring men and women of real flesh and blood." A feature of these performances which attracted special attention was the blending of tragedy and comedy in the same play without any detriment to its unity, and it was noted by intelligent critics that this result was largely due to the acting.

The lessons that the Romantic dramatists learnt from Scott were more definite and particular. From Scott they learnt the value of picturesque setting and material details as a stimulus to the imagination, and how a lively dialogue, which does not shrink from familiar expressions, helps to give individuality to character.

It was soon after the arrival of the English company and partly under its influence that Victor Hugo wrote his famous preface to *Cromwell*. Its chief novelty is his theory of the grotesque. It is in the combination of the grotesque, which is a species of the ugly, with the sublime, which is a species of the beautiful, that he finds the principle of Shakespeare's drama, and this he believes to be the true principle of drama because it is the principle of life itself[1]. But for this modern drama, with its windows open to the roar of life, another instrument was needed than the conventional language and prim strait-laced versification of the pseudo-classical school, and in one of the most brilliant passages in the whole range of French prose Victor Hugo has described the new instrument.

Thus by its eloquence rather than by its profundity, as an *écho sonore* of floating opinion rather than as a source of new ideas, the famous preface, published with the play in December 1827, aroused the enthusiasm of the Romanticists. The play itself was not destined for the stage, and the first attack on the classical citadel was

[1] Classical tragedy, the aim of which was art rather than life, rightly rejected the comic element.

delivered by Alexandre Dumas on 11 February, 1829 with *Henri III et sa cour*. Its success was followed by that of Vigny's *Le More de Vénise* in October of the same year. But Vigny's play was a translation, and Dumas's was in prose. It was not till the memorable evening of 25 February, 1830, that Victor Hugo took the field himself with his own ideal of the new drama, and fought on the stage of the *Théâtre français* the historical battle of *Hernani*. The victory was largely due to the noisy demonstrations of the youthful Romanticists, and the play, which ran for thirty-eight nights, cannot be said to have obtained more than a *succès d'estime*. But it had one important effect. It banished from the stage of the first theatre in Paris the great majority of the Voltairian dramas. During the eight years which intervened between the production of *Hernani* and the advent of Rachel, the only tragedies of this timid transitional type which still found favour at the *Théâtre français* were Voltaire's *Zaïre*, *Tancrède* and *Mahomet*, and the plays of Casimir Delavigne.

Hernani as a play has many defects. The characters are none the less conventional for being highly romantic, and the action is disturbed by absurd incidents and by a Fourth Act which is a parenthesis. But the magic of a brilliant poet has woven round this story of youthful love, theme of perennial interest, a charm and a glamour, which, now that his play has been laid on the shelf, may serve, like lavender, to keep it sweet.

Hugo's next three dramas were *Marion Delorme* (1831), written before *Hernani* but prohibited by the Censor, *Le roi s'amuse* (1832), which after the first stormy representation was stopped by order of the Government, and *Lucrèce Borgia* (1833), which is in prose and is the best constructed of all Hugo's plays. In each of these the principal character is an illustration of his love of strong contrasts, whether in the physical or in the normal world. The grotesque, which in Hugo's view includes the morally repulsive, here mingles with the sublime not only in the same drama, but in the same character, the sublime element in each case being represented by a pure and unselfish love. Thus the courtezan, Marion Delorme, is redeemed by her love for Didier, the Court fool, Triboulet, by his love for his daughter, the murderess, Lucrèce Borgia, by her love for her son. Then, after two more plays in prose, *Marie Tudor* (1833), *Angelo, Tyran de Padoue* (1835), Hugo returned to verse with *Ruy Blas* (1838), which has an absurd, but effective plot, and highly melodramatic characters, and is written with even more than Hugo's usual brilliance of style and versification.

Meanwhile with no less vigour and fecundity Alexandre Dumas, fired by the contact with Shakespeare, was endeavouring to portray "real passions on the stage." His qualities were quite other than those of Hugo. He lacked Hugo's strong plastic sense and his gift of superb verse. But he had a facility for dramatic movement which never deserted him, and though the construction of his pieces is (through haste and carelessness) sometimes loose, he could when he pleased develop a plot with the inevitable logic of a Corneille. Moreover, though his style is the scorn of literary critics, it has the relief, the power of bringing out the salient features of actions and characters, without which the most accomplished style in the world is useless for dramatic purposes. *Henri III et sa cour* revealed the born *homme de théâtre*, while its psychological emptiness almost justifies the contemptuous praise given to it by a critic of the opposite camp that it was "a good melodrama." Dumas's next two historical plays were in verse, but between these he produced in 1834 a drama of modern social life, which is of far greater importance, for it is one of the parents of modern French drama. This was *Antony*, an example of that *tragédie bourgeoise* which Diderot had recommended but had not attempted. Antony seems to us now an impossible type, but this ferocious egoist, whose illimitable appetites and ambitions are thwarted by his obscure birth, who hurls tirades against the conventions and hypocrisies of society, and at the same time acts with superb and brutal energy, was a common enough type in Dumas's day. He reappears with variations in *Richard Darlington* (1831), and *Angèle* (1833), and with almost grotesque exaggeration in *Kean* (1836). The same type, idealised and glorified, is portrayed by Hugo in Hernani and Didier and Ruy Blas.

Chatterton, the gentle and pathetic hero of Vigny's play, is another romantic type, an *être à part.* He is the romantic hero as poet, just as Antony is the romantic hero as man of action, while Beckford, the Lord Mayor, who offers him a valet's place, stands for the world of *bourgeois* and philistines who are leagued together to stifle genius. The play has the simplest of plots—"c'est l'histoire d'un homme," says the author, "qui a écrit une lettre le matin, et qui attend la réponse jusqu'au soir; elle arrive et le tue"—, and it is written to support the thesis that poets should be supported by the state. The subject is treated with sincerity of feeling and sobriety of observation, but these qualities do not atone for the lack of dramatic movement and construction, and the want of life in the characters. It is an analytical study rather than a drama. Yet partly owing to the acting of Geffroy and Marie Dorval, and partly owing to the attractions of the theme for the audience, it was enthusiastically received at the *Théâtre français* (12 February, 1835), though its ultimate success was only moderate.

After *Kean* (1836) there was a slackening in the production of romantic drama. Victor Hugo had already returned to lyrical poetry, and for three years wrote no more plays. *Ruy Blas* (1838) was not well received. "Il me paraît un désastre," wrote Sainte-Beuve, and the press generally was unfavourable. In the same year Rachel began her reign at the *Théâtre français* as an actress of classical tragedy. Five years later (1843) Hugo made a final effort with *Les Burgraves.* In spite of its magnificent poetry it was a complete failure. "Comme invention," wrote Balzac to Mme de Hanska, "c'est de la dernière pauvreté. Mais la poésie enlève. C'est Titien peignant sur un mur de boue." And he added, "Victor Hugo n'est pas *vrai.* Notre pays est fanatique du vrai ; c'est le pays du bon sens. Il fait, dans un temps donné, justice de ses idoles." It was in the name of common sense that the Parisian public two months later greeted as a masterpiece Ponsard's dull and commonplace tragedy of *Lucrèce.* Any stick was good enough for the back of its former idols.

VICTOR HUGO: PRÉFACE DE CROMWELL[1]

Voilà donc une nouvelle religion, une société nouvelle; sur cette double base, il faut que nous voyions grandir une nouvelle poésie[2]. Jusqu'alors, et qu'on nous pardonne d'exposer un résultat que de lui-même le lecteur a déjà dû tirer de ce qui a été dit plus haut, jusqu'alors, agissant en cela comme le polythéisme et la philosophie antique, la muse purement épique des anciens n'avait étudié la nature que sous une

[1] *Cromwell, drame en cinq actes et en vers libres par V. Hugo*, accompanied by its "Préface," which is dated October, 1827, was published by Dupont in December, 1828. The play was begun in August, 1826, the subject having been suggested to Hugo by the closing words of Vigny's *Cinq Mars*: Milton *loq.* "Je vais trouver un homme qui n'a pas encore paru, et que je vois dominé par cette misérable ambition; mais je vois qu'il ira plus loin. Il se nomme Cromwell." There seems no reason to doubt the truth of the story that Talma encouraged Hugo in the undertaking and promised to play the title *rôle*, and that, when death shortly afterwards destroyed this hope, Hugo gave his fancy the rein, and let the drama grow beyond the limit of stage purposes. (Cp. *Victor Hugo raconté par un témoin de sa vie*, ii. 158 ff.) It has indeed never been played in France, although there was a rumour of a projected performance at the Odéon in 1883. An abridged translation by F. Phillips was produced, "with immense success," at the Surrey theatre in February, 1859. The *Times* of the day calls it "an effective melodrama."

The *Préface de Cromwell* was at once hailed by the romanticists as their charter of freedom (see above, p. 61). Apart from the fact that it gave to current romantic notions the form they lacked, its chief value lay in its novel theory of the grotesque (cp. "M. V. Hugo peut justement réclamer comme sienne toute cette théorie sur le grotesque," *Le Globe*, 6 Dec., 1827). The theory has passed into a law of the French stage; the practice is of course to be found in the unconscious romanticist, Shakespeare.

The *Préface* has been edited with copious notes by M. Souriau (Paris, 1897) and by E. Wahl (Oxford, 1909).

[2] According to Hugo (following Chateaubriand) the poetic needs of the primitive age found their expression in Genesis, and those of ancient civilisation in Homer. This is the topic of the first part of the Preface, which we omit. The author now proceeds to deal with the modern era.

seule face, rejetant sans pitié de l'art presque tout ce qui, dans le monde soumis à son imitation, ne se rapportait pas à un certain type du beau. Type d'abord magnifique, mais, comme il arrive toujours de ce qui est systématique, devenu dans les derniers temps faux, mesquin et conventionnel. Le christianisme amène la poésie à la vérité. Comme lui, la muse moderne verra les choses d'un coup d'œil plus haut et plus large. Elle sentira que tout dans la création n'est pas humainement *beau*, que le laid y existe à côté du beau, le difforme près du gracieux, le grotesque au revers du sublime, le mal avec le bien, l'ombre avec la lumière. Elle se demandera si la raison étroite et relative de l'artiste doit avoir gain de cause sur la raison infinie, absolue, du créateur; si c'est à l'homme à rectifier Dieu; si une nature mutilée en sera plus belle; si l'art a le droit de dédoubler, pour ainsi dire, l'homme, la vie, la création; si chaque chose marchera mieux quand on lui aura ôté son muscle et son ressort; si, enfin, c'est le moyen d'être harmonieux que d'être incomplet. C'est alors que, l'œil fixé sur des événements tout à la fois risibles et formidables, et sous l'influence de cet esprit de mélancolie chrétienne et de critique philosophique que nous observions tout à l'heure, la poésie fera un grand pas, un pas décisif, un pas qui, pareil à la secousse d'un tremblement de terre, changera toute la face du monde intellectuel. Elle se mettra à faire comme la nature, à mêler dans ses créations, sans pourtant les confondre, l'ombre à la lumière, le grotesque au sublime, en d'autres termes, le corps à l'âme, la bête à l'esprit; car le point de départ de la religion est toujours le point de départ de la poésie. Tout se tient.

Aussi voilà un principe étranger à l'antiquité, un type nouveau introduit dans la poésie; et, comme une condition de plus dans l'être modifie l'être tout entier, voilà une forme nouvelle qui se développe dans l'art. Ce type, c'est le grotesque. Cette forme, c'est la comédie.

Et ici qu'il nous soit permis d'insister; car nous

venons d'indiquer le trait caractéristique, la différence fondamentale qui sépare, à notre avis, l'art moderne de l'art antique, la forme actuelle de la forme morte, ou, pour nous servir de mots plus vagues, mais plus accrédités, la littérature *romantique* de la littérature *classique*.

— Enfin ! vont dire ici les gens qui, depuis quelque temps, nous *voient venir*, nous vous tenons ! vous voilà pris sur le fait ! Donc, vous faites du *laid* un type d'imitation, du *grotesque* un élément de l'art ! Mais les grâces... mais le bon goût...Ne savez-vous pas que l'art doit rectifier la nature? qu'il faut *l'ennoblir*? qu'il faut *choisir*? Les anciens ont-ils jamais mis en œuvre le laid et le grotesque? ont-ils jamais mêlé la comédie à la tragédie? L'exemple des anciens, Messieurs ! D'ailleurs, Aristote... D'ailleurs, Boileau... D'ailleurs, La Harpe[1]... — En vérité !

Ces arguments sont solides, sans doute, et surtout d'une rare nouveauté. Mais notre rôle n'est pas d'y répondre. Nous ne bâtissons pas ici de système, parce que Dieu nous garde des systèmes. Nous constatons un fait. Nous sommes historien et non critique. Que ce fait plaise ou déplaise, peu importe ! il est. — Revenons donc, et essayons de faire voir que c'est de la féconde union du type grotesque au type sublime que naît le génie moderne, si complexe, si varié dans ses formes, si inépuisable dans ses créations, et bien opposé en cela à l'uniforme simplicité du génie antique; montrons que c'est de là qu'il faut partir pour établir la différence radicale et réelle des deux littératures. Ce n'est pas qu'il fût vrai de dire que la comédie et le grotesque étaient absolument inconnus des anciens. La chose serait d'ailleurs impossible. Rien ne vient sans racine; la seconde époque est toujours en germe dans la première. Dès l'*Iliade*, Thersite et Vulcain[2] donnent

[1] Jean-François La Harpe (1739–1803), "le singe de Voltaire," was the author of *Lycée, ou Cours de littérature* (1799–1803), which perhaps gives the best idea of the state of criticism at the close of the classical period.

[2] Cp. *Il.* ii. 212 ff.; *Il.* i. 599 ff.

la comédie, l'un aux hommes, l'autre aux dieux. Il y a trop de nature et d'originalité dans la tragédie grecque, pour qu'il n'y ait pas quelquefois de la comédie. Ainsi, pour ne citer toujours que ce que notre mémoire nous rappelle, la scène de Ménélas avec la portière du palais (*Hélène*, acte I); la scène du Phrygien (*Oreste*, acte IV)[1]. Les tritons, les satyres, les cyclopes, sont des grotesques; les sirènes, les furies, les parques, les harpies, sont des grotesques; Polyphème est un grotesque terrible; Silène est un grotesque bouffon.

Mais on sent ici que cette partie de l'art est encore dans l'enfance. L'épopée, qui, à cette époque, imprime sa forme à tout, l'épopée pèse sur elle et l'étouffe. Le grotesque antique est timide, et cherche toujours à se cacher. On voit qu'il n'est pas sur son terrain, parce qu'il n'est pas dans sa nature. Il se dissimule le plus qu'il peut. Les satyres, les tritons, les sirènes sont à peine difformes. Les parques, les harpies sont plutôt hideuses par leurs attributs que par leurs traits; les furies sont belles, et on les appelle *Euménides*, c'est-à-dire *douces*, *bienfaisantes*[2]. Il y a un voile de grandeur ou de divinité sur d'autres grotesques. Polyphème est géant; Midas est roi; Silène est dieu[3].

Aussi la comédie passe-t-elle presque inaperçue dans le grand ensemble épique de l'antiquité. A côté des chars olympiques, qu'est-ce que la charrette de Thespis[4]? Près des colosses homériques, Eschyle, Sophocle, Euripide, que sont Aristophane et Plaute? Homère les emporte

[1] *Helena*, 437 ff.; *Orestes*, 1506 ff.

[2] For the ordinary view that the name Eumenides is a mere euphemism cp. Musset's first *Lettre de Dupuis et Cotonet* (printed below). But Hugo is perfectly right. The Furies became beneficent when appeased, and they then brought fruitfulness and prosperity to the fields (cp. Aesch. *Eum.* 915 ff.). This kindly aspect belongs to their nature as goddesses of the storm-cloud. Cp. ἠεροφοῖτις Ἐρινύς, *Il.* ix. 571.

[3] For Polyphemus see *Od.* ix. 187 ff.; for Silenus see Ovid, *Ars am.* i. 543; Lucian, *Bacchus*, 2; Virgil, *Ecl.* vi.; for Midas see Ovid, *Met.* xi. 92.

[4] Cp. "Thespis fut le premier qui, barbouillé de lie,
Promena par les bourgs cette heureuse folie;
Et, d'acteurs mal ornés chargeant un tombereau,
Amusa les passants d'un spectacle nouveau."
Boileau, *Art poétique*, iii. 67 ff

avec lui, comme Hercule emportait les pygmées, cachés dans sa peau de lion[1].

Dans la pensée des modernes, au contraire, le grotesque a un rôle immense. Il y est partout ; d'une part, il crée le difforme et l'horrible; de l'autre, le comique et le bouffon. Il attache autour de la religion mille superstitions originales, autour de la poésie mille imaginations pittoresques. C'est lui qui sème à pleines mains dans l'air, dans l'eau, dans la terre, dans le feu, ces myriades d'êtres intermédiaires que nous retrouvons tout vivants dans les traditions populaires du moyen âge; c'est lui qui fait tourner dans l'ombre la ronde effrayante du sabbat, lui encore qui donne à Satan les cornes, les pieds de bouc, les ailes de chauve-souris. C'est lui, toujours lui, qui tantôt jette dans l'enfer chrétien ces hideuses figures qu'évoquera l'âpre génie de Dante et de Milton, tantôt le peuple de ces formes ridicules au milieu desquelles se jouera Callot[2], le Michel-Ange burlesque. Si du monde idéal il passe au monde réel, il y déroule d'intarissables parodies de l'humanité. Ce sont des créations de sa fantaisie que ces Scaramouches, ces Crispins, ces Arlequins[3], grimaçantes silhouettes de l'homme, types tout à fait inconnus à la grave antiquité, et sortis pourtant de la classique Italie. C'est lui enfin qui, colorant tour à tour le même drame de l'imagination

[1] Cp. "Hercules und die Pygmäen, köstlicher Gegensatz"...Goethe, *Philostrats Gemälde*, in *Ueber Kunst und Alterthum* (1818), Bd ii. Heft 1.

Philostratus of Lemnos, the Sophist (3rd century A.D.), describes a fresco at Naples in which Herakles is represented as dealing with a band of Pygmies *à la* Gulliver (Εἰκόνες, 846). Philostratus was translated into French by Blaise de Vigenère (*Les Images ou tableaux de platte peinture de Philostrate...* Paris, 1578).

[2] Jacques Callot (1592–1635) was an engraver and etcher of genius. Though sometimes given to caricature, his work as a whole is a faithful record of the lower-class life of his day.

[3] Scaramuccia and Arlecchino were stock buffoon characters of the Italian *commedia dell' arte*. In the time of Louis XIV the part of Scaramouche was identified with Tiberio Fiurelli, who was a great favourite with the king. Cp. "Le juge qui saute par les fenêtres, le chien criminel, et les larmes de sa famille, me sembloient autant d'incidents dignes de la gravité de Scaramouche. Le départ de cet acteur interrompit mon dessein, etc." Racine, Preface to *Les Plaideurs* (1668).

Crispin is the valet hero of Lesage's *Crispin rival de son maître* (1737).

du midi et de l'imagination du nord, fait gambader Sganarelle[1] autour de don Juan et ramper Méphistophélès autour de Faust[2]. Et comme il est libre et franc dans son allure! Comme il fait hardiment saillir toutes ces formes bizarres que l'âge précédent avait si timidement enveloppées de langes! La poésie antique, obligée de donner des compagnons au boiteux Vulcain, avait tâché de déguiser leur difformité en l'étendant en quelque sorte sur des proportions colossales. Le génie moderne conserve ce mythe des forgerons surnaturels, mais il lui imprime brusquement un caractère tout opposé et qui le rend bien plus frappant; il change les géants en nains; des cyclopes il fait les gnomes. C'est avec la même originalité qu'à l'hydre, un peu banale, de Lerne, il substitue tous ces dragons locaux de nos légendes, la gargouille de Rouen, la gra-ouilli de Metz, la chair-sallée de Troyes, la drée de Montlhéry, la tarasque de Tarascon[3], monstres de formes si variées et dont les noms baroques sont un caractère de plus. Toutes ces

[1] The valet in Molière's *Don Juan* (1665).

[2] "Ce grand drame de l'homme qui se damne domine toutes les imaginations du moyen âge. Polichinelle, que le diable emporte, au grand amusement de nos carrefours, n'en est qu'une forme triviale et populaire. Ce qui frappe singulièrement quand on rapproche ces deux comédies jumelles de *Don Juan* et de *Faust*, c'est que Don Juan est le matérialiste, Faust le spiritualiste. Celui-ci a goûté tous les plaisirs, celui-là toutes les sciences. Tous deux ont attaqué l'arbre du bien et du mal; l'un en a dérobé les fruits, l'autre en a fouillé la racine. Le premier se damne pour jouir, le second pour connaître. L'un est un grand seigneur, l'autre est un philosophe. Don Juan, c'est le corps; Faust, c'est l'esprit. Ces deux drames se complètent l'un par l'autre." (Note of Victor Hugo.)

[3] The analogy between the hydra of Herakles and medieval dragons, worsted by saints and bishops, had often been noticed before, e.g. "Les histoires de monstres combattus par...les héros et les saints se retrouvent chez tous les peuples...Hercule assomme l'hydre de Lerne....Sainte Marthe, qui n'a jamais été en Provence, y délivre la ville de Tarascon de la tarasque...à Rouen Saint Romain délivre la ville de celui qui la désolait et qu'on appelait la gargouille."

Millin, *Antiquités nationales* (1791), tom. ii., s.v. St Spire de Corbeil.

"Nous connaissons Typhon et l'hydre de Lerne...Le gra-oulli nous paraissait bien ressembler un peu à...ces monstres." Baron Dupin in *Mémoires de l'Académie celtique* for 1809, p. 481.

The figures which symbolised these monsters are thus defined by Ducange: "Effigies draconis, quae cum vexillis in ecclesiasticis processioni-

créations puisent dans leur propre nature cet accent énergique et profond devant lequel il semble que l'antiquité ait parfois reculé. Certes, les euménides grecques sont bien moins horribles, et par conséquent bien moins vraies, que les sorcières de *Macbeth*. Pluton n'est pas le diable.

Il y aurait, à notre avis, un livre bien nouveau à faire sur l'emploi du grotesque dans les arts[1]. On pourrait montrer quels puissants effets les modernes ont tirés de ce type fécond sur lequel une critique étroite s'acharne encore de nos jours. Nous serons peut-être tout à l'heure amené par notre sujet à signaler en passant quelques traits de ce vaste tableau. Nous dirons seulement ici que, comme objectif auprès du sublime, comme moyen de contraste, le grotesque est, selon nous, la plus riche source que la nature puisse ouvrir à l'art. Rubens le comprenait sans doute ainsi, lorsqu'il se plaisait à mêler à des déroulements de pompes royales[2], à des couronnements, à d'éclatantes cérémonies, quelque hideuse figure de nain de cour. Cette beauté universelle que l'antiquité répandait solennellement sur tout n'était pas sans monotonie; la même impression, toujours répétée, peut fatiguer à la longue. Le sublime sur le sublime produit

bus deferri solet, qua vel diabolus ipse, vel haeresis designatur de quibus triumphat ecclesia." *Glossarium*, s.v. *draco*.

For the "gargouille" cp. Voltaire, "douter de la gargouille de Rouen", *Lettres chinoises*, 2; for the "gra-ouilli" cp. Rabelais, "C'estoit effigie monstrueuse...ayans...larges et horrifiques machoüeres bien endentelees... lesquelles...l'on faisoit l'une contre l'autre terrifiquement cliqueter, comme à Mets l'on fait du Dragon de sainct Clement", *Pantagruel*, iv. ch. 59; for the "tarasque", whose procession still takes place, see Daudet, *Port-Tarascon*, ch. 4.

The "chair-salée" was a bronze figure carried in procession at Troyes till 1728. It was called "chair-salée" because it was put away, "kept in salt", as the people said, between each Rogation-tide.

The "drée" of Montlhéry is more difficult to identify. The nearest dragon was one at Corbeil, 9 miles off, which was slain by Aymon, first Comte de Corbeil, who is buried in the church of St Spire and bears a two-headed dragon on his shield. Cp. Millin, *op. cit.*

[1] There is now such a book by Thomas Wright, *History of Caricature* (1865), which has been translated into French by Octave Sachot (1867).

[2] Rubens's great series of pictures illustrating the life of Marie de' Medici hangs in the Louvre.

malaisément un contraste, et l'on a besoin de se reposer de tout, même du beau. Il semble, au contraire, que le grotesque soit un temps d'arrêt, un terme de comparaison, un point de départ d'où l'on s'élève vers le beau avec une perception plus fraîche et plus excitée. La salamandre fait ressortir l'ondine; le gnome embellit le sylphe.

Et il serait exact aussi de dire que le contact du difforme a donné au sublime moderne quelque chose de plus pur, de plus grand, de plus sublime enfin que le beau antique; et cela doit être. Quand l'art est conséquent avec lui-même, il mène bien plus sûrement chaque chose à sa fin. Si l'élysée homérique est fort loin de ce charme éthéré, de cette angélique suavité du paradis de Milton[1], c'est que sous l'éden il y a un enfer bien autrement horrible que le Tartare païen. Croit-on que Françoise de Rimini et Béatrix seraient aussi ravissantes chez un poète qui ne nous enfermerait pas dans la tour de la Faim et ne nous forcerait point à partager le repoussant repas d'Ugolin[2]? Dante n'aurait pas tant de grâce, s'il n'avait pas tant de force. Les naïades charnues, les robustes tritons, les zéphyrs libertins ont-ils la fluidité diaphane de nos ondins et de nos sylphides? N'est-ce pas parce que l'imagination moderne sait faire rôder hideusement dans nos cimetières les vampires, les ogres, les aulnes, les psylles, les goules, les brucolaques, les aspioles[3], qu'elle peut donner à ses fées cette forme

[1] Cp. *Paradise Lost*, iii. 344 ff.

[2] Cp. Dante, *Inferno*, c. v.; *ib.* c. xxxiii.

[3] "Ce n'est pas à l'aulne, arbre, que se rattachent, comme on le pense communément, les superstitions qu'ont fait éclore la ballade allemande du Roi des aulnes. Les Aulnes (en bas latin *alcunae*) sont des facons de follets qui jouent un certain rôle dans les traditions hongroises." (Note of Victor Hugo.)

"(Les psylles) sucent un vénin cruel, et, avides de poisons, dansent en rond, en poussant des sifflements aigus pour éveiller les serpents." (Nodier, *Smarra, ou les démons de la nuit* (1821).) The Psylli, as a fact, were a Libyan tribe of snake-charmers. Cp. Lucan, *Phars.* ix. 891 ff.

brucolaque, in modern Greek *broucolacas*, is a man dead and excommunicate, whose body, diabolically animated, can only be laid by being dug up and burnt. Both the word (wlkodlak = were-wolf) and the superstition are Slavonic and have been current in Greece and the Islands

incorporelle, cette pureté d'essence dont approchent si peu les nymphes païennes? La Vénus antique est belle, admirable sans doute; mais qui a répandu sur les figures de Jean Goujon[1] cette élégance svelte, étrange, aérienne? qui leur a donné ce caractère inconnu de vie et de grandiose, sinon le voisinage des sculptures rudes et puissantes du moyen âge?

Si, au milieu de ces développements nécessaires, et qui pourraient être beaucoup plus approfondis, le fil de nos idées ne s'est pas rompu dans l'esprit du lecteur, il a compris sans doute avec quelle puissance le grotesque, ce germe de la comédie, recueilli par la muse moderne, a dû croître et grandir dès qu'il a été transporté dans un terrain plus propice que le paganisme et l'épopée. En effet, dans la poésie nouvelle, tandis que le sublime représentera l'âme telle qu'elle est, épurée par la morale chrétienne, lui, jouera le rôle de la bête humaine. Le premier type, dégagé de tout alliage impur, aura en apanage tous les charmes, toutes les grâces, toutes les beautés; il faut qu'il puisse créer un jour Juliette, Desdémona, Ophélia. Le second prendra tous les ridicules, toutes les infirmités, toutes les laideurs. Dans ce partage de l'humanité et de la création, c'est à lui que reviendront les passions, les vices, les crimes; c'est lui qui sera luxurieux, rampant, gourmand, avare, perfide, brouillon, hypocrite; c'est lui qui sera tour à tour Iago, Tartuffe, Basile; Polonius, Harpagon, Bartholo[2]; Falstaff,

ever since the Slavonic invasions of the eighth century. Other derivations more or less absurd have been suggested. Cp. *Huetiana* (1722) and the *Dictionnaire de Trévoux* (ed. of 1752).

"Les aspioles, qui ont le corps si frêle, si élancé, surmonté d'une tête difforme, mais riante, et qui se balancent sur les ossements de leurs jambes vides et grêles." *Smarra*.

The Romanticists generally and Hugo in particular (cp. *Ballades*, ii. iv. xiv.) made great play with these bogies and are accordingly ridiculed by Musset in his *Lettre de Dupuis et Cotonet* and by Gautier in his *Honoré de Balzac*, "Il n'est question en ce bienheureux temps que de goules, de vampires, de brucolaques, d'aspioles, de squelettes de gibet."

[1] Jean Goujon (1515–*c.* 1566), sculptor. His principal works are the Fontaine des Innocents, the Caryatids, and the Diana, all at Paris.

[2] Basile, the bigot in Beaumarchais's *Barbier de Seville* (1775) and *Figaro* (1784). Bartholo, the judge in *Figaro*.

Scapin, Figaro. Le beau n'a qu'un type; le laid en a mille. C'est que le beau, à parler humainement, n'est que la forme considérée dans son rapport le plus simple, dans sa symétrie la plus absolue, dans son harmonie la plus intime avec notre organisation. Aussi nous offre-t-il toujours un ensemble complet, mais restreint comme nous. Ce que nous appelons le laid, au contraire, est un détail d'un grand ensemble qui nous échappe, et qui s'harmonise, non pas avec l'homme, mais avec la création tout entière. Voilà pourquoi il nous présente sans cesse des aspects nouveaux, mais incomplets.

C'est une étude curieuse que de suivre l'avènement et la marche du grotesque dans l'ère moderne. C'est d'abord une invasion, une irruption, un débordement; c'est un torrent qui a rompu sa digue. Il traverse en naissant la littérature latine qui se meurt, y colore Perse, Pétrone[1], Juvénal, et y laisse *l'Âne d'or* d'Apulée[2]. De là, il se répand dans l'imagination des peuples nouveaux qui refont l'Europe. Il abonde à flots dans les conteurs, dans les chroniqueurs[3], dans les romanciers. On le voit s'étendre du sud au septentrion. Il se joue dans les rêves des nations tudesques, et en même temps vivifie de son souffle ces admirables *romanceros* espagnols[4], véritable Iliade de la chevalerie. C'est lui, par exemple, qui, dans le roman de *la Rose*, peint ainsi une cérémonie auguste, l'élection d'un roi:

> Un grand vilain lors ils élurent,
> Le plus ossu qu'entr'eux ils eurent[5].

[1] There is no real instance of grotesque in Persius or Juvenal.

[2] L. Apuleius of Madaura (c. 125 A.D.) whose *Metamorphoses*, a fantastic novel, commonly called "the Golden Ass," contains the story of Eros and Psyche.

[3] The study of the chronicles had recently received a marked impulse through the publication of Barante's *Histoire des ducs de Bourgogne* (1824). Cp. Sainte-Beuve, *Portraits Contemporains*, iv. 46 ff.

[4] Abel Hugo projected a prose translation of the *Romancero del Cid*, of which an imitation in verse by Creuzé de Lesser was published in 1823, and reviewed in the *Muse française* by É. Deschamps in November of that year.

[5] "Un grand vilain entr'eux eslurent,
Le plus ossu de quan qu'ils purent."
Roman de la Rose, 10537–8.

Il imprime surtout son caractère à cette merveilleuse architecture qui, dans le moyen âge, tient la place de tous les arts. Il attache son stigmate au front des cathédrales, encadre ses enfers et ses purgatoires sous l'ogive des portails, les fait flamboyer sur les vitraux, déroule ses monstres, ses dogues, ses démons autour des chapiteaux, le long des frises, au bord du toit. Il s'étale sous d'innombrables formes, sur la façade de bois des maisons, sur la façade de pierre des châteaux, sur la façade de marbre des palais. Des arts il passe dans les mœurs; et tandis qu'il fait applaudir par le peuple les *graciosos*[1] de comédie, il donne aux rois les fous de cour[2]. Plus tard, dans le siècle de l'étiquette, il nous montrera Scarron sur le bord même de la couche de Louis XIV[3]. En attendant, c'est lui qui meuble le blason, et qui dessine sur l'écu des chevaliers ces symboliques hiéroglyphes de la féodalité. Des mœurs, il pénètre dans les lois; mille coutumes bizarres attestent son passage dans les institutions du moyen âge. De même qu'il avait fait bondir dans son tombereau Thespis barbouillé de lie[4], il danse avec la basoche sur cette fameuse table de marbre[5] qui servait tout à la fois de théâtre aux farces populaires et aux banquets royaux. Enfin, admis dans les arts, dans les mœurs, dans les lois, il entre jusque dans l'église[6]. Nous le voyons ordonner, dans chaque ville de la catholicité, quelqu'une de ces cérémonies singulières, de ces processions étranges où la religion marche accompagnée de tous les grotesques. Pour le peindre d'un trait, telle est, à cette aurore des lettres, sa verve, sa vigueur, sa sève de création, qu'il jette du premier coup sur le seuil de la poésie moderne

[1] *graciosos*, the buffoons of Spanish comedy.

[2] Cp. Chicot in Dumas's novels, and Triboulet in Hugo's *Le Roi s'amuse*.

[3] Paul Scarron (1610–60), author of *Virgile travesti* (1648) and *Le Roman comique* (1651), was the first husband of Mme de Maintenon, whom Louis XIV married in 1685.

[4] See above, p. 133, n. 4.

[5] In the *grand' salle* of the *Palais de Justice*. Cp. *Notre-Dame de Paris*, ch. 2.

[6] e.g. the *Aulularia* of Plautus was played in King's College Chapel before Elizabeth as late as 1564.

trois Homères bouffons: Arioste, en Italie; Cervantès, en Espagne; Rabelais, en France[1].

Il serait surabondant de faire ressortir davantage cette influence du grotesque dans la troisième civilisation. Tout démontre, à l'époque dite *romantique*, son alliance intime et créatrice avec le beau. Il n'y a pas jusqu'aux plus naïves légendes populaires qui n'expliquent quelquefois avec un admirable instinct ce mystère de l'art moderne. L'antiquité n'aurait pas fait *la Belle et la Bête*.

Il est vrai de dire qu'à l'époque où nous venons de nous arrêter, la prédominance du grotesque sur le sublime, dans les lettres, est vivement marquée. Mais c'est une fièvre de réaction, une ardeur de nouveauté qui passe; c'est un premier flot qui se retire peu à peu. Le type du beau reprendra bientôt son rôle et son droit, qui n'est pas d'exclure l'autre principe, mais de prévaloir sur lui. Il est temps que le grotesque se contente d'avoir un coin du tableau dans les fresques royales de Murillo, dans les pages sacrées de Véronèse; d'être mêlé aux deux admirables *Jugements derniers* dont s'enorgueilliront les arts, à cette scène de ravissement et d'horreur dont Michel-Ange enrichira le Vatican, à ces effrayantes chutes d'hommes que Rubens précipitera le long des voûtes de la cathédrale d'Anvers[2]. Le moment est venu où l'équilibre entre les deux principes va s'établir. Un homme, un poète roi, *poeta soverano*[3], comme Dante le dit d'Homère, va tout fixer. Les deux génies rivaux unissent leur double flamme, et de cette flamme jaillit Shakespeare.

Nous voici parvenus à la sommité poétique des

[1] The phrase "Homère bouffon" is applied by Charles Nodier to Rabelais. It is hardly applicable to either Ariosto or Cervantes.

[2] Michael Angelo's Last Judgement covers the eastern wall of the Sixtine Chapel.

There is no such picture by Rubens in Antwerp Cathedral. There was however a St Michael and the Rebel Angels among the ceiling paintings by Rubens in the Jesuits' Church at Antwerp, burnt in 1718. Water-colour copies of these are in the Musée Plantin, and some have been engraved.

[3] *Inferno*, c. iv.

temps modernes. Shakespeare, c'est le drame; et le drame, qui fond sous un même souffle le grotesque et le sublime, le terrible et le bouffon, la tragédie et la comédie, le drame est le caractère propre de la troisième époque de poésie, de la littérature actuelle.

Qu'on nous permette de reprendre ici quelques idées déjà énoncées, mais sur lesquelles il faut insister. Nous y sommes arrivé, maintenant il faut que nous en repartions.

Du jour où le christianisme a dit à l'homme: Tu es double, tu es composé de deux êtres, l'un périssable, l'autre immortel, l'un charnel, l'autre éthéré, l'un enchaîné par les appétits, les besoins et les passions, l'autre emporté sur les ailes de l'enthousiasme et de la rêverie, celui-ci enfin toujours courbé vers la terre, sa mère; celui-là sans cesse élancé vers le ciel, sa patrie; de ce jour le drame a été créé. Est-ce autre chose en effet que ce contraste de tous les jours, que cette lutte de tous les instants entre deux principes opposés qui sont toujours en présence dans la vie, et qui se disputent l'homme depuis le berceau jusqu'à la tombe?

La poésie née du christianisme, la poésie de notre temps est donc le drame; le caractère du drame est le réel[1]; le réel résulte de la combinaison toute naturelle de deux types, le sublime et le grotesque, qui se croisent dans le drame, comme ils se croisent dans la vie et dans la création. Car la poésie vraie, la poésie complète, est dans l'harmonie des contraires. Puis, il est temps de le dire hautement, et c'est ici surtout que les exceptions confirmeraient la règle, tout ce qui est dans la nature est dans l'art.

En se plaçant à ce point de vue pour juger nos petites règles conventionnelles, pour débrouiller tous ces labyrinthes scolastiques, pour résoudre tous ces

[1] Cp. the words which Hugo ascribes to Talma the actor with reference to *Cromwell*, "La vérité! voilà ce que j'ai cherché toute ma vie." *Victor Hugo raconté*, ii. 160.

problèmes mesquins que les critiques des deux derniers siècles ont laborieusement bâtis autour de l'art, on est frappé de la promptitude avec laquelle la question du théâtre moderne se nettoie. Le drame n'a qu'à faire un pas pour briser tous ces fils d'araignée dont les milices de Lilliput ont cru l'enchaîner dans son sommeil.

Ainsi, que des pédants étourdis (l'un n'exclut pas l'autre) prétendent que le difforme, le laid, le grotesque, ne doit jamais être un objet d'imitation pour l'art, on leur répond que le grotesque, c'est la comédie, et qu'apparemment la comédie fait partie de l'art. Tartuffe n'est pas beau, Pourceaugnac n'est pas noble; Pourceaugnac et Tartuffe sont d'admirables jets de l'art.

Que si, chassés de ce retranchement dans leur seconde ligne de douanes, ils renouvellent leur prohibition du grotesque allié au sublime, de la comédie fondue dans la tragédie, on leur fait voir que, dans la poésie des peuples chrétiens, le premier de ces deux types représente la bête humaine, le second l'âme. Ces deux tiges de l'art, si l'on empêche leurs rameaux de se mêler, si on les sépare systématiquement, produiront pour tous fruits, d'une part des abstractions de vices, de ridicules; de l'autre, des abstractions de crime, d'héroïsme et de vertu. Les deux types, ainsi isolés et livrés à eux-mêmes, s'en iront chacun de leur côté, laissant entre eux le réel, l'un à sa droite, l'autre à sa gauche. D'où il suit qu'après ces abstractions il restera quelque chose à représenter, l'homme; après ces tragédies et ces comédies, quelque chose à faire, le drame.

Dans le drame, tel qu'on peut, sinon l'exécuter, du moins le concevoir, tout s'enchaîne et se déduit ainsi que dans la réalité. Le corps y joue son rôle comme l'âme; et les hommes et les événements, mis en jeu par ce double agent, passent tour à tour bouffons et terribles, quelquefois terribles et bouffons tout ensemble. Ainsi le juge dira: *A la mort, et allons dîner*[1]! Ainsi le sénat romain délibérera sur le turbot de Domitien[2]. Ainsi

[1] Cp. "Au XVIe siècle...un des juges dit ces propres paroles—A la mort et allons dîner." Voltaire, *Socrate*, note to Act iii. sc. 1.

[2] Cp. Juvenal, *Sat.* iv. 73 ff.

Socrate, buvant la ciguë et conversant de l'âme immortelle et du Dieu unique, s'interrompra pour recommander qu'on sacrifie un coq à Esculape[1]. Ainsi Elisabeth jurera et parlera latin[2]. Ainsi Richelieu subira le capucin Joseph, et Louis XI son barbier, maître Olivier le Diable[3]. Ainsi Cromwell dira: *J'ai le parlement dans mon sac et le roi dans ma poche;* ou, de la main qui signe l'arrêt de mort de Charles Ier, barbouillera d'encre le visage d'un régicide qui le lui rendra en riant[4]. Ainsi César dans le char de triomphe aura peur de verser[5]. Car les hommes de génie, si grands qu'ils soient, ont toujours en eux leur bête qui parodie leur intelligence. C'est par là qu'ils touchent à l'humanité, car c'est par là qu'ils sont dramatiques. "Du sublime au ridicule il n'y a qu'un pas[6]," disait Napoléon, quand il fut convaincu d'être homme; et cet éclair d'une âme de feu qui s'entr'ouvre illumine à la fois l'art et l'histoire, ce cri d'angoisse est le résumé du drame et de la vie.

Chose frappante, tous ces contrastes se rencontrent dans les poètes eux-mêmes, pris comme hommes. A force de méditer sur l'existence, d'en faire éclater la poignante ironie, de jeter à flots le sarcasme et la raillerie sur nos infirmités, ces hommes qui nous font tant rire deviennent profondément tristes. Ces Démocrites sont aussi des Héraclites. Beaumarchais était morose, Molière était sombre, Shakespeare mélancolique.

[1] Plato, *Phaedo*, 118.

[2] Hugo probably has in mind Elizabeth's address to the Polish Ambassador, 23 July, 1597 ("One of the best aunswers extempore, in Latin, that ever I heard"), and her subsequent remark to her courtiers, "God's death, my lords" ("for that was her oath ever in anger"), "I have been enforced this day to scour up my old Latin that hath lain long in rusting." See Letter of Sir Robert Cecil to the Earl of Essex, quoted by T. Wright in *Queen Elizabeth and her times*, ii. 479.

[3] Joseph Leclerc de Tremblay, "Père Joseph" (1577–1638), nicknamed "l'Éminence grise." Olivier Le Dain is a familiar figure in *Quentin Durward* and *Notre-Dame de Paris.*

[4] Cp. Villemain, *Histoire de Cromwell* (1819), i. 144, 215 ff.

[5] Cp. "Gallici triumphi die Velabrum praetervehens paene curru excussus est, axe defracto." Suetonius, *C. Iul. Caesar*, xxxvii.

[6] Said by Napoleon to M. de Pradt, archbishop of Malines and ambassador at Warsaw, in 1812. Cp. *Histoire de l'Ambassade dans le grand-duché de Varsovie* (1815), p. 215.

C'est donc une des suprêmes beautés du drame que le grotesque. Il n'en est pas seulement une convenance, il en est souvent une nécessité. Quelquefois il arrive par masses homogènes, par caractères complets: Dandin, Prusias, Trissotin, Brid'oison, la nourrice de Juliette; quelquefois empreint de terreur, ainsi: Richard III, Bégears[1], Tartuffe, Méphistophélès, quelquefois meme voilé de grâce et d'élégance, comme Figaro, Osrick, Mercutio, don Juan. Il s'infiltre partout, car de même que les plus vulgaires ont mainte fois leurs accès de sublime, les plus élevés payent fréquemment tribut au trivial et au ridicule. Aussi, souvent insaisissable, souvent imperceptible, est-il toujours présent sur la scène, même quand il se tait, même quand il se cache Grâce à lui, point d'impressions monotones. Tantôt il jette du rire, tantôt de l'horreur dans la tragédie. Il fera rencontrer l'apothicaire à Roméo, les trois sorcières à Macbeth, les fossoyeurs à Hamlet. Parfois enfin il peut sans discordance, comme dans la scène du roi Lear et de son fou, mêler sa voix criarde aux plus sublimes, aux plus lugubres, aux plus rêveuses musiques de l'âme.

Voilà ce qu'a su faire entre tous, d'une manière qui lui est propre et qu'il serait aussi inutile qu'impossible d'imiter, Shakespeare, ce dieu du théâtre, en qui semblent réunis, comme dans une trinité, les trois grands génies caractéristiques de notre scène, Corneille, Molière, Beaumarchais[2].

On voit combien l'arbitraire distinction des genres croule vite devant la raison et le goût. On ne ruinerait pas moins aisément la prétendue règle des deux unités. Nous disons deux et non *trois* unités, l'unité d'action ou d'ensemble, la seule vraie et fondée, étant depuis longtemps hors de cause.

[1] For Prusias see Corneille's *Nicomède* (1652); for Trissotin see *Les femmes savantes*; for Brid'oison see *Le Mariage de Figaro*; for Begears, "un Tartufe de la probité," see Beaumarchais's *La mère coupable* (1792).

[2] Note the omission of Racine, for whom Hugo had a special antipathy.

Des contemporains distingués, étrangers et nationaux[1], ont déjà attaqué, et par la pratique et par la théorie, cette loi fondamentale du code pseudo-aristotélique[2]. Au reste, le combat ne devait pas être long. A la première secousse, elle a craqué, tant était vermoulue cette solive de la vieille masure scolastique!

Ce qu'il y a d'étrange, c'est que les routiniers prétendent appuyer leur règle des deux unités sur la vraisemblance[3], tandis que c'est précisément le réel qui la tue. Quoi de plus invraisemblable et de plus absurde, en effet, que ce vestibule, ce péristyle, cette antichambre, lieu banal où nos tragédies ont la complaisance de venir se dérouler, où arrivent, on ne sait comment, les conspirateurs[4] pour déclamer contre le tyran, le tyran pour déclamer contre les conspirateurs, chacun à leur tour, comme s'ils s'étaient dit bucoliquement:

Alternis cantemus; amant alterna Camœnæ[5].

Où a-t-on vu vestibule ou péristyle de cette sorte? Quoi de plus contraire, nous ne dirons pas à la vérité,

[1] e.g. Alessandro Manzoni (1785–1873), author of *I Promessi Sposi*, whose *Lettre sur les unités* (see above, p. 32, n. 1) was written in French; and Stendhal in his *Racine et Shakespeare*.

[2] Aristotle in the *Poetics*, v. 8, says that "tragedy is distinguished from epos in that the former is limited as to its action, which endeavours to confine itself to one revolution of the sun, whereas epos is unlimited in point of time. Yet at first tragedy enjoyed the same freedom." Aristotle's *obiter dictum* on a stage practice was expressed in the form of a rule by sixteenth century commentators, then extended to comedy as well as tragedy, and finally adopted by all European dramatists.

[3] Cp. "Ce fut Monsieur Chapelain qui fut cause que l'on commença à observer la règle des vingt-quatre heures....Il communiqua la chose à Monsieur Mairet, qui fit la Sophonisbe, qui est la première pièce où cette règle est observée." *Segraisiana* (1721).

Jean Chapelain (1595–1674) founded his rule on the theory of *vraisemblance*; cp. "j'estime que les anciens...ont creu que s'ils portoient le cours de leur représentation au-delà du jour naturel, ils rendroient leur ouvrage non vraysemblable au respect de ceux qui le regarderoient." *Lettre sur l'art dramatique* (1630).

Cp. "Il n'y a que le vraisemblable qui touche dans la tragédie." Racine, Preface to *Bérénice* (1670).

[4] Cp. "There is a great deal of caution shewn indeed in meeting in a governor's own hall to carry on their plot against him." John Dennis on Addison's *Cato*, quoted by Johnson in his *Life of Addison*.

[5] "Alternis dicetis" etc., Virgil, *Ecl.* iii. 59.

les scolastiques en font bon marché, mais à la vraisemblance? Il résulte de là que tout ce qui est trop caractéristique, trop intime, trop local, pour se passer dans l'antichambre ou dans le carrefour, c'est-à-dire tout le drame, se passe dans la coulisse. Nous ne voyons en quelque sorte sur le théâtre que les coudes de l'action; ses mains sont ailleurs. Au lieu de scènes, nous avons des récits[1]; au lieu de tableaux, des descriptions. De graves personnages placés, comme le chœur antique, entre le drame et nous, viennent nous raconter ce qui se fait dans le temple, dans le palais, dans la place publique, de façon que souventes fois nous sommes tentés de leur crier:—Vraiment! mais conduisez-nous donc là-bas! On s'y doit bien amuser, cela doit être beau à voir! A quoi ils répondraient sans doute:—Il serait possible que cela vous amusât ou vous intéressât, mais ce n'est point là la question; nous sommes les gardiens de la dignité de la Melpomène française.—Voilà!

Mais, dira-t-on, cette règle que vous répudiez est empruntée du théâtre grec.—En quoi le théâtre et le drame grec ressemblent-ils à notre drame et à notre théâtre? D'ailleurs nous avons déjà fait voir que la prodigieuse étendue de la scène antique lui permettait d'embrasser une localité tout entière, de sorte que le poète pouvait, selon les besoins de l'action, la transporter à son gré d'un point du théâtre à un autre, ce qui équivaut bien à peu près aux changements de décorations. Bizarre contradiction! le théâtre grec, tout asservi qu'il était à un but national et religieux, est bien autrement libre que le nôtre, dont le seul objet cependant est le plaisir, et, si l'on veut, l'enseignement du spectateur. C'est que l'un n'obéit qu'aux lois qui lui sont propres, tandis que l'autre s'applique des conditions d'être parfaitement étrangères à son essence. L'un est artiste, l'autre est artificiel.

[1] Cp. "Ce qu'on ne doit point voir qu'un récit nous l'expose."
Boileau, *Art poétique*, iii. 51.

On commence à comprendre de nos jours que la localité exacte est un des premiers éléments de la réalité. Les personnages parlants ou agissants ne sont pas les seuls qui gravent dans l'esprit du spectateur la fidèle empreinte des faits. Le lieu où telle catastrophe s'est passée en devient un témoin terrible et inséparable; et l'absence de cette sorte de personnage muet décompléterait dans le drame les plus grandes scènes de l'histoire. Le poète oserait-il assassiner Rizzio ailleurs que dans la chambre de Marie Stuart? poignarder Henri IV ailleurs que dans cette rue de la Ferronnerie, tout obstruée de haquets et de voitures? brûler Jeanne d'Arc autre part que dans le Vieux-Marché? dépêcher le duc de Guise autre part que dans ce château de Blois où son ambition fait fermenter une assemblée populaire? décapiter Charles Ier et Louis XVI ailleurs que dans ces places sinistres où l'on peut voir White-hall et les Tuileries, comme si leur échafaud servait de pendant à leur palais[1]?

L'unité de temps[2] n'est pas plus solide que l'unité de lieu. L'action, encadrée de force dans les vingt-quatre heures, est aussi ridicule qu'encadrée dans le vestibule. Toute action a sa durée propre comme son lieu particulier.

[1] This series of rhetorical questions is an echo of Stendhal: "Si M. Chénier eût vécu, cet homme d'esprit nous eût débarrassés de l'unité de lieu dans la tragédie, et par conséquent des récits ennuyeux; de l'unité de lieu qui rend à jamais impossibles au théâtre les grands sujets nationaux, l'*Assassinat de Montereau*, les *États de Blois*, la *Mort de Henri III*. Pour Henri III, il faut absolument, d'un côté: Paris, la duchesse de Montpensier, le cloître des Jacobins; de d'autre, Saint-Cloud, l'irrésolution, la faiblesse, les voluptés, et tout à coup la mort, qui vient tout terminer."

Racine et Shakespeare, p. 40.

The only one of the catastrophes mentioned by Hugo and Stendhal that up to 1828, at any rate, had been represented on the stage is the death of Joan; and for this Schiller had preferred the battlefield to the market-place. Ludovic Vitet (1802–1873), with his *Scènes historiques* (*Les Barricades* (1826), *Les États de Blois* (1827), *La mort de Henri III* (1829)), shewed the dramatic possibilities of a faithful transcript of history, but his scenes were meant for the study, not for the stage. President Hénault (1685–1770), on the other hand, had given an example of how this kind of thing should not be done by his *François II* (1747), which is nothing more than a chronicle in dialogue.

[2] See above, p. 146, n. 2.

Verser la même dose de temps à tous les événements! appliquer la même mesure sur tout! On rirait d'un cordonnier qui voudrait mettre le même soulier à tous les pieds. Croiser l'unité de temps à l'unité de lieu comme les barreaux d'une cage, et y faire pédantesquement entrer, de par Aristote, tous ces faits, tous ces peuples, toutes ces figures que la Providence déroule à si grandes masses dans la réalité! c'est mutiler hommes et choses, c'est faire grimacer l'histoire. Disons mieux, tout cela mourra dans l'opération; et c'est ainsi que les mutilateurs dogmatiques arrivent à leur résultat ordinaire: ce qui était vivant dans la chronique est mort dans la tragédie. Voilà pourquoi, bien souvent, la cage des unités ne renferme qu'un squelette.

Et puis si vingt-quatre heures peuvent être comprises dans deux, il sera logique que quatre heures puissent en contenir quarante-huit. L'unité de Shakespeare ne sera donc pas l'unité de Corneille. Pitié!

Ce sont là pourtant les pauvres chicanes que depuis deux siècles la médiocrité, l'envie et la routine font au génie! C'est ainsi qu'on a borné l'essor de nos plus grands poètes. C'est avec les ciseaux des unités qu'on leur a coupé l'aile. Et que nous a-t-on donné en échange de ces plumes d'aigle retranchées à Corneille et à Racine? Campistron[1].

Nous concevons qu'on pourrait dire: Il y a dans des changements trop fréquents de décoration quelque chose qui embrouille et fatigue le spectateur, et qui produit sur son attention l'effet de l'éblouissement; il peut aussi se faire que des translations multipliées d'un lieu à un autre lieu, d'un temps à un autre temps, exigent des contre-expositions qui le refroidissent; il faut craindre encore de laisser dans le milieu d'une action des lacunes qui empêchent les parties du drame d'adhérer étroitement entre elles, et qui en outre déconcertent le spectateur parce qu'il ne se rend pas compte de ce qu'il peut y avoir dans ces vides.—Mais ce sont là

[1] See above, p. 101, n. 1.

précisément les difficultés de l'art. Ce sont là de ces obstacles propres à tels ou tels sujets, et sur lesquels on ne saurait statuer une fois pour toutes. C'est au génie[1] à les résoudre, non aux *poétiques* à les éluder.

Il suffirait enfin, pour démontrer l'absurdité de la règle des deux unités, d'une dernière raison, prise dans les entrailles de l'art. C'est l'existence de la troisième unité, l'unité d'action, la seule admise de tous parce qu'elle résulte d'un fait: l'œil ni l'esprit humain ne sauraient saisir plus d'un ensemble à la fois[2]. Celle-là est aussi nécessaire que les deux autres sont inutiles. C'est elle qui marque le point de vue du drame; or, par cela même, elle exclut les deux autres. Il ne peut pas plus y avoir trois unités dans le drame que trois horizons dans un tableau. Du reste, gardons-nous de confondre l'unité avec la simplicité d'action. L'unité d'ensemble ne répudie en aucune façon les actions secondaires sur lesquelles doit s'appuyer l'action principale. Il faut seulement que ces parties, savamment subordonnées au tout, gravitent sans cesse vers l'action centrale et se groupent autour d'elle aux différents étages ou plutôt sur les divers plans du drame. L'unité d'ensemble est la loi de perspective du théâtre.

— Mais, s'écrieront les douaniers de la pensée, de grands génies les ont pourtant subies, ces règles que vous rejetez!

— Eh oui, malheureusement! Qu'auraient-ils donc fait, ces admirables hommes, si l'on les eût laissés faire? Ils n'ont pas du moins accepté vos fers sans combat. Il faut voir comme Pierre Corneille, harcelé à son début pour sa merveille du *Cid*, se débat sous Mairet, Claveret,

[1] "Tous les systèmes sont faux, le génie seul est vrai."
Lamartine, *Discours de Réception* (1830).

[2] See above, p. 29, n. 1, and cp. "The unities of time and place have always appeared to me fopperies...But the unity of action—I mean that continuity which unites every scene with the other, and makes the catastrophe the natural and probable result of all that has gone before—seems to me a critical rule which cannot safely be dispensed with." Scott, Letter to Allan Cunningham (Lockhart's *Life*, vi. 308)

d'Aubignac et Scudéri[1]! comme il dénonce à la postérité les violences de ces hommes qui, dit-il, se font *tout blancs d'Aristote*[2]! Il faut voir comme on lui dit[3], et nous citons des textes du temps: "Jeune homme, il faut apprendre avant que d'enseigner, et à moins que d'être un Scaliger ou un Heinsius[4], cela n'est pas supportable!" Là-dessus Corneille se révolte et demande si c'est donc qu'on veut le faire descendre, "beaucoup audessoubs de Claveret[5]?"

[1] *Le Cid* was produced in 1636 and was at once attacked by Corneille's rivals. First, Jean de Mairet (1604–1686), fastening on a rather boastful epistle by Corneille, *L'Excuse à Ariste* ("Je ne dois qu'à moy seul toute ma Renommée"), wrote a bitter poem, *L'Autheur du vray Cid espagnol à son traducteur françoys sur une lettre en vers......intitulée Excuse à Ariste.* Corneille replied with a rondeau, "Qu'il face mieux..." Then Georges de Scudéry (1601–1667) issued his *Observations sur le Cid*, which Corneille met with a *Lettre apologitique.* Scudéry appealed to the newly founded Academy, and Richelieu, for political as well as literary reasons, supported the appeal. Three commissioners were appointed to examine the play, and Corneille reluctantly promised to abide by their report. This, drawn up by Chapelain, appeared in 1638 under the title *Les sentimens de l'Academie françoyse sur la Tragi-comedie du Cid*, and it was shortly followed by *La preuve des passages alleguez dans les Observations sur le Cid* which Scudéry addressed to the Academy. There were many other pamphlets *de part et d'autre*, among them being a *Lettre au Sieur Corneille, soy-disant autheur du Cid*, written by Jean Claveret (1590–1666), whom Corneille had offended by advising him to stick to the law. Though the *Cid* was condemned by the critics it secured popular favour:

"En vain contre *le Cid* un ministre se ligue,
Tout Paris pour Chimène a les yeux de Rodrigue;
L'Académie en corps a beau le censurer,
Le public révolté s'obstine à l'admirer."

Boileau, *Sat.* ix. 231 ff.

François Hedelin, Abbé d'Aubignac (1604–1676), took no part in the actual *Querelle du Cid*, but he attacked Corneille in 1663, after praising him in his *La Pratique du Théâtre* (1657): "Defaites-vous, M. de Corneille, de ces mauvaises façons de parler qui sont encore plus mauvaises que vos vers." *Dissertation sur Sertorius.*

[2] "Vous vous estes fait tout blanc d'Aristote."

Corneille, *Lettre Apologitique.*

[3] Hugo is wrong here. The remark occurs in the *Advertissement au besançonnois Mairet* (1637), which was probably written by Corneille himself.

[4] Daniel Heinsius (1580–1—1655) was the favourite pupil of Joseph Justus Scaliger (1540–1609) and the author of a treatise *De tragediae constitutione* (1611), which had an immense influence in Holland, Germany, France, and England.

[5] "Il n'a pas tenu à vous que du premier lieu où beaucoup d'honnestes gens me placent je ne sois descendu au dessoubs de Claveret."

Lettre Apologitique.

Ici Scudéri s'indigne de tant d'orgueil et rappelle à "ce trois fois grand autheur du *Cid*... les modestes paroles par où le Tasse, le plus grand homme de son siècle, a commencé l'apologie du plus beau de ses ouvrages[1], contre la plus aigre et la plus iniuste Censure, qu'on fera peut-être iamais. M. Corneille, ajoute-t-il, tesmoigne bien en ses Responses qu'il est aussi loing de la modération que du mérite de cet excellent autheur." Le *jeune homme* si *justement* et si *doucement censuré* ose résister; alors Scudéri revient à la charge; il appelle à son secours l'*Académie éminente*[2]: "Prononcez, ô MES JUGES, un arrest digne de vous, et qui face sçavoir à toute l'Europe que le *Cid* n'est point le chef-d'œuvre du plus grand homme de France, mais ouy bien la moins iudicieuse pièce de M. Corneille mesme. Vous le devez, et pour vostre gloire en particulier, et pour celle de nostre nation en général, qui s'y trouve intéressée; veu que les estrangers qui pourroient voir ce beau chef d'œuvre, eux qui ont eu des Tasses et des Guarinis[3], croyroient que nos plus grands maistres ne sont que des apprentifs." Il y a dans ce peu de lignes instructives toute la tactique éternelle de la routine envieuse contre le talent naissant, celle qui se suit encore de nos jours, et qui a attaché, par exemple, une si curieuse page aux jeunes essais de Lord Byron[4]. Scudéri nous la donne en quintessence. Ainsi les précédents ouvrages d'un homme de génie toujours préférés aux nouveaux, afin de prouver qu'il descend au lieu de monter, *Mélite* et

[1] "Io non mi dolgo, che habbiano cercato d'impedirmi questo honore, che m'era fatto d'al vulgo, perche di nissuna cosa ragionevole mi debbo dolore: più tosto dovrei lamentarmi di coloro, che inalzandomi dove non merito di salire, non hanno riguardo al precipitio." These words, from the opening of the *Apologia di Torquato Tasso in difesa della sua Gerusalemme agli accademici della Crusca* (1585), are prefixed by Scudéry to his *Preuve des Passages*.

[2] *Lettre de Mr de Scudéry à l'illustre Académie* (1637).

[3] Guarini (1537–1632), author of *Il Pastor fido* (1590).

[4] See *Edinburgh Review* for January, 1808, to which V. Hugo refers in his article on Byron in the *Muse française* of June, 1824. Byron replied to his critic with *English Bards and Scotch Reviewers* (1809).

la Galerie du Palais[1] mis audessus du *Cid*; puis les noms de ceux qui sont morts toujours jetés à la tête de ceux qui vivent, Corneille lapidé avec Tasse et Guarini (Guarini!), comme plus tard on lapidera Racine avec Corneille, Voltaire avec Racine, comme on lapide aujourd'hui tout ce qui s'élève avec Corneille, Racine et Voltaire. La tactique, comme on voit, est usée, mais il faut qu'elle soit bonne, puisqu'elle sert toujours. Cependant le pauvre diable de grand homme soufflait encore. C'est ici qu'il faut admirer comme Scudéri, le capitan de cette tragicomédie, poussé à bout, le rudoie et le malmène, comme il démasque sans pitié son artillerie classique, comme il "fait voir" à l'auteur du *Cid* "quels doivent estre les épisodes, d'après Aristote, qui l'enseigne aux chapitres dixiesme et seiziesme de sa *Poétique*," comme il foudroie Corneille, de par ce même Aristote "au chapitre unziesme de son *Art Poétique*, dans lequel on voit la condamnation du *Cid*"; de par Platon, "livre dixiesme de sa République," de par Marcelin, "au livre vingt-septiesme; on le peut voir"; de par "les tragédies de Niobé et de Jephté"; de par "l'Ajax de Sophocle"; de par "l'exemple d'Euripide"; de par "Heinsius au chapitre six, Constitution de la tragédie, et Scaliger le fils dans ses poésies"; enfin, de par "les Canonistes et les Jurisconsultes, au titre des Nopces[2]." Les premiers arguments s'adressaient à l'Académie, le dernier allait au cardinal. Après les coups d'épingle, le coup de massue. Il fallut un juge pour trancher la question. Chapelain décida[3]. Corneille se vit donc condamné, le lion fut muselé, ou,

[1] *Mélite* (1629); *la Galerie du Palais* (1634).

[2] Cp. *La Preuve des Passages*, passim. Ammianus Marcellinus († c. 390 A.D.), Roman historian. In Book xxviii. c. 4 of his *Rerum Gestarum* he says, "quidam detestantes ut venena doctrinas Iuvenalem et Marium Maximum curatiore studio legunt...."

Niobe is the title of a lost play of Aeschylus. Cp. Aristoph. *Ranae*, 911 and Schol. on Aesch. *Prom. Vinct.* 435.

Jephthes (1554) is a play by George Buchanan (1506–1582).

[3] See above, p. 151, n. 1.

pour dire comme alors, la *corneille déplumée*[1]. Voici maintenant le côté douloureux de ce drame grotesque: c'est après avoir été ainsi rompu dès son premier jet, que ce génie, tout moderne, tout nourri du moyen âge et de l'Espagne, forcé de se mentir à lui-même et de se jeter dans l'antiquité, nous donna cette Rome castillane, sublime sans contredit, mais où, excepté peut-être dans le *Nicomède*[2] si moqué du dernier siècle pour sa fière et naïve couleur, on ne retrouve ni la Rome véritable ni le vrai Corneille[3].

Racine éprouva les mêmes dégoûts, sans faire d'ailleurs la même résistance. Il n'avait ni dans le génie, ni dans le caractère, l'âpreté hautaine de Corneille. Il plia en silence, et abandonna aux dédains de son temps sa ravissante élégie d'*Esther*, sa magnifique épopée d'*Athalie*[4]. Aussi on doit croire que, s'il n'eût pas été paralysé comme il l'était par les préjugés de son siècle, s'il eût été moins souvent touché par la torpille classique, il n'eût point manqué de jeter Locuste[5] dans son drame entre Narcisse et Néron, et surtout n'eût pas relégué dans la coulisse cette admirable scène du banquet où l'élève de Sénèque empoisonne Britannicus dans la coupe de la réconciliation. Mais peut-on exiger de l'oiseau qu'il vole sous le récipient pneumatique? Que de beautés pourtant nous coûtent les *gens de goût*, depuis Scudéri jusqu'à la Harpe! On composerait une bien belle œuvre de tout ce que leur souffle aride a séché

[1] "Donc fier de mon plumage, en Corneille d'Horace,
Ne pretens plus voler plus haut que le Parnasse,
Ingrat, rens moy mon Cid jusques au dernier mot,
Apres tu connoitras, Corneille déplumée,
Que l'esprit le plus vain est souvent le plus sot,
Et qu'enfin tu me dois toute ta Renommée."
Mairet, *L'autheur du vray Cid espagnol* (1637).

[2] *Nicomède* (1651).

[3] Cp. "Au Cid persecuté Cinna doit sa naissance."
Boileau, *Epître à Racine* (1677), l. 52.
At the same time it must be remembered that Corneille in choosing subjects from Roman history was following the fashion of the day.

[4] *Esther* (1689); *Athalie* (1697).

[5] For "la fameuse Locuste" (*Britannicus*, Act iv. sc. 4) cp. Tac. *Ann.* xii. 66, xiii. 15.

dans son germe. Du reste nos grands poètes ont encore su faire jaillir leur génie à travers toutes ces gênes. C'est souvent en vain qu'on a voulu les murer dans les dogmes et dans les règles Comme le géant hébreu : ils ont emporté avec eux sur la montagne les portes de leur prison

On répète néanmoins, et quelque temps encore sans doute on ira répétant : — Suivez les règles! Imitez les modèles[1]! Ce sont les règles qui ont formé les modèles! — Un moment! Il y a en ce cas deux espèces de modèles, ceux qui se sont faits d'après les règles, et, avant eux, ceux d'après lesquels on a fait les règles. Or, dans laquelle de ces deux catégories le génie doit-il se chercher une place? Quoi qu'il soit toujours dur d'être en contact avec les pédants, ne vaut-il pas mille fois mieux leur donner des leçons qu'en recevoir d'eux? Et puis, imiter! Le reflet vaut-il la lumière? Le satellite qui se traîne sans cesse dans le même cercle vaut-il l'astre central et générateur? Avec toute sa poésie, Virgile n'est que la lune d'Homère.

Et, voyons, qui imiter? Les anciens? Nous venons de prouver que leur théâtre n'a aucune coïncidence avec le nôtre. D'ailleurs, Voltaire, qui ne veut pas de Shakespeare, ne veut pas des Grecs non plus. Il va nous dire pourquoi : "Les Grecs ont hasardé des spectacles non moins révoltants pour nous. Hippolyte, brisé par sa chute, vient compter ses blessures et pousser des cris douloureux Philoctète tombe dans ses accès de souffrance; un sang noir coule de sa plaie. Œdipe, couvert du sang qui dégoutte encore du reste de ses yeux qu'il vient d'arracher, se plaint des dieux et des hommes. On entend les cris de Clytemnestre que son propre fils égorge, et Electre crie sur le théâtre: "Frappez, ne l'épargnez pas, elle n'a pas épargné notre père." Prométhée est attaché sur un rocher avec des clous qu'on lui enfonce dans l'estomac et dans les bras. Les Furies répondent à l'ombre sanglante de Clytem-

[1] Cp. "On devient poète par l'étude des règles."
Chapelain, Preface to *La Pucelle* (1656).

nestre par des hurlements sans aucune articulation... L'art était dans son enfance du temps d'Eschyle comme à Londres du temps de Shakespeare[1]." Les modernes? Ah! imiter des imitations! Grâce!

— *Mà*, nous objectera-t-on encore, à la manière dont vous concevez l'art, vous paraissez n'attendre que de grands poètes, toujours compter sur le génie? — L'art ne compte pas sur la médiocrité[2]. Il ne lui prescrit rien, il ne la connaît point, elle n'existe point pour lui; l'art donne des ailes et non des béquilles. Hélas! d'Aubignac a suivi les règles, Campistron a imité les modèles. Que lui importe! Il ne bâtit point son palais pour les fourmis. Il les laisse faire leur fourmilière, sans savoir si elles viendront appuyer sur sa base cette parodie de son édifice.

Les critiques de l'école scolastique placent leurs poètes dans une singulière position. D'une part, ils leur crient sans cesse: Imitez les modèles! De l'autre, ils ont coutume de proclamer que "les modèles sont inimitables"! Or, si leurs ouvriers, à force de labeur, parviennent à faire passer dans ce défilé quelque pâle contre-épreuve, quelque calque décoloré des maîtres, ces ingrats, à l'examen du *refaccimiento*[3] nouveau, s'écrient tantôt: Cela ne ressemble à rien! tantôt: Cela ressemble à tout! Et, par une logique faite exprès, chacune de ces deux formules est une critique.

Disons-le donc hardiment. Le temps en est venu, et il serait étrange qu'à cette époque, la liberté, comme la lumière, pénétrât partout, excepté dans ce qu'il y a de plus nativement libre au monde, les choses de la pensée. Mettons le marteau dans les théories, les poétiques et les systèmes. Jetons bas ce vieux plâtrage qui masque la façade de l'art! Il n'y a ni règles ni modèles; ou plutôt il n'y a d'autres règles que les lois générales de la nature, qui planent sur l'art tout entier,

[1] Voltaire, *Discours sur la tragedie à Mylord Bolingbroke* (1731), prefixed to *Brutus*.

[2] See above, p. 122.

[3] *refacimento* is the real Italian.

et les lois spéciales qui, pour chaque composition, résultent des conditions propres à chaque sujet. Les unes sont éternelles, intérieures, et restent; les autres variables, extérieures, et ne servent qu'une fois. Les premières sont la charpente qui soutient la maison; les secondes, l'échafaudage qui sert à la bâtir et qu'on refait à chaque édifice. Celles-ci enfin sont l'ossement, celles-là le vêtement du drame. Du reste, ces règles-là ne s'écrivent pas dans les poétiques. Richelet[1] ne s'en doute pas. Le génie, qui devine plutôt qu'il n'apprend, extrait, pour chaque ouvrage, les premières de l'ordre général des choses, les secondes de l'ensemble isolé du sujet qu'il traite; non pas à la façon du chimiste qui allume son fourneau, souffle son feu, chauffe son creuset, analyse et détruit; mais à la manière de l'abeille, qui vole sur ses ailes d'or, se pose sur chaque fleur, et en tire son miel, sans que le calice perde rien de son éclat, la corolle rien de son parfum[2]....

La nature donc! La nature et la vérité[3].—Et ici, afin de montrer que, loin de démolir l'art, les idées nouvelles ne veulent que le reconstruire plus solide et mieux fondé, essayons d'indiquer quelle est la limite infranchissable qui, à notre avis, sépare la réalité selon l'art de la réalité selon la nature. Il y a étourderie à les confondre, comme le font quelques partisans peu avancés du *romantisme*[4]. La vérité de l'art ne saurait être, ainsi que l'ont dit plusieurs, la réalité *absolue*[5]. L'art ne peut donner la chose même. Supposons en effet un de ces promoteurs irréfléchis de la nature absolue, de la nature vue hors de l'art, à la représentation d'une pièce romantique, du *Cid*, par exemple.—Qu'est cela? dira-t-il au premier mot. Le

[1] César-Pierre Richelet (1631–1698), grammarian and author of a *Dictionnaire français* (1680 and 1693), a *Nouveau dictionnaire de rimes* (1667), and a *Versification française* (1671).

[2] About a page is omitted here.

[3] See above, p. 142, n. 1.

[4] Cp. a letter from Lamartine (19 March, 1823), quoted by Stendhal, *Racine et Shakespeare*, p. 129.

[5] Cp. Vigny's Preface to *Cinq-Mars*, in which he distinguishes between "la vérité de l'Art" and "le vrai du Fait."

Cid parle en vers! Il n'est pas *naturel* de parler en vers[1]. —Comment voulez-vous donc qu'il parle?—En prose. —Soit.—Un instant après:—Quoi, reprendra-t-il s'il est conséquent, le Cid parle français!—Eh bien?—La *nature* veut qu'il parle sa langue, il ne peut parler qu'espagnol.—Nous n'y comprendrons rien; mais soit encore.—Vous croyez que c'est tout? Non pas; avant la dixième phrase castillane, il doit se lever et demander si ce Cid qui parle est le véritable Cid, en chair et en os. De quel droit cet acteur, qui s'appelle Pierre ou Jacques, prend-il le nom de Cid? Cela est *faux*.—Il n'y a aucune raison pour qu'il n'exige pas ensuite qu'on substitue le soleil à cette rampe, des arbres *réels*, des maisons *réelles* à ces menteuses coulisses. Car, une fois dans cette voie, la logique nous tient au collet, on ne peut plus s'arrêter.

On doit donc reconnaître, sous peine de l'absurde, que le domaine de l'art et celui de la nature sont parfaitement distincts. La nature et l'art sont deux choses, sans quoi l'une ou l'autre n'existerait pas. L'art, outre sa partie idéale, a une partie terrestre et positive. Quoi qu'il fasse, il est encadré entre la grammaire et la prosodie, entre Vaugelas[2] et Richelet. Il a, pour ses créations les plus capricieuses, des formes, des moyens d'exécution, tout un matériel à remuer. Pour le génie, ce sont des instruments; pour la médiocrité, des outils.

D'autres, ce nous semble, l'ont déjà dit, le drame est un miroir où se réfléchit la nature[3]. Mais si ce miroir est un miroir ordinaire, une surface plane et unie, il ne renverra des objets qu'une image terne et sans relief, fidèle, mais décolorée; on sait ce que la couleur et la lumière perdent à la réflexion simple. Il faut donc que le drame soit un miroir de concentration qui, loin de les affaiblir,

[1] Cp. "J'avoue que les vers qu'on récite sur le théâtre sont présumés être prose: nous ne parlons pas d'ordinaire en vers. Si nous en croyons Aristote, il faut se servir au théâtre des vers qui sont les moins vers et qui se mêlent au langage commun, sans y penser, plus souvent que les autres." Corneille, *Examen d'Andromède* (1650).

[2] For Vaugelas see above, p. 102, n. 1.

[3] *Hamlet*, Act iii. sc. 2.

ramasse et condense les rayons colorants, qui fasse d'une lueur une lumière, d'une lumière une flamme. Alors seulement le drame est avoué de l'art.

Le théâtre est un point d'optique. Tout ce qui existe dans le monde, dans l'histoire, dans la vie, dans l'homme, tout doit et peut s'y réfléchir, mais sous la baguette magique de l'art. L'art feuillette les siècles, feuillette la nature, interroge les chroniques, s'étudie à reproduire la réalité des faits, surtout celle des mœurs et des caractères, bien moins léguée au doute et à la contradiction que les faits[1], restaure ce que les annalistes ont tronqué, harmonise ce qu'ils ont dépouillé, devine leurs omissions et les répare, comble leurs lacunes par des imaginations qui aient la couleur du temps, groupe ce qu'ils ont laissé épars, rétablit le jeu des fils de la Providence sous les marionnettes humaines, revêt le tout d'une forme poétique et naturelle à la fois, et lui donne cette vie de vérité et de saillie qui enfante l'illusion, ce prestige de réalité qui passionne le spectateur, et le poète le premier, car le poète est de bonne foi. Ainsi le but de l'art est presque divin : ressusciter, s'il fait de l'histoire ; créer, s'il fait de la poésie.

C'est une grande et belle chose que de voir se déployer avec cette largeur un drame où l'art développe puissamment la nature ; un drame où l'action marche à la conclusion d'une allure ferme et facile, sans diffusion et sans étranglement ; un drame enfin où le poète remplisse pleinement le but multiple de l'art, qui est d'ouvrir au

[1] "On est étonné de lire dans M. Gœthe les lignes suivantes : 'Il n'y a point, à proprement parler, de personnages historiques en poésie ; seulement, quand le poète veut représenter le monde qu'il a conçu, il fait à certains individus qu'il rencontre dans l'histoire l'honneur de leur emprunter leurs noms pour les appliquer aux êtres de sa création' (*Ueber Kunst und Alterthum*—sur l'art et l'antiquité). On sent où mènerait cette doctrine, prise au sérieux : droit au faux et au fantastique. Par bonheur l'illustre poète, à qui elle a sans doute un jour semblé vraie par un côté, puisqu'elle lui est échappée, ne la pratiquerait certainement pas. Il ne composerait pas, à coup sûr, un Mahomet comme un Werther, un Napoléon comme un Faust." (Note of Victor Hugo.)

Hugo, who was no German scholar, got this passage of Goethe from a translation by Baron d'Eckstein of an article by Goethe on Manzoni's *Conte di Carmagnola*. See *Tablettes Universelles* (1823).

spectateur un double horizon, d'illuminer à la fois l'intérieur et l'extérieur des hommes: l'extérieur, par leurs discours et leurs actions; l'intérieur, par les *a parte* et les monologues; de croiser, en un mot, dans le même tableau, le drame de la vie et le drame de la conscience.

On conçoit que, pour une œuvre de ce genre, si le poète doit *choisir* dans les choses (et il le doit), ce n'est pas le *beau*, mais le *caractéristique*[1]. Non qu'il convienne de *faire*, comme on dit aujourd'hui, *de la couleur locale*[2], c'est-à-dire d'ajouter après coup quelques touches criardes çà et là sur un ensemble du reste parfaitement faux et conventionnel. Ce n'est point à la surface du drame que doit être la couleur locale, mais au fond, dans le cœur même de l'œuvre, d'où elle se répand au dehors, d'elle-même, naturellement, également, et, pour ainsi parler, dans tous les coins du drame, comme la sève qui monte de la racine à la dernière feuille de l'arbre. Le drame doit être radicalement imprégné de cette couleur des temps; elle doit en quelque sorte y être dans l'air, de façon qu'on ne s'aperçoive qu'en y entrant et qu'en en sortant qu'on a changé de siècle et d'atmosphère. Il faut quelque étude, quelque labeur pour en venir là; tant mieux. Il est bon que les avenues de l'art soient obstruées de ces ronces devant lesquelles tout recule, excepté les volontés fortes. C'est d'ailleurs cette étude, soutenue d'une ardente inspiration, qui garantira le drame d'un vice qui le tue, le *commun*. Le commun est le défaut des poètes à courte vue et à courte haleine. Il faut qu'à cette optique de la scène, toute figure soit ramenée à son trait le plus saillant, le plus individuel, le

[1] This is in opposition to Chateaubriand, who defines "le beau idéal" as "l'art de choisir et de cacher."

[2] Cp. "Des siècles, des pays étudiez les mœurs,
Les climats font souvent les diverses humeurs."
Boileau, *Art Poétique*, iii. 113, 114.

"Je me suis attaché à bien exprimer dans ma tragédie ce que nous savons des mœurs et des maximes des Turcs."
Racine, Preface to *Bajazet* (1672).

Voltaire went considerably beyond Racine in the introduction of local colour, notably in *Zaïre*, *Alzire*, and *L'Orphelin de la Chine*.

plus précis. Le vulgaire et le trivial même doit avoir un accent. Rien ne doit être abandonné. Comme Dieu, le vrai poète est présent partout à la fois dans son œuvre. Le génie ressemble au balancier qui imprime l'effigie royale aux pièces de cuivre comme aux écus d'or.

Nous n'hésitons pas, et ceci prouverait encore aux hommes de bonne foi combien peu nous cherchons à déformer l'art, nous n'hésitons pas à considérer le vers comme un des moyens les plus propres à préserver le drame du fléau que nous venons de signaler, comme une des digues les plus puissantes contre l'irruption du commun, qui, ainsi que la démocratie, coule toujours à pleins bords dans les esprits[1]. Et ici, que la jeune littérature, déjà riche de tant d'hommes et de tant d'ouvrages, nous permette de lui indiquer une erreur où il nous semble qu'elle est tombée, erreur trop justifiée d'ailleurs par les incroyables aberrations de la vieille école. Le nouveau siècle est dans cet âge de croissance où l'on peut aisément se redresser.

Il s'est formé, dans les derniers temps, comme une pénultième ramification du vieux tronc classique, ou mieux comme une de ces excroissances, un de ces polypes que développe la décrépitude et qui sont bien plus un signe de décomposition qu'une preuve de vie; il s'est formé une singulière école de poésie dramatique. Cette école nous semble avoir eu pour maître et pour souche le poète qui marque la transition du dix-huitième siècle au dix-neuvième, l'homme de la description et de la périphrase, ce Delille qui, dit-on[2], vers sa fin, se vantait, à la manière des dénombrements d'Homère, d'avoir *fait* douze chameaux, quatre chiens, trois chevaux, y compris celui de Job, six tigres, deux chats, un jeu d'échecs, un trictrac, un damier, un billard, plusieurs hivers, beaucoup d'étés, force printemps, cinquante couchers de soleil, et tant d'aurores qu'il se perdait à les compter.

[1] "Je conviens que la démocratie coule à pleins bords dans la France." Pierre-Paul Royer-Collard in a speech before the Chamber (1822). See Barante, *La vie politique de M. Royer-Collard*, ii. 134.

[2] There is apparently no authority for the boast attributed here to Delille.

Or, Delille a passé dans la tragédie. Il est le père (lui, et non Racine, grand Dieu!) d'une prétendue école d'élégance et de bon goût qui a flori récemment. La tragédie n'est pas pour cette école ce qu'elle est pour le bonhomme Gilles[1] Shakespeare, par exemple, une source d'émotions de toute nature; mais un cadre commode à la solution d'une foule de petits problèmes descriptifs qu'elle se propose chemin faisant. Cette muse, loin de repousser, comme la véritable école classique française, les trivialités et les bassesses de la vie, les recherche au contraire et les ramasse avidement. Le grotesque, évité comme mauvaise compagnie par la tragédie de Louis XIV, ne peut passer tranquille devant celle-ci. *Il faut qu'il soit décrit*[2]*!* c'est-à-dire *anobli.* Une scène de corps de garde, une révolte de populace, le marché aux poissons, le bagne, le cabaret, la *poule au pot*[3] de Henri IV, sont une bonne fortune pour elle. Elle s'en saisit, elle débarbouille cette canaille, et coud à ses vilenies son clinquant et ses paillettes; *purpureus assuitur pannus*[4]. Son but paraît être de délivrer des lettres de noblesse à toute cette roture du drame; et chacune de ces lettres du grand scel est une tirade[5].

[1] See above, p. 34, n. 1. Gilles is the name of the clown at the fair. In the popular comedy Gilles, who was always dressed in white, was the butt of the other characters, Pierrot, Arlequin, etc. He is immortalized in Watteau's picture in the Louvre.

[2] "Un Scudéri moderne, en sa verve indiscrète,
Décrit tout sans pinceaux, sans couleur, sans palette.
Un âne sous les yeux de ce rimeur proscrit
Ne peut passer tranquille et sans être décrit."

M.-J. Chénier, *Essai sur les principes des arts* (*Œuvres posthumes*, ii. 185).

[3] Cp. "Ce qu'il y a d'anti-romantique, c'est M. Legouvé dans sa tragedie d'*Henri IV*, ne pouvant pas reproduire le plus beau mot de ce roi patriote: 'Je voudrais que le plus pauvre paysan de mon royaume pût au moins avoir la poule au pot le dimanche....' La tragédie *racinienne* dit bien plus noblement:

'Je veux enfin qu'au jour marqué pour le repos
L'hôte laborieux des modestes hameaux
Sur sa table moins humble ait, par ma bienfaisance,
Quelques-uns de ces mets réservés à l'aisance.'"

Stendhal, *Racine et Shakespeare*, p. 35.

[4] Horace, *Ep.* ii. 3, 15.

[5] Cp. "La tirade est peut-être ce qu'il y a de plus anti-romantique dans le système de Racine." Stendhal, *op. cit.* p. 158.

Cette muse, on le conçoit, est d'une bégueulerie rare. Accoutumée qu'elle est aux caresses de la périphrase, le mot propre, qui la rudoierait quelquefois, lui fait horreur. Il n'est point de sa dignité de parler naturellement. Elle *souligne* le vieux Corneille pour ses façons de dire crûment:

...*Un tas d'hommes perdus de dettes* et de crimes[1].
...Chimène, *qui l'eût cru?* Rodrigue, *qui l'eût dit?*
...Quand leur Flaminius *marchandait* Annibal.
...Ah! ne me *brouillez* pas avec la république! etc. etc.[2]

Elle a encore sur le cœur son: *Tout beau, Monsieur*[3]! Et il a fallu bien des *seigneur!* et bien des *madame!* pour faire pardonner à notre admirable Racine ses *chiens* si monosyllabiques[4], et ce *Claude* si brutalement *mis dans le lit* d'Agrippine[5].

Cette *Melpomène*, comme elle s'appelle, frémirait de toucher une chronique. Elle laisse au costumier le soin de savoir à quelle époque se passent les drames qu'elle fait. L'histoire à ses yeux est de mauvais ton et de mauvais goût. Comment, par exemple, tolérer des rois et des reines qui jurent? Il faut les élever de leur dignité royale à la dignité tragique. C'est dans une promotion de ce genre qu'elle a anobli Henri IV. C'est ainsi que le roi du peuple, nettoyé par M. Legouvé, a vu son *ventre-saint-gris* chassé honteusement de sa bouche par deux sentences, et qu'il a été réduit, comme la jeune fille du fabliau, à ne plus laisser tomber de cette bouche

[1] *Cinna*, Act v. sc. 1.

[2] "Rodrigue, qui l'eût cru? Chimène, qui l'eût dit?"
Le Cid, Act iii. sc. 4.

"Ce don à sa misère était le prix fatal
Dont leur Flaminius marchandait Annibal."
Nicomède, Act i. sc. 3.

"Ah! ne me brouillez point avec la république."
ib. Act iii. sc. 3.

[3] "O mes pères—Tout beau, ne les pleurez pas tous."
Horace, Act iii. sc. 6.

[4] "Des lambeaux pleins de sang, et des membres affreux
Que des chiens dévorants se disputaient entre eux."
Athalie, Act ii. sc. 5.

[5] *Britannicus*, Act iv. sc. 2.

royale que des perles, des rubis et des saphirs: le tout faux, à la vérité.

En somme, rien n'est si *commun* que cette élégance et cette noblesse de convention. Rien de trouvé, rien d'imaginé, rien d'inventé dans ce style. Ce qu'on a vu partout, rhétorique, ampoule, lieux communs, fleurs de collège, poésie de vers latins. Des idées d'emprunt vêtues d'images de pacotille. Les poètes de cette école sont élégants à la manière des princes et princesses de théâtre, toujours sûrs de trouver dans les cases étiquetées du magasin manteaux et couronnes de similor, qui n'ont que le malheur d'avoir servi à tout le monde. Si ces poètes ne feuillettent pas la Bible, ce n'est pas qu'ils n'aient aussi leur gros livre, le *Dictionnaire de rimes*[1]. C'est là leur source de poésie, *fontes aquarum*[2].

On comprend que dans tout cela la nature et la vérité deviennent ce qu'elles peuvent. Ce serait grand hasard qu'il en surnageât quelque débris dans ce cataclysme de faux art, de faux style, de fausse poésie. Voilà ce qui a causé l'erreur de plusieurs de nos réformateurs distingués[3]. Choqués de la raideur, de l'apparat, du *pomposo*[4] de cette prétendue poésie dramatique, ils ont cru que les éléments de notre langage poétique étaient incompatibles avec le naturel et le vrai. L'alexandrin les avait tant de fois ennuyés, qu'ils l'ont condamné, en quelque sorte, sans vouloir l'entendre, et ont conclu, un peu précipitamment peut-être, que le drame devait être écrit en prose.

Ils se méprenaient. Si le faux règne en effet dans le style comme dans la conduite de certaines tragédies françaises, ce n'était pas aux vers qu'il fallait s'en prendre, mais aux versificateurs. Il fallait condamner, non la forme employée, mais ceux qui avaient employé cette forme; les ouvriers, et non l'outil.

Pour se convaincre du peu d'obstacles que la nature de notre poésie oppose à la libre expression de tout ce qui est vrai, ce n'est peut-être pas dans Racine qu'il faut

[1] See above, p. 157. [2] *Ps.* cxiv. 8.
[3] e.g. Mme de Staël and Stendhal.
[4] For *le pomposo* see above, p. 32, n. 2.

étudier notre vers, mais souvent dans Corneille, toujours dans Molière. Racine, divin poète, est élégiaque, lyrique, épique; Molière est dramatique. Il est temps de faire justice des critiques entassées par le mauvais goût du dernier siècle sur ce style admirable[1], et de dire hautement que Molière occupe la sommité de notre drame, non seulement comme poète, mais encore comme écrivain. *Palmas vere habet iste duas.*

Chez lui, le vers embrasse l'idée, s'y incorpore étroitement, la resserre et la développe tout à la fois, lui prête une figure plus svelte, plus stricte, plus complète, et nous la donne en quelque sorte en élixir. Le vers est la forme optique de la pensée. Voilà pourquoi il convient surtout à la perspective scénique. Fait d'une certaine façon, il communique son relief à des choses qui, sans lui, passeraient insignifiantes et vulgaires. Il rend plus solide et plus fin le tissu du style. C'est le nœud qui arrête le fil. C'est la ceinture qui soutient le vêtement et lui donne tous ses plis. Que pourraient donc perdre à entrer dans le vers la nature et le vrai? Nous le demandons à nos prosaïstes eux-mêmes, que perdent-ils à la poésie de Molière? Le vin, qu'on nous permette une trivialité de plus, cesse-t-il d'être du vin pour être mis en bouteille?

Que si nous avions le droit de dire quel pourrait être, à notre gré, le style du drame, nous voudrions un vers libre, franc, loyal osant tout dire sans pruderie, tout

[1] Hugo exaggerates. The strongest criticism to which La Harpe (see above, p. 132) commits himself is the following: "On lui a reproché de trop négliger la langue, et on a raison. Il aurait sûrement épuré sa diction s'il avait eu plus de loisir, et si sa laborieuse carrière n'eût pas été bornée à cinquante ans." *Lycée*, vi. 301.

Vauvenargues, it is true, followed Fénelon in preferring the prose of Molière to his verse (cp. *Réflexions sur quelques poètes*, 4), and the "bas comique" shocked many delicate ears (cp. Antoine Bret in his commentary on Molière (1773)), but Molière stood high in the general instructed opinion of the age as a writer. Hugo probably has in mind Claude-Bernard Petitot's introduction to his edition of Molière (1813, 1823, 1831), "Molière ne peut être considéré comme un modèle de style. Ses fréquents incorrections doivent être attribuées à deux causes etc."—a judgment against which Auger (see above, p. 59) protested strongly: "Molière n'est pas seulement un grand comique; il est encore un grand écrivain" (*Œuvres de Molière*, 1819, p. ix.).

exprimer sans recherche; passant d'une naturelle allure de la comédie à la tragédie, du sublime au grotesque; tour à tour positif et poétique, tout ensemble artiste et inspiré, profond et soudain, large et vrai; sachant briser à propos et déplacer la césure pour déguiser sa monotonie d'alexandrin; plus ami de l'enjambement qui l'allonge que de l'inversion qui l'embrouille; fidèle à la rime, cette esclave reine, cette suprême grâce de notre poésie, ce générateur de notre mètre; inépuisable dans la vérité de ses tours, insaisissable dans ses secrets d'élégance et de facture: prenant, comme Protée, mille formes sans changer de type et de caractère; fuyant la *tirade*; se jouant dans le dialogue; se cachant toujours derrière le personnage; s'occupant avant tout d'être à sa place, et lorsqu'il lui adviendrait d'être *beau*, n'étant beau en quelque sorte que par hasard, malgré lui et sans le savoir; lyrique, épique, dramatique, selon le besoin; pouvant parcourir toute la gamme poétique, aller de haut en bas, des idées les plus élevées aux plus vulgaires, des plus bouffonnes aux plus graves, des plus extérieures aux plus abstraites, sans jamais sortir des limites d'une scène parlée; en un mot, tel que le ferait l'homme qu'une fée aurait doué de l'âme de Corneille et de la tête de Molière. Il nous semble que ce vers-là serait bien *aussi beau que de la prose*[1].

Il n'y aurait aucun rapport entre une poésie de ce genre et celle dont nous faisions tout à l'heure l'autopsie cadavérique. La nuance qui les sépare sera facile à indiquer, si un homme d'esprit, auquel l'auteur de ce livre doit un remercîment personnel, nous permet de lui en emprunter la piquante distinction: l'autre poésie était descriptive, celle-ci serait pittoresque.

Répétons-le surtout, le vers au théâtre doit dépouiller tout amour-propre, toute exigence, toute coquetterie. Il n'est là qu'une forme, et une forme qui doit tout admettre, qui n'a rien à imposer au drame, et au contraire doit tout

[1] Cp. "Au XVIIIe siècle les philosophes en gens sensés, quand ils voulaient louer les vers qui leur paraissaient faire une exception, disaient: Cela est beau comme de la prose." La Harpe, *Lycée* xii. 5.

recevoir de lui, pour tout transmettre au spectateur, français, latin, textes de lois, jurons royaux, locutions populaires, comédie, tragédie, rire, larmes, prose et poésie. Malheur au poète si son vers fait la petite bouche! Mais cette forme est une forme de bronze qui encadre la pensée dans son mètre, sous laquelle le drame est indestructible, qui le grave plus avant dans l'esprit de l'acteur, avertit celui-ci de ce qu'il omet et de ce qu'il ajoute, l'empêche d'altérer son rôle, de se substituer à l'auteur, rend chaque mot sacré, et fait que ce qu'a dit le poète se retrouve longtemps après encore debout dans la mémoire de l'auditeur. L'idée, trempée dans le vers, prend soudain quelque chose de plus incisif et de plus éclatant. C'est le fer qui devient acier.

On sent que la prose, nécessairement bien plus timide, obligée de sevrer le drame de toute poésie lyrique ou épique, réduite au dialogue et au positif, est loin d'avoir ces ressources. Elle a les ailes bien moins larges. Elle est ensuite d'un beaucoup plus facile accès; la médiocrité y est à l'aise[1]; et, pour quelques ouvrages distingués comme ceux que ces derniers temps ont vu paraître, l'art serait bien vite encombré d'avortons et d'embryons. Une autre fraction de la réforme inclinerait pour le drame écrit en vers et en prose tout à la fois, comme a fait Shakespeare[2]. Cette manière a ses avantages. Il pourrait cependant y avoir disparate dans les transitions d'une forme à l'autre, et quand un tissu est homogène, il est bien plus solide. Au reste, que le drame soit écrit en prose, ce n'est là qu'une question secondaire. Le rang d'un ouvrage doit se fixer, non d'après sa forme, mais d'après sa valeur intrinsèque. Dans des questions de ce genre, il n'y a qu'une solution. Il n'y a qu'un poids qui puisse faire pencher la balance de l'art, c'est le génie.

[1] Cp. "Un vers coûte à polir, et le travail nous pèse,
Mais en prose du moins, on est sot à son aise."
Gilbert, *Sat.* i.

[2] Cp. Vigny's article in *La Muse française* for January, 1824, on the translation by Baron de Sorsum of six of Shakespeare's plays into prose and blank and rhyming verse.

Au demeurant, prosateur ou versificateur, le premier, l'indispensable mérite d'un écrivain dramatique, c'est la correction. Non cette correction toute de surface, qualité ou défaut de l'école descriptive, qui fait de Lhomond et de Restaut[1] les deux ailes de son Pégase; mais cette correction intime, profonde, raisonnée, qui s'est pénétrée du génie d'un idiome; qui en a sondé les racines, fouillé les étymologies; toujours libre, parce qu'elle est sûre de son fait, et qu'elle va toujours d'accord avec la logique de la langue. Notre dame la grammaire mène l'autre aux lisières; celle-ci tient en laisse la grammaire. Elle peut oser, hasarder, créer, inventer son style; elle en a le droit. Car, bien qu'en aient dit certains hommes qui n'avaient pas songé à ce qu'ils disaient, et parmi lesquels il faut ranger notamment celui qui écrit ces lignes, la langue française n'est point *fixée* et ne se fixera point. Une langue ne se fixe pas. L'esprit humain est toujours en marche, ou, si l'on veut, en mouvement, et les langues avec lui. Les choses sont ainsi. Quand le corps change, comment l'habit ne changerait-il pas? Le français du dix-neuvième siècle ne peut pas plus être le français du dix-huitième, que celui-ci n'est le français du dix-septième, que le français du dix-septième n'est celui du seizième. La langue de Montaigne n'est plus celle de Rabelais, la langue de Pascal n'est plus celle de Montaigne, la langue de Montesquieu n'est plus celle de Pascal. Chacune de ces quatre langues, prise en soi, est admirable, parce qu'elle est originale. Toute époque a ses idées propres, il faut qu'elle ait aussi les mots propres à ces idées. Les langues sont comme la mer, elles oscillent sans cesse. A certains temps, elles quittent un rivage du monde de la pensée et en envahissent un autre. Tout ce que leur flot déserte ainsi, sèche et s'efface du sol. C'est de cette façon que des idées s'éteignent, que des mots s'en vont. Il en est des idiomes humains comme de tout. Chaque

[1] Charles-François Lhomond (1727–1794), author of *Éléments de la grammaire française* (1783) and *Éléments de la grammaire latine* (1779). Pierre Restaut (1696–1764), author of *Principes généraux et raisonnés de la grammaire française* (1730).

siècle y apporte et en emporte quelque chose. Qu'y faire? Cela est fatal. C'est donc en vain que l'on voudrait pétrifier la mobile physionomie de notre idiome sous une forme donnée. C'est en vain que nos Josué littéraires crient à la langue de s'arrêter; les langues ni le soleil ne s'arrêtent plus. Le jour où elles se *fixent*, c'est qu'elles meurent. Voilà pourquoi le français de certaine école contemporaine est une langue morte.

Telles sont, à peu près, et moins les développements approfondis qui en pourraient compléter l'évidence, les idées *actuelles* de l'auteur de ce livre sur le drame. Il est loin, du reste, d'avoir la prétention de donner son essai dramatique comme une émanation de ces idées, qui bien au contraire ne sont peut-être elles-mêmes, à parler naïvement, que des révélations de l'exécution. Il lui serait fort commode sans doute et plus adroit d'asseoir son livre sur sa préface et de les défendre l'un par l'autre. Il aime mieux moins d'habileté et plus de franchise. Il veut donc être le premier à montrer la ténuité du nœud qui lie cet avant-propos à ce drame. Son premier projet, bien arrêté d'abord par sa paresse, était de donner l'œuvre toute seule au public; *el demonio sin las cuernas*, comme disait Yriarte[1]. C'est après l'avoir dûment close et terminée, qu'à la sollicitation de quelques amis probablement bien aveuglés, il s'est déterminé à compter avec lui-même dans une préface, à tracer, pour ainsi parler, la carte du voyage poétique qu'il venait de faire, à se rendre raison des acquisitions bonnes ou mauvaises qu'il en rapportait, et des nouveaux aspects sous lesquels le domaine de l'art s'était offert à son esprit.

On prendra sans doute avantage de cet aveu pour répéter le reproche qu'un critique d'Allemagne lui a déjà adressé, de faire "une poétique pour sa poésie." Qu'importe? Il a d'abord eu bien plutôt l'intention de défaire que de faire des poétiques. Ensuite ne vaudrait-il pas toujours mieux faire des poétiques d'après une

[1] Thomas de Yriarte (1750–1791), author of *Fábulas literarias* (1782). He probably wrote "los cuernos," but "Hugo n'a jamais su que très peu d'Espagnol," Morel-Fatio, *Études sur l'Espagne*, p. 88.

poésie, que de la poésie d'après une poétique? Mais non, encore une fois, il n'a ni le talent de créer, ni la prétention d'établir des systèmes. "Les systèmes, dit spirituellement Voltaire, sont comme des rats qui passent par vingt trous, et en trouvent enfin deux ou trois qui ne peuvent les admettre[1]." C'eût donc été prendre une peine inutile et au-dessus de ses forces. Ce qu'il a plaidé, au contraire, c'est la liberté de l'art contre le despotisme des systèmes, des codes et des règles. Il a pour habitude de suivre à tout hasard ce qu'il prend pour son inspiration, et de changer de moule autant de fois que de composition. Le dogmatisme, dans les arts, est ce qu'il fuit avant tout. A Dieu ne plaise qu'il aspire à être de ces hommes, romantiques ou classiques, qui font *des ouvrages dans leur système*, qui se condamnent à n'avoir jamais qu'une forme dans l'esprit, à toujours *prouver* quelque chose, à suivre d'autres lois que celles de leur organisation et de leur nature! L'œuvre artificielle de ces hommes-là, quelque talent qu'ils aient d'ailleurs, n'existe pas pour l'art. C'est une théorie, non une poésie.

[1] "Les systèmes sont comme les rats, qui peuvent passer par vingt petits trous, et qui en trouvent enfin deux ou trois qui ne peuvent les admettre." *Dictionnaire philosophique*, s.v. *barbe*.

ALFRED DE VIGNY

Alfred-Victor, Comte de Vigny (1797-1863), was born at Loches during his parents' imprisonment in the castle. He entered the army at the Restoration when he was only sixteen, and served for fourteen years, first in the *gendarmes rouges*, and then in the foot-guards. He relieved the monotony of garrison life by writing poetry—*Le Cor* was composed on the Spanish frontier during the campaign of 1823—and before retiring in 1828 he had published *Poèmes* (1822), *Éloa* (1823), and *Poèmes antiques et modernes* (1826). He also contributed many poems and articles to the *Muse française*. After 1826 he devoted himself for a time to prose, and published an historical romance, *Cinq Mars* (1826), with a preface by way of manifesto, a translation of Othello (1829), and an historical drama, *La Maréchale d'Ancre* (1831). In 1832 appeared *Stello* (see above, p. 73); in 1835, *Servitude et Grandeur militaires*, and the tragedy of *Chatterton*, his only stage success. Then in 1839 he returned to poetry, writing for the *Revue des deux mondes* poems, which were published in a collected volume, entitled *Destinées*, the year after his death. In 1867 his friend Louis Ratisbonne collected a number of private notes and memoranda, which he published under the title, *Journal d'un Poète*.

Vigny married an English lady, Lydia Bunbury, in 1828, and was an Anglophil all his life.

PRÉFACE DU MORE DE VENISE[1]

Or[2], voici le fond de ce que j'avais à dire aux intelligences, le 24 octobre 1829 :

" Une simple question est à résoudre. La voici.

" *La scène française s'ouvrira-t-elle, ou non, à une tragédie moderne produisant :—dans sa conception, un tableau large de la vie, au lieu du tableau resserré de la catastrophe d'une intrigue ;—dans sa composition, des caractères, non des rôles, des scènes paisibles sans drame, mêlées à des scènes comiques et tragiques ;—dans son exécution, un style familier, comique, tragique et parfois épique ?*

[1] *Le More de Venise* was produced at the *Théâtre français* on October 24, 1829, with Joanny as Othello, Pernier (who had been specially coached for the part by Charles Young) as Iago, and Mlle Mars as Desdemona.

On November 1 Vigny wrote a "*Lettre à Lord*** Earl of*** sur la soirée du 24 octobre 1829 et sur un système dramatique*," of which we print rather more than one half.

[2] Two and a half pages are omitted from the beginning.

"Pour résoudre cette triple question, une tragédie inventée serait suffisante, parce que, dans une première représentation, le public, cherchant toujours à porter son examen sur l'action, marche à la découverte, et, ignorant l'ensemble de l'œuvre, ne comprend pas ce qui motive les variations du style.

"Une fable neuve ne serait pas une autorité capable de consacrer une exécution neuve comme elle, et succomberait nécessairement sous une double critique; des essais honorables l'ont prouvé.

"Une œuvre nouvelle prouverait seulement que j'ai inventé une tragédie bonne ou mauvaise; mais des contestations s'élèveraient infailliblement pour savoir si elle est un exemple satisfaisant du système à établir, et ces contestations seraient interminables pour nous, le seul arbitre étant la postérité.

"Or, la postérité a prononcé sur la mort de Shakspeare les paroles qui font le grand homme; donc, une de ses œuvres faite dans le système auquel j'ai foi est le seul exemple suffisant.

"Ne m'attachant, pour cette première fois, qu'à la question du style, j'ai voulu choisir une composition consacrée par plusieurs siècles et chez tous les peuples.

"Je la donne, non comme un modèle pour notre temps, mais comme la représentation d'un monument étranger, élevé autrefois par la main la plus puissante qui ait jamais créé pour la scène, et selon le système que je crois convenable à notre époque, à cela près des différences que les progrès de l'esprit général ont apportées dans la philosophie et les sciences de notre âge, dans quelques usages de la scène et dans la chasteté du discours.

"Écoutez, ce soir, le langage que je pense devoir être celui de la tragédie moderne; dans lequel chaque personnage parlera selon son caractère, et, dans l'art comme dans la vie, passera de la simplicité habituelle à l'exaltation passionnée; du *récitatif* au *chant*."...

Grâce au Ciel le vieux trépied des unités sur lequel s'asseyait Melpomène, assez gauchement quelquefois, n'a plus aujourd'hui que la seule base solide que l'on ne puisse lui ôter: l'unité d'intérêt dans l'action[1]. On sourit de pitié quand on lit dans un de nos écrivains: *Le spectateur n'est que trois heures à la comédie; il ne faut donc pas que l'action dure plus de trois heures*[2]. Car autant eût valu dire: "Le lecteur ne met que quatre heures à lire tel poème ou tel roman; il ne faut donc pas que son action dure plus de quatre heures." Cette phrase résume toutes les erreurs qui naquirent de la première. Mais il ne suffit pas de s'être affranchi de ces entraves pesantes; il faut encore effacer l'esprit étroit qui les a créées.

> Venez, et qu'un sang pur, par mes mains épanché,
> Lave jusques au marbre où ses pas ont touché[3].

Considérez d'abord que, dans le système qui vient de s'éteindre, toute tragédie était une catastrophe et un dénouement d'une action déjà mûre au lever du rideau, qui ne tenait plus qu'à un fil et n'avait plus qu'à tomber. De là est venu ce défaut qui vous frappe, ainsi que tous les étrangers, dans les tragédies françaises: cette parcimonie de scènes et de développements, ces faux retardements, et puis tout à coup cette hâte d'en finir, mêlée à cette crainte que l'on sent presque partout de manquer d'étoffe pour remplir le cadre de cinq actes. Loin de diminuer mon estime pour tous les hommes qui ont suivi ce système, cette considération l'augmente; car il a fallu, à chaque tragédie, une sorte de tour d'adresse prodigieux et une foule de ruses pour déguiser la misère à laquelle ils se condamnaient; c'était chercher à employer et à étendre pour se couvrir le dernier lambeau d'une pourpre gaspillée et perdue.

Ce ne sera pas ainsi qu'à l'avenir procédera le poète dramatique. D'abord il prendra dans sa large main

[1] See above, p. 29, n. 1.

[2] Cp. "Le spectacle n'est que de trois heures à la comédie, il ne faut donc pas que l'action dure plus de trois heures." Voltaire, *Préface d'Œdipe* (1730).

[3] "Rentrons, et qu'un sang pur" etc. Racine, *Athalie*, Act ii. sc. 8.

beaucoup de temps, et y fera mouvoir des existences entières ; il créera l'homme, non comme *espèce*, mais comme *individu*, seul moyen d'intéresser à l'humanité ; il laissera ses créatures vivre de leur propre vie, et jettera seulement dans leurs cœurs ces germes de passion par où se préparent les grands événements ; puis, lorsque l'heure en sera venue et seulement alors, sans que l'on sente que son doigt la hâte, il montrera la destinée enveloppant ses victimes dans des nœuds inextricables et multipliés. Alors, bien loin de trouver des personnages trop petits pour l'espace, il gémira, il s'écriera qu'ils manquent d'air et d'espace ; car l'art sera tout semblable à la vie et, dans la vie, une action principale entraîne autour d'elle un tourbillon de faits nécessaires et innombrables. Alors, le créateur trouvera dans ses personnages assez de têtes pour répandre toutes ses idées, assez de cœurs à faire battre de tous ses sentiments, et partout on sentira son âme entière agitant la masse. *Mens agitat molem*[1].

Je suis juste : tout était bien en harmonie dans l'ex-système de tragédie ; mais tout était d'accord aussi dans le système féodal et théocratique, et pourtant il fut. Pour exécuter une longue catastrophe qui n'avait de corps que parce qu'elle était enflée, il fallait substituer des rôles aux caractères, des abstractions de passions personnifiées à des hommes : or, la nature n'a jamais produit une famille d'hommes, une maison entière, dans le sens des anciens (*domus*), où père et enfants, maîtres et serviteurs se soient trouvés également sensibles, agités au même degré par le même événement, s'y jetant à corps perdu, prenant au sérieux et de bonne foi toutes les surprises et les pièges les plus grossiers, et en éprouvant une satisfaction solennelle, une douleur solennelle ou une fureur solennelle ; conservant précieusement le sentiment unique qui les anime depuis la première phase de l'événement jusqu'à son accomplissement, sans permettre à leur imagination de s'en écarter d'un pas, et s'occupant enfin d'une affaire unique, celle de commencer

[1] Virgil, *Aen.* vi. 727.

un dénouement et de le retarder sans pourtant cesser d'en parler.

Donc, il fallait, dans des vestibules qui ne menaient à rien, des personnages n'allant nulle part, parlant de peu de choses, avec des idées indécises et des paroles vagues, un peu agités par des sentiments mitigés, des passions paisibles, et arrivant ainsi à une mort gracieuse ou à un soupir faux. O vaine fantasmagorie! ombres d'hommes dans une ombre de nature! vides royaumes!... *Inania regna*[1]!

Aussi n'est-ce qu'à force de génie ou de talent que les premiers de chaque époque sont parvenus à jeter de grandes lueurs dans ces ombres, à arrêter de belles formes dans ce chaos; leurs œuvres furent de magnifiques exceptions, on les prit pour des règles. Le reste est tombé dans l'ornière commune de cette fausse route.

Il n'est pourtant pas impossible qu'il se trouve encore des hommes qui parlent bien cette langue morte. Dans le quinzième siècle, on écrivait des discours en latin qui étaient fort estimés.

Pour moi, je crois qu'il ne serait pas difficile de prouver que la puissance qui nous retint si longtemps dans ce monde de convention, que la muse de cette tragédie secondaire fut la Politesse. Oui, ce fut elle certainement. Elle seule était capable de bannir à la fois les caractères vrais, comme grossiers; le langage simple, comme trivial; l'idéalité de la philosophie et des passions, comme extravagance; la poésie, comme bizarrerie.

La politesse, quoique fille de la cour, fut et sera toujours *niveleuse*, elle efface et aplanit tout; *ni trop haut ni trop bas* est sa devise. Elle n'entend pas la Nature qui crie de toutes parts au génie comme Macbeth: *Viens haut ou bas.—Come high or low*[2]!

L'homme est exalté ou simple; autrement il est faux. Le poète saura donc à l'avenir que montrer l'homme tel

[1] Virgil, *Aen.* vi. 269.

[2] *Macbeth*, Act iv. sc. 1; prefixed as motto by Vigny to *Le More de Venise*.

qu'il est, c'est déjà émouvoir. En vérité, je n'ai nul besoin de toucher dès l'abord le *fil* toujours pressenti d'une action pour m'intéresser à un caractère tracé avec vérité ; on m'a déjà ému si l'on m'a présenté l'image d'une vraie créature de Dieu. Je l'aime parce qu'elle *est*, et que je la reconnais à sa marche, à son langage, à tout son air, pour un être vivant jeté sur le monde, ainsi que moi, comme pâture à la destinée ; mais que cet être *soit*, ou sinon je romps avec lui. Qu'il ne veuille pas paraître ce que la muse de la politesse, dans son langage faussement noble, a nommé un *héros*. Qu'il ne soit pas plus qu'un homme, car autrement il serait beaucoup moins ; qu'il agisse selon un cœur mortel, et non selon la représentation imaginaire d'un personnage mal imaginé ; car c'est alors que le poète mérite véritablement le nom d'*imitateur de fantômes*[1] que lui donne Platon en le chassant de sa république.

C'est dans le détail du style, surtout, que vous pourrez juger la manière de l'école polie dont on s'ennuie si parfaitement aujourd'hui.—Je ne crois pas qu'un étranger puisse facilement arriver à comprendre à quel degré de faux étaient parvenus quelques *versificateurs pour la scène*, je ne veux pas dire poètes. Pour vous en donner quelques exemples entre cent mille, quand on voulait dire des espions, on disait comme Ducis :

Ces mortels dont l'État gage la vigilance[2].

Vous sentez qu'une extrême politesse envers la corporation des espions a pu seule donner naissance à une périphrase aussi élégante, et que tous ceux de ces *mortels* qui, d'aventure, se trouvaient alors dans la salle, en étaient assurément reconnaissants. Style naturel d'ailleurs ; car ne concevez-vous pas facilement qu'un roi, au lieu de faire dire tout simplement au ministre de la police : "Vous enverrez cent espions à la frontière,"

[1] Οὐκοῦν τιθῶμεν πάντας τοὺς ποιητικοὺς μιμητὰς εἰδώλων εἶναι; *Rep.* 600 E.

[2] "Les mortels dont l'état gage la vigilance,
Ont de tous ses projets acquis la connaissance."
Ducis, *Othello*, Act iv. sc. 5.

dise: "*Seigneur, vous enverrez cent mortels dont l'État gage la vigilance?*" Voilà qui est *noble, poli* et *harmonieux.*

Des écrivains, hommes de talent pour la plupart, et celui qui m'est tombé sous la main en était, ont été aussi entraînés dans ce défaut par le désir d'atteindre ce qu'on nomme harmonie, séduits par l'exemple d'un grand maître qui ne traita que des sujets antiques où la phrase grecque et latine était de mise. En voulant conserver, ils ont falsifié; forcés par le progrès qui les entraînait malgré eux à traiter des sujets modernes, ils y ont employé le langage imité de l'antique (et pas même antique tout à fait); de là est sorti ce style dont chaque mot est un anachronisme, où des Chinois, des Turcs et des sauvages de l'Amérique[1] parlent à chaque vers de l'*hyménée et de ses flambeaux.*

Cette harmonie qu'on cherchait est faite, je pense, pour le poème et non pour le drame. Le poète lyrique peut psalmodier ses vers, je crois même qu'il le doit, enlevé par son inspiration. C'est à lui qu'on peut appliquer ceci:

> Les vers sont enfants de la lyre:
> Il faut les chanter, non les lire[2].

Mais un drame ne présentera jamais au peuple que des personnages réunis pour se parler de leurs affaires; ils doivent donc parler. Que l'on fasse pour eux ce *récitatif* simple et franc dont Molière est le plus beau modèle dans notre langue; lorsque la passion et le malheur viendront animer leur cœur, élever leurs pensées, que le vers s'élève un moment jusqu'à ces mouvements sublimes de la passion qui semblent un *chant*, tant ils emportent nos âmes hors de nous-mêmes!

Chaque homme, dans sa conversation habituelle, n'a-t-il pas ses formules favorites, ses mots coutumiers, nés de son éducation, de sa profession, de ses goûts, appris en famille, inspirés par ses amours et ses aversions naturelles, par son tempérament bilieux, sanguin ou

[1] Cp. Voltaire's *Orphelin de la Chine* (1755), and *Alzire ou les Américains* (1736).

[2] Houdart de La Motte, *Ode sur l'Aveuglement*, ll. 94, 95.

nerveux, dictés par un esprit passionné ou froid, calculateur ou candide? N'a-t-il pas des comparaisons de prédilection et tout un vocabulaire journalier auquel un ami le reconnaîtrait, sans entendre sa voix, à la tournure seule d'une phrase qu'on lui redirait? Faut-il donc toujours que chaque personnage se serve des mêmes mots, des mêmes images, que tous les autres emploient aussi? Non, il doit être concis ou diffus, négligé ou calculé, prodigue ou avare d'ornements selon son caractère, son âge, ses penchants. Molière ne manqua jamais à donner ces touches fermes et franches qu'apprend l'observation attentive des hommes, et Shakspeare ne livre pas un proverbe, un juron, au hasard.—Mais ni l'un ni l'autre de ces grands hommes n'eût pu encadrer le langage vrai dans le *vers épique* de notre tragédie; ou, s'ils avaient adopté ce vers par malheur, il leur eût fallu déguiser le *mot simple* sous le manteau de la périphrase ou le masque du mot antique.—C'est un cercle vicieux d'où nulle puissance ne les eût fait sortir.—Nous en avons un exemple irrécusable. L'auteur d'*Esther*, qui est la source la plus pure du style dramatique-épique, eut à écrire en 1672 une tragédie dont l'action était de 1638; il sentit que les noms modernes de l'Orient ne pouvaient entrer dans son alexandrin harmonieusement tourné à l'antique; que fit-il? Il prit son parti avec un sens admirablement juste et, ne concevant pas la possibilité de changer le vers, dans ce qu'il nomme *poème* dramatique, il changea le vocabulaire entier de ses Turcs et se jeta dans je ne sais quelle vague antiquité: Bagdad devint Babylone, Stamboul n'osa même pas être Constantinople et fut Bysance, et le nom du *schah Abbas*, qui assiégeait Bagdad alors, disparut devant ceux d'Osmin et d'Osman[1]. Cela devait être.

[1] Racine is a better historian than Vigny. Shah Abbas took Baghdad from the Turks in 1625, and died in 1628. Murad IV recovered it from the Persians in 1638, and it is to this second siege that Racine expressly refers. Sir Paul Rycaut in his *Turkish History*, from which Racine drew his details for *Bajazet* (see the Prefaces), evidently regards Baghdad as a kind of suburb of Babylon, and writes "the description of Babylon or Bagdat."

Il y a plus. Après vous avoir donné tout à l'heure un exemple des ridicules erreurs où ses imitateurs furent entraînés, je vais défendre celui qui la commit. Je pense qu'il lui était impossible de dire un mot rude et vrai, avec le style qu'il avait employé: ce mot eût fait là l'effet d'un jurement dans la bouche d'une jeune fille qui chante une romance plaintive. Il ne l'aurait pu dire qu'en commençant à faire entendre l'*expression simple* dès le premier vers. Mais, lorsqu'on a dit pendant cinq actes: *reine* au lieu de *votre majesté*, *hymen* pour *mariage*, *immoler* en place d'*assassiner*, et mille autres gentillesses pareilles, comment proférer un mot tel qu'*espion?* Il faut bien dire un *mortel*, et je ne sais quoi de long et de doux à la suite.

L'auteur d'*Athalie* le sentit si bien que, dans *les Plaideurs*, il rompit à tout propos le vers en faveur du *mot vrai*, *moderne*, presque toujours trop long pour son cadre et impossible à raccourcir. Le nom antique n'était pas, comme le nom moderne, précédé d'un autre nom ou d'une qualification qui tient à lui comme les plumes à l'oiseau; jamais un page n'annoncera avec un seul vers alexandrin *madame la duchesse de Montmorency*, et, s'il annonce *Montmorency*, on le chassera très certainement. Le poète d'*Esther* dit en pareil cas:

Madame la *comtesse*
De Pimbesche[1].

De même dans les locutions familières qu'il ne veut pas interrompre ni contourner, ce qui serait les défigurer, il dit:

Puis donc qu'on nous permet de *prendre*
Haleine, et que l'on nous défend de nous étendre[2].

N'en doutez pas, si un écrivain aussi parfait eût été forcé de mettre sur la scène tragique un sujet tout moderne, il eût employé le *mot simple* et eût rompu le balancement régulier et monotone du vers alexandrin, par l'enjambement d'un vers sur l'autre; il eût dédaigné

[1] *Les Plaideurs*, Act i. sc. 6.

[2] *Ib.* Act iii. sc. 3.

l'hémistiche, et peut-être même (ce que nous n'osons pas) réintégré l'hiatus, comme Molière, lorsqu'il dit: *Voici d'abord le cerf* DONNÉ AUX *chiens;* ou abrégé une syllabe comme ici: *je me trouve en un fort à l'écart, à la* QUEUE DE *nos chiens, moi seul avec Drécar*[1].

Je regrette fort, mon ami, que la fantaisie ne lui en ait pas pris vers 1670, il m'eût épargné bien des attaques obscures, signées ou non signées (anonymes dans les deux cas). Il eût évité d'incroyables travaux aux pauvres poètes qui l'ont suivi.

Croiriez-vous, par exemple, vous, Anglais! vous qui savez quels mots se disent dans les tragédies de Shakspeare, que la muse tragique française ou Melpomène a été quatre-vingt-dix-huit ans avant de se décider à dire tout haut: *un mouchoir*, elle qui disait *chien* et *éponge*, très franchement? Voici les degrés par lesquels elle a passé, avec une pruderie et un embarras assez plaisants.

Dans l'an de l'hégire 1147, qui correspond à l'an du Christ 1732, Melpomène, lors de l'*hyménée* d'une vertueuse dame turque qui ne se nommait pas Zahra[2] et qui avait un air de famille avec Desdemona, eut besoin de son mouchoir et, n'osant jamais le tirer de sa poche à paniers, prit un billet à la place. En 1792, Melpomène eut encore besoin de ce même mouchoir pour l'*hyménée* d'une concitoyenne qui se disait Vénitienne et cousine de Desdemona, ayant d'ailleurs une syllabe de son nom, la syllabe *mo*, car elle se nommait Hédelmone[3], nom qui rime commodément (je ne dirai pas à *aumône* et *anémone*, ce serait exact et difficile), mais à *soupçonne*, *donne*, *ordonne*, etc. Cette fois donc, il y a de cela trente-sept ans, Melpomène fut sur le point de prendre ce mouchoir; mais, soit que, au temps du Directoire exécutif, il fût trop hardi de paraître avec un mouchoir, soit, au contraire, qu'il fallût plus de luxe, elle ne s'y prit pas à deux

[1] *Les Fâcheux*, Act ii. sc. 7.

[2] *Zaïre* (1732).

[3] In the *Othello* (1782) of Ducis, Othello, at the instigation of Pézare (Iago), stabs Hédelmone (Desdemona), whom he has convicted by means of a *billet* and a *bandeau*. Ducis supplied an alternative *dénouement* in which the dagger is dashed from Othello's hands, Pézare is generously pardoned, and Othello and Hédelmone live happily ever after.

fois, et mit un bandeau de diamants qu'elle voulut garder, même au lit, de crainte d'être vue en négligé. En 1820, la tragédie française, ayant renoncé franchement à son sobriquet de Melpomène, et traduisant de l'allemand, eut encore affaire d'un mouchoir pour le testament d'une reine d'Écosse ; ma foi, elle s'enhardit, prit le mouchoir, *lui-même !* dans sa main, en pleine assemblée, fronça le sourcil et l'appela hautement et bravement *tissu* et *don*[1] ; c'était un grand pas.

Enfin en 1829, grâce à Shakspeare, elle a dit le grand mot, à l'épouvante et évanouissement des faibles, qui jetèrent ce jour-là des cris longs et douloureux, mais à la satisfaction du public, qui, en grande majorité, a coutume de nommer un mouchoir: *mouchoir.* Le mot a fait son entrée; ridicule triomphe! Nous faudra-t-il toujours un siècle par mot vrai introduit sur la scène?

Enfin on rit de cette pruderie.—Dieu soit loué! le poète pourra suivre son inspiration aussi librement que dans la prose, et parcourir sans obstacle l'échelle entière de ses idées sans craindre de sentir les degrés manquer sous lui. Nous ne sommes pas assez heureux pour mêler dans la même scène la prose aux vers blancs et aux vers rimés ; vous avez en Angleterre ces trois octaves à parcourir, et elles ont entre elles une harmonie qui ne peut s'établir en français. Il fallait pour les traduire détendre le vers alexandrin jusqu'à la négligence la plus familière (le récitatif), puis le remonter jusqu'au lyrisme le plus haut (le chant); c'est ce que j'ai tenté. La prose, lorsqu'elle traduit les passages épiques, a un défaut bien grand, et visible surtout sur la scène, c'est de paraître tout à coup boursouflée, guindée et mélodramatique, tandis que le vers, plus élastique, se plie à toutes les formes: lorsqu'il vole, on ne s'en étonne pas ; car, lorsqu'il *marche, on sent qu'il a des ailes*[2]....

[1] "Prends ce don, ce tissu, ce gage de tendresse,
Qu'a pour toi de ses mains embelli ta maîtresse."
P. Le Brun, *Marie Stuart* (1820), Act v. sc. 3.
But the prose translations of J. G. Hess (1816), of Henri de Latouche (1820), and of Barante (1821) all render "dieses Tuch" by "ce mouchoir."

[2] Eleven pages are omitted.

THÉOPHILE GAUTIER

Théophile Gautier (1811–1872). Born at Tarbes under the Pyrenees, he came to Paris as a child and never left it, except for occasional travel. He began to study painting under Rioult, but, being hampered by his short sight, soon turned to literature, and at once became one of the most enthusiastic partisans of the romantic movement. His first collection of verse, *Poésies*, "un petit volume entremêlé de pages blanches et d'épigraphes bizarres en toutes sortes de langue, que je ne savais pas, selon la mode du temps," appeared in 1830, and was republished two years later with the addition of *Albertus*. A second volume of poetry followed in 1838, entitled *La Comédie de la Mort*, which was in effect his farewell to Romantic poetry. From this time till his death he was numbered among the journalists, whom he had so violently attacked in *Mademoiselle de Maupin* (1835), and he wrote for all the weekly or daily newspapers in turn, and particularly for *La Presse* and *Le Moniteur*, as dramatic and art critic. Besides the short stories in which he excelled, he wrote a dozen novels, of which the best are *Mademoiselle de Maupin*, *Fortunio*, *le Roman de la Momie* and *le Capitaine Fracasse*. But his genius found most scope and as he reluctantly admitted, most recognition ("ils font de moi un larbin descriptif"), in his picturesque accounts of foreign countries—Spain, Holland, England, Russia, Algeria (he served in the expedition of 1845 against the Kabyles), and Turkey. His third volume of poetry, the beautiful *Émaux et Camées*, appeared in 1852, while he was absent at Constantinople. The *Histoire du Romantisme* was published after his death, in 1874, with a short preface by Maxime Du Camp.

HISTOIRE DU ROMANTISME[1]

On ne saurait imaginer à quel degré d'insignifiance et de pâleur en était arrivée la littérature. La peinture ne valait guère mieux. Les derniers élèves de David[2] étalaient leur coloris fade sur les vieux poncifs gréco-romains. Les classiques trouvaient cela parfaitement beau ; mais devant ces chefs-d'œuvre, leur admiration ne pouvait s'empêcher de mettre la main devant la bouche pour masquer un bâillement,—ce qui ne les rendait pas plus indulgents pour les artistes de la jeune école, qu'ils appelaient des sauvages tatoués et qu'ils accusaient de

[1] From chapter i. ; the first page is omitted.

[2] For David, see above, p. 80.

peindre avec "un balai ivre." On ne laissait pas tomber leurs insultes à terre; on leur renvoyait *momics* pour *sauvages*, et de part et d'autre on se méprisait parfaitement.

En ce temps-là, notre vocation littéraire n'était pas encore décidée, et l'on nous aurait bien étonné si l'on nous eût dit que nous serions journaliste. La perspective d'un tel avenir nous eût assurément peu séduit. Notre intention était d'être peintre, et dans cette idée nous étions entré à l'atelier de Rioult[1], situé près du temple protestant de la rue Saint-Antoine[2], et que sa proximité du collége Charlemagne, où nous finissions nos études, nous rendait préférable à tout autre par la facilité qu'elle nous donnait de combiner les séances et les classes. Bien des fois nous avons regretté de ne pas avoir suivi notre première impulsion....

On lisait beaucoup alors dans les ateliers. Les rapins aimaient les lettres, et leur éducation spéciale les mettant en rapport familier avec la nature, les rendait plus propres à sentir les images et les couleurs de la poésie nouvelle. Ils ne répugnaient nullement aux détails précis et pittoresques si désagréables aux classiques. Habitués à leur libre langage entremêlé de termes techniques, le mot propre n'avait pour eux rien de choquant....

Chateaubriand peut être considéré comme l'aïeul ou, si vous l'aimez mieux, comme le Sachem du Romantisme en France. Dans le *Génie du Christianisme* il restaura la cathédrale gothique; dans les *Natchez*, il rouvrit la grande nature fermée; dans *René*, il inventa la mélancolie et la passion moderne[3]. Par malheur, à cet esprit si poétique manquaient précisément les deux ailes de la poésie—le vers;—ces ailes, Victor Hugo les avait, et d'une envergure immense, allant d'un bout à l'autre du ciel lyrique. Il montait, il planait, il décrivait des cercles,

[1] Louis-Édouard Rioult (1790–1864), a pupil of David's, who painted with his left hand when a stroke of paralysis deprived him of the use of his right.

[2] The Reformed Protestant Church of the Visitation de Ste-Marie, 216 rue St-Antoine.

[3] See above, p. 3.

il se jouait avec une liberté et une puissance qui rappelaient le vol de l'aigle.

Quel temps merveilleux! Walter Scott était alors dans toute sa fleur de succès; on s'initiait aux mystères du *Faust* de Gœthe, qui contient tout, selon l'expression de madame de Staël[1], et même quelque chose d'un peu plus que tout. On découvrait Shakspeare sous la traduction un peu raccommodée de Letourneur[2], et les poëmes de lord Byron, *le Corsaire, Lara, le Giaour, Manfred, Beppo, Don Juan,* nous arrivaient de l'Orient, qui n'était pas banal encore. Comme tout cela était jeune, nouveau, étrangement coloré, d'enivrante et forte saveur! La tête nous en tournait; il semblait qu'on entrait dans des mondes inconnus. A chaque page on rencontrait des sujets de compositions qu'on se hâtait de crayonner ou d'esquisser furtivement, car de tels motifs n'eussent pas été du goût du maître et auraient pu, découverts, nous valoir un bon coup d'appui-main sur la tête.

C'était dans ces dispositions d'esprit que nous dessinions notre académie, tout en récitant à notre voisin de chevalet le *Pas d'armes du roi Jean* ou la *Chasse du Burgrave*[3]. Sans être encore affilié à la bande romantique nous lui appartenions par le cœur! La préface de *Cromwell* rayonnait à nos yeux comme les Tables de la Loi sur le Sinaï, et ses arguments nous semblaient sans réplique[4]. Les injures des petits journaux classiques contre le jeune maître, que nous regardions dès lors et avec raison comme le plus grand poëte de France, nous mettaient en des colères féroces....

Hernani se répétait, et au tumulte qui se faisait déjà autour de la pièce, on pouvait prévoir que l'affaire serait chaude. Assister à cette bataille, combattre obscurément dans un coin pour la bonne cause, était notre vœu le plus cher, notre ambition la plus haute; mais la salle appartenait, disait-on, à l'auteur, au moins pour les

[1] Cp. *De l'Allemagne*, seconde partie, chapitre xxiii. "Faust."
[2] See above, p. 80.
[3] Hugo's *Ballades*, xii. and xi.
[4] See above, p. 61.

premières représentations, et l'idée de lui demander un billet, nous rapin inconnu, nous semblait d'une audace inexécutable.

Heureusement Gérard de Nerval[1], avec qui nous avions eu au collége Charlemagne une de ces amitiés d'enfance que la mort seule dénoue, vint nous faire une de ces rapides visites inattendues dont il avait l'habitude et où, comme une hirondelle familière entrant par la fenêtre ouverte, il voltigeait autour de la chambre en poussant de petits cris et ressortait bientôt; car cette nature légère, ailée, que des souffles semblaient soulever comme Euphorion, le fils d'Hélène et de Faust, souffrait visiblement à rester en place, et le mieux pour causer avec lui c'était de l'accompagner dans la rue. Gérard, à cette époque, était déjà un assez grand personnage. La célébrité l'était venue chercher sur les bancs du collége. A dix-sept ans, il avait eu un volume de vers imprimé, et en lisant la traduction de *Faust* par ce jeune homme presque enfant encore, l'olympien de Weimar avait daigné dire qu'il ne s'était jamais si bien compris[2]. Il connaissait Victor Hugo, était reçu dans la maison, et jouissait bien justement de toute la confiance du maître, car jamais nature ne fut plus délicate, plus dévouée et plus loyale.

Gérard était chargé de recruter des jeunes gens pour cette soirée qui menaçait d'être si orageuse et soulevait d'avance tant d'animosités. N'était-il pas tout simple

[1] Gérard de Nerval (1808–1855). His real name was Gérard Labrunie; but in the *Petit Cénacle* "chacun arrangeait un peu son nom pour lui donner plus de tournure." He wrote a number of plays, all of which were refused by the managers, and he supplied Dumas with the subject of his play, *Charles VII chez ses grands vassaux* (1831). In his delicate poetry he distinctly foreshadows the Symbolist school, especially Verlaine. He helped largely to spread the knowledge of German literature in France by translating many ballads and both parts of *Faust* (1827 and 1840). His version of the First part was used by Berlioz for his *Damnation de Faust* (1846). There is a mystery about the manner of his death, and whether it was murder or suicide is disputed. Gautier devotes a chapter (viii.) of the *Histoire du Romantisme* to "le bon Gérard."

[2] The actual words used by Goethe, as reported by Eckermann (3 January, 1830), are "Im Deutschen mag ich den *Faust* nicht mehr lesen; aber in dieser französischen Uebersetzung wirkt alles wieder durchaus frisch, neu und geistreich."

d'opposer la jeunesse à la décrépitude, les crinières aux crânes chauves, l'enthousiasme à la routine, l'avenir au passé?

Il avait dans ses poches, plus encombrées de livres, de bouquins, de brochures, de carnets à prendre des notes, car il écrivait en marchant, que celles du Colline de la *Vie de Bohème*[1], une liasse de petits carrés de papier rouge timbrés d'une griffe mystérieuse inscrivant au coin du billet le mot espagnol: *hierro*, voulant dire fer[2].—Cette devise, d'une hauteur castillane bien appropriée au caractère d'Hernani, et qui eût pu figurer sur son blason, signifiait aussi qu'il fallait être, dans la lutte, franc, brave et fidèle comme l'épée.

Nous ne croyons pas avoir éprouvé de joie plus vive en notre vie que lorsque Gérard, détachant du paquet six carrés de papier rouge, nous les tendit d'un air solennel, en nous recommandant de n'amener que des hommes sûrs. Nous répondions sur notre tête de ce petit groupe, de cette escouade dont le commandement nous était confié[3]....

Ce qui frappait d'abord dans Victor Hugo, c'était le front vraiment monumental qui couronnait comme un fronton de marbre blanc son visage d'une placidité sérieuse. Il n'atteignait pas, sans doute, les proportions que lui donnèrent plus tard, pour accentuer chez le poëte le relief du génie, David d'Angers[4] et d'autres artistes; mais il était vraiment d'une beauté et d'une ampleur surhumaines; les plus vastes pensées pouvaient s'y écrire; les couronnes d'or et de laurier s'y poser comme sur un front de dieu ou de césar. Le signe de la puissance

[1] Colline is the "homme aux bouquins" in Henry Murger's *Scènes de la Vie de Bohème* (1848).

[2] This pass-word (*nodo hierro*) is a play upon the name of Charles Nodier, and was suggested by himself. See a letter from Hugo to him in 1826 (?), which ends: "Que puis-je craindre? Ne suis-je pas attaché au pilier de votre gloire par le *nœud de fer*?" Cp. M. Salomon, *Charles Nodier et le groupe romantique* (1908), p. 124.

[3] Four and a half pages are omitted, in which Gautier describes his first visit to Hugo in the rue Jean Goujon.

[4] The bust to which Gautier refers is figured in Lemerre's edition of *Les voix intérieures* etc.

y était. Des cheveux châtain clair l'encadraient et retombaient un peu longs. Du reste, ni barbe, ni moustaches, ni favoris, ni royale, une face soigneusement rasée, d'une pâleur particulière, trouée et illuminée de deux yeux fauves pareils à des prunelles d'aigle, et une bouche à lèvres sinueuses, à coins surbaissés, d'un dessin ferme et volontaire qui, en s'entr'ouvrant pour sourire, découvrait des dents d'une blancheur étincelante. Pour costume, une redingote noire, un pantalon gris, un petit col de chemise rabattu,—la tenue la plus exacte et la plus correcte.—On n'aurait vraiment pas soupçonné dans ce parfait gentleman le chef de ces bandes échevelées et barbues, terreur des bourgeois à menton glabre. Tel Victor Hugo nous apparut à cette première rencontre, et l'image est restée ineffaçable dans notre souvenir. Nous gardons précieusement ce portrait beau, jeune, souriant, qui rayonnait de génie et répandait comme une phosphorescence de gloire.

25 février 1830[1]! Cette date reste écrite dans le fond de notre passé en caractères flamboyants: la date de la première représentation d'*Hernani*! Cette soirée décida de notre vie! Là nous reçûmes l'impulsion qui nous pousse encore après tant d'années et qui nous fera marcher jusqu'au bout de la carrière. Bien du temps s'est écoulé depuis, et notre éblouissement est toujours le même. Nous ne rabattons rien de l'enthousiasme de notre jeunesse, et toutes les fois que retentit le son magique du cor, nous dressons l'oreille comme un vieux cheval de bataille prêt à recommencer les anciens combats.

Le jeune poëte, avec sa fière audace et sa grandesse de génie, aimant mieux d'ailleurs la gloire que le succès, avait opiniâtrément refusé l'aide de ces cohortes stipendiées qui accompagnent les triomphes et soutiennent les déroutes. Les claqueurs ont leur goût comme les académiciens. Ils sont en général classiques. C'est à contre-

[1] From chapter xi.

cœur qu'ils eussent applaudi Victor Hugo : leurs hommes étaient alors Casimir Delavigne et Scribe[1], et l'auteur courait risque, si l'affaire tournait mal, d'être abandonné au plus fort de la bataille. On parlait de cabales, d'intrigues ténébreusement ourdies, de guet-apens presque, pour assassiner la pièce et en finir d'un seul coup avec la nouvelle École. Les haines littéraires sont encore plus féroces que les haines politiques, car elles font vibrer les fibres les plus chatouilleuses de l'amour-propre, et le triomphe de l'adversaire vous proclame imbécile. Aussi n'est-il pas de petites infamies et même de grandes que ne se permettent, en pareil cas, sans le moindre scrupule de conscience, les plus honnêtes gens du monde.

On ne pouvait cependant pas, quelque brave qu'il fût, laisser *Hernani* se débattre tout seul contre un parterre mal disposé et tumultueux, contre des loges plus calmes en apparence mais non moins dangereuses dans leur hostilité polie, et dont le ricanement bourdonne si importun au-dessous du sifflet plus franc, du moins, dans son attaque. La jeunesse romantique, pleine d'ardeur et fanatisée par la préface de *Cromwell*, résolue à soutenir "l'épervier de la montagne," comme dit Alarcon du *Tisserand de Ségovie*[2], s'offrit au maître qui l'accepta. Sans doute tant de fougue et de passion était à craindre, mais la timidité n'était pas le défaut de l'époque. On s'enrégimenta par petites escouades dont chaque homme avait pour passe le carré de papier rouge timbré de la griffe *Hierro*. Tous ces détails sont connus, et il n'est pas besoin d'y insister[3]....

L'orchestre et le balcon étaient pavés de crânes

[1] For Delavigne, see above, p. 71, n. 3.

Augustin-Eugène Scribe (1791–1861), a master of mechanical construction and stage device, but a bad writer. Of his immense *théâtre* not more than half-a-dozen plays survive, e.g. *Bertrand et Raton* (1833), *Le Verre d'Eau* (1840), *Une Chaîne* (1841), *Adrienne Lecouvreur* (1849), *La Bataille des Dames* (1851). He also wrote a large number of *libretti* for operas.

[2] *El Tejedor de Segovia* (1634) by Juan Ruiz de Alarcón y Mendoza (? 1581—1639). His *Verdad Sospechosa* supplied Corneille with the subject of *Le Menteur* (1644).

[3] Six pages are omitted, describing the *salle*.

académiques et classiques. Une rumeur d'orage grondait sourdement dans la salle; il était temps que la toile se levât: on en serait peut-être venu aux mains avant la pièce, tant l'animosité était grande de part et d'autre. Enfin les trois coups retentirent. Le rideau se replia lentement sur lui-même, et l'on vit, dans une chambre à coucher du seizième siècle, éclairée par une petite lampe, dona Josefa Duarte, vieille en noir, avec le corps de sa jupe cousu de jais à la mode d'Isabelle la Catholique, écoutant les coups que doit frapper à la porte secrète un galant attendu par sa maîtresse:

> Serait-ce déjà lui?—C'est bien à l'escalier
> Dérobé—

La querelle était déjà engagée. Ce mot rejeté sans façon à l'autre vers, cet enjambement audacieux, impertinent même, semblait un spadassin de profession, un Saltabadil, un Scoronconcolo[1] allant donner un pichenette sur le nez du classicisme pour le provoquer en duel.

[1] Saltabadil is a character in Hugo's *Le Roi s'amuse* (1832); Scoronconcolo, in Musset's *Lorenzaccio* (1834).

THE HISTORICAL NOVEL

The success of Scott's novels throughout Europe was prodigious, and it was nowhere greater than in France. Stendhal wrote to him that he had more than two hundred disciples in that country, and Heine counted in the Salon of 1831 over thirty pictures that were inspired by him. Among the features of his art which especially impressed Frenchmen were his brilliant combination of epic narrative with dramatic dialogue, his picturesque descriptions not only of natural scenery, but of buildings, furniture, and dress—descriptions, which for all their antiquarian exactness are always those of an artist, never those of an auctioneer—his sympathy for vanished or vanquished types, for Cedric the Saxon, for Isaac the Jew, for Dugald Dalgetty, and lastly his faculty of conceiving a social epoch as a whole, of portraying it in all its varied aspects, of peopling it with characters of flesh and blood, in a word his historic imagination. His most faithful pictures are those of Scotland and the Border in the seventeenth, and especially in the eighteenth century. For here his imagination is working upon a basis of living knowledge, of knowledge derived from uninterrupted tradition, or even from intercourse with actual eye-witnesses.

The first Romanticist to attempt an historical novel on the lines of Scott was Alfred de Vigny, who, in this as in other fields a pioneer, produced *Cinq Mars* in 1826. Picturesque description, combination of narrative with dialogue, local colour, portrayal of the people as well as of the noble classes—all these more obvious characteristics of Scott's genius are present. And the whole is set off by the purity and beauty of the style. But Vigny made the fatal mistake of putting great historical characters in the foreground. While Scott gives us a story of private life in a historical setting, Vigny gives us history treated as romance. He paints his historical characters with the palette of a partisan, and not, like Scott, with that of an artist. In the preface which he prefixed to the second edition he justifies this departure from historical truth by drawing a perfectly legitimate distinction between artistic truth and truth of fact, rightly pointing out that artistic truth, or the true representation of the artist's idea, is the soul of art. But though Vigny's unhistorical conception of Richelieu on the one hand, and of the nobles who were opposed to him on the other, may be justified as representing his own ideal, his novel is still defective from the point of view of art. For he lacks the indispensable faculty of telling a story. He presents us with a succession of scenes, some picturesque, some striking, some affecting, linked together by a logical chain; but their unity is the unity of a drama, and not that of a true narrative.

Prosper Mérimée in his *Chronique du règne de Charles IX* (1829) avoided Vigny's error of giving undue prominence to historical characters. His aim, he tells us in his preface, is to give "une peinture vraie des mœurs et des caractères" of the epoch of the Wars of Religion. But, like all writers whose interest in human nature is chiefly on its bad side, he has only partially succeeded. His picture is based chiefly on Brantôme, and not at all on D'Aubigné. He paints only the more frivolous side of the age. Moreover, like Vigny, he gives us a series of clever sketches, rather than a continuous story. His imagination was never kindled by his work—"Je fais un méchant roman qui m'ennuie," he wrote to a friend. That is a fatal attitude in a writer. If he does not believe in his own work, how shall the reader believe in it?

Victor Hugo was no more fitted by temperament than Vigny or Mérimée to write the ideal historical novel, but he made an equally characteristic attempt in *Notre-Dame de Paris* (1832). Instead of preparing himself, like his predecessors, by the study of contemporary memoirs and chronicles, he trusted to his imagination. As an historical picture of the times of Louis XI his book is therefore worthless. He is not more successful with his characters; some are monsters, others (Gringoire, Jehan Frollo) are wholly modern. It is in the setting that Hugo's genius shews itself. The opening scene in the great hall of the Palais de Justice, the picture of the Cours des Miracles, and the Storming of Notre-Dame by the *Truands*, are striking examples of his imaginative range of vision. Over all looms the great Gothic cathedral, the central figure, the heroine, of the whole book.

Balzac's first successful novel *Les Chouans*, written in 1827 but not published till 1829, is often spoken of as a romantic prelude to his later and realistic work. As a matter of fact its character is very much the same as that of its successors. We find in it the same love of highly dramatic scenes and complicated intrigues, the same interest in violent passions and complex characters, the same unerring eye for social conditions. In a sense, indeed, this remarkable picture of the struggle between the Royalists and the Republicans in Brittany may be called an historical novel, but the events described only preceded Balzac's birth by two or three years, and he had made a careful study of his subject on the spot. In fact there is more observation in this story than in some of his later ones which deal with the life of his own day.

Balzac had a great admiration for Scott, and it was from Scott that he learnt the art of portraying a social epoch[1]. But having little or no sympathy with the past, he concentrated his vision on the present, and so became the creator of the modern social novel.

[1] Auprès de lui lord Byron n'est rien, ou presque rien. Vous vous trompez sur le plan de *Kenilworth*; au gré de tous les *faiseurs* et au mien, le plan de cette œuvre est le plus grand, le plus complet, le plus extraordinaire de tous. Il est le chef-d'œuvre sous ce point de vue comme les *Eaux de Saint-Ronan* sont le chef-d'œuvre comme détail et patience

If neither Vigny nor Mérimée nor Hugo nor Balzac attempted the historical novel a second time, there was another disciple of Scott who found in it a gold mine, and who worked it with astonishing enterprise and success. The novels of Alexandre Dumas, owing to their lack of style and psychology, are dismissed by modern French critics with contemptuous brevity. But an Englishman, who does not miss the style, and is not greatly disturbed by the want of psychology, rejoices in them for their wit, their humour, their incomparable verve, and their power of vivid presentment. Moreover, the characters, at least the best of them, are very much alive, and if Dumas is as careless as Hugo about historical accuracy, he can, like Scott, reproduce the atmosphere of a bygone age.

To reproduce the atmosphere of an epoch, to represent it in "its true colour and significance"—that was the aim of Augustin Thierry in his *Histoire de la conquête de l'Angleterre par les Normands* (1825), and he was led to this aim largely by the influence of Scott. "Mon admiration pour ce grand écrivain était profonde. ...Ce fut avec un transport d'enthousiasme que je saluai l'apparition du chef-d'œuvre d'*Ivanhoe*." He had been preceded in this path by Prosper de Barante, whose *Histoire des ducs de Bourgogne* (1821–1824) is avowedly addressed to the imagination rather than to the critical reason; in place of analysis and generalisation we have a picturesque narrative told in the actual language of the contemporary chronicler. The same sympathy with the past, informed with a philosophical spirit under the influence of Vico, inspired Jules Michelet. His philosophy is rather the vision of a poet than the critical synthesis of a political thinker; but the earlier volumes

du fini, comme les *Chroniques de la Canongate* sont le chef-d'œuvre comme sentiment, *Ivanhoe* (le premier volume s'entend) comme chef-d'œuvre historique, *l'Antiquaire* comme poésie, la *Prison d'Édimbourg* comme intérêt. Tous ont un mérite particulier, mais le génie est partout. Vous avez raison; Scott grandira et Byron tombera. L'un a toujours été lui, l'autre a créé. (*Lettres à l'Étrangère*, i. 453, Jan. 1838).

of his *Histoire de France* (1833–1846), written before his vision had been narrowed by his Revolutionary studies and experience, and before the magical music of his cadences had become monotonous, are a singularly noble example of the emotion, the imagination, the individualism of the Romantic movement[1].

[1] Meanwhile, with François Mignet in his *Histoire de la Révolution française* (1824) and François Guizot in his *Histoire de la Révolution en Angleterre* (1826–7) and *Histoire de la civilisation en Europe* (1828), reason and analysis had resumed their places in history.

VICTOR HUGO: QUENTIN DURWARD[1]

Certes, il y a quelque chose de bizarre et de merveilleux dans le talent de cet homme qui dispose de son lecteur comme le vent dispose d'une feuille, qui le promène à son gré dans tous les lieux et dans tous les temps; lui dévoile en se jouant le plus secret repli du cœur, comme le plus mystérieux phénomène de la nature, comme la page la plus obscure de l'histoire; dont l'imagination domine et caresse toutes les imaginations, revêt avec la même étonnante vérité le haillon du mendiant et la robe du roi, prend toutes les allures, adopte tous les vêtements, parle tous les langages; laisse à la

[1] This article on *Quentin Durward*, of which we reproduce about one third, was written for the first *livraison* of the *Muse française* (July 1823). It was reprinted in Hugo's *Littérature et Philosophie Mêlées* (1834) under the title "Sur Walter Scott, à propos de Quentin Durward". *Quentin Durward* was published in June, 1823. The French translation was executed with substantial fidelity and extraordinary promptness by "le traducteur des romans historiques", Auguste-Baptiste Defauconpret (1767–1843), a Frenchman resident in England. "The sensation which the novel, on its first appearance, created in Paris was extremely similar to that which attended the original *Waverley* in Edinburgh, and afterwards *Ivanhoe* in London." (Lockhart, *Life of Sir Walter Scott*, ch. lix). It is noteworthy that Barante (see above, p. 193) contrasts Scott's imaginative excursions into foreign lands and distant times with the laborious and unsuccessful strivings after local colour and accurate costume on the part of writers "qui s'efforcent de se faire gothiques... Si on voulait examiner avec soin et détail les romans de Scott, on verrait que ce sont, avant tout, et Dieu merci, des œuvres d'imagination. Il ne s'est piqué ni de minutie, ni d'exactitude.... Pense-t-on que sir Walter se soit mis fort en peine et en grands frais d'érudition pour faire son Louis XI? Il lui a suffi de parcourir rapidement Philippe de Commines, plus en homme du monde qu'en historien.... Il en est de même pour les mœurs; sir Walter Scott ne s'inquiète pas beaucoup d'une fidélité scrupuleuse. Il n'a pas fait de grandes recherches sur la révolte des Liégeois.... Pourtant, à moins d'être professeur d'histoire ou membre de l'Académie des Inscriptions, qui a jamais songé que ce tableau de la sédition de Liège ne fût pas d'une parfaite vérité? Les scènes en sont déjà gravées dans notre souvenir avant que les vérifications historiques soient faites." See *La Revue française* for March, 1829, pp. 204–231 (an article on *Le Jouvencel*, reprinted in Barante's *Mélanges* (1834) and as an appendix to his *Histoire des Ducs de Bourgogne*).

physionomie des siècles ce que la sagesse de Dieu a mis d'immuable et d'éternel dans leurs traits, et ce que les folies des hommes y ont jeté de variable et de passager; ne force pas, ainsi que certains romanciers ignorants, les personnages des jours passés à s'enluminer de notre fard, à se frotter de notre vernis; mais contraint, par son pouvoir magique, les lecteurs contemporains à reprendre, du moins pour quelques heures, l'esprit aujourd'hui si dédaigné des vieux temps, comme un sage et adroit conseiller qui invite des fils ingrats à revenir chez leurs pères. L'habile magicien veut cependant avant tout être exact; il ne refuse à sa plume aucune vérité, pas même celle qui naît de la peinture de l'erreur, cette fille des hommes qu'on pourrait croire immortelle, si son humeur capricieuse et changeante ne rassurait sur son éternité. Peu d'historiens sont aussi fidèles que ce romancier. On sent qu'il a voulu que ses portraits fussent des tableaux, et ses tableaux des portraits; il nous peint nos devanciers avec leurs passions, leurs vices et leurs crimes, mais de sorte que l'instabilité des superstitions et l'impiété du fanatisme n'en fassent que mieux ressortir la pérennité de la religion et la sainteté des croyances. Nous aimons d'ailleurs à retrouver nos ancêtres avec leurs préjugés, souvent si nobles et si salutaires, comme avec leurs beaux panaches et leurs bonnes cuirasses....

Quelle doit être, en effet, l'intention du romancier? C'est d'exprimer, dans une fable intéressante, une vérité utile; et une fois cette idée fondamentale choisie, cette action explicative inventée, l'auteur ne doit-il pas chercher, pour la développer, un mode d'exécution qui rende son roman semblable à la vie, l'imitation pareille au modèle? Et la vie n'est-elle pas un drame bizarre où se mêlent le bon et le mauvais, le beau et le laid, le haut et le bas, loi dont le pouvoir n'expire que hors de la création? Faudra-t-il donc se borner à composer, comme les Flamands, des tableaux entièrement ténébreux, ou, comme les Chinois, des tableaux tout lumineux, quand la nature montre partout la lutte de l'ombre et de la lumière ? Or les romanciers, avant Walter Scott, avaient adopté généralement deux méthodes de composition contraires, toutes deux vicieuses précisément parce qu'elles sont contraires. Les uns donnaient à leur ouvrage la forme d'une narration[1], divisée arbitrairement en chapitres, sans qu'on devinât trop pourquoi, ou même uniquement pour délasser l'esprit du lecteur, comme l'avoue assez naïvement le titre de *Descanso* (repos), placé par un vieil auteur espagnol[2] en tête de ses chapitres. Les autres déroulaient leur fable dans une série de lettres[3], qu'on supposait écrites par les divers acteurs du roman. Dans la narration, les personnages disparaissent, l'auteur seul se montre toujours ; dans les lettres, l'auteur s'éclipse pour ne laisser jamais voir que ses personnages. Le romancier narrateur ne peut donner place au dialogue naturel, à l'action véritable ; il faut qu'il leur substitue un certain mouvement monotone de style, qui est comme un moule, où les évènements les plus divers prennent la même forme, et sous lequel les créations les plus élevées, les inventions les plus profondes, s'effacent, de même que les aspérités d'un champ s'aplanissent sous le rouleau. Dans le roman par lettres, la même monotonie provient d'une autre cause : chaque personnage arrive à son tour avec son épître, à la manière de ces acteurs forains qui, ne pouvant paraître que l'un après l'autre, et n'ayant pas la permission de parler sur leurs tréteaux, se présentent successivement, portant au-dessus de leur tête un grand écriteau, sur lequel le public lit leur rôle. On peut encore comparer les productions épistolaires à ces laborieuses conversations de sourds-muets, qui s'écrivent réciproquement ce qu'ils ont à se dire, de sorte que leur

[1] Lesage in *Gil Blas* (1715–1735), Prévost in *Manon Lescaut* (1728–1731), Marivaux in *La Vie de Marianne* (1731–1742), or, in English, *Robinson Crusoe* and *Gulliver's Travels*.

[2] Vicente de Espinel (1540–1630), author of *Relaciones de la vida del Escudero Marcos de Obregon* (1618), from which Voltaire rashly asserted that Lesage took the whole of *Gil Blas*. See *Écrivains français du siècle de Louis XIV*, s.v. Lesage.

[3] The Epistolary form of novel was inaugurated by Samuel Richardson with *Pamela* (1740) and *Clarissa Harlowe* (1748), and carried on by J.-J. Rousseau with *La Nouvelle Héloïse* (1761).

colère ou leur joie est tenue d'avoir sans cesse la plume à la main et l'écritoire en poche. Or, je le demande, que devient l'à-propos d'un tendre reproche qu'il faut porter à la poste? et l'explosion fougueuse des passions n'est-elle pas un peu gênée entre le préambule obligé et la formule polie qui sont l'avant-garde et l'arrière-garde de toute lettre écrite par un homme bien né? Croit-on que le cortège des compliments, le bagage des civilités accélère la progression de l'intérêt et presse la marche de l'action? Ne doit-on pas, enfin, supposer quelque vice radical et insurmontable dans un genre de composition qui a pu refroidir parfois l'éloquence brûlante de Rousseau?

Supposons donc qu'au roman *narratif*, où il semble qu'on ait songé à tout, excepté à l'intérêt, en adoptant l'absurde usage de faire précéder chaque chapitre d'un sommaire souvent très détaillé, qui est comme le récit du récit, supposons qu'au roman *épistolaire*, dont la forme même interdit toute véhémence et toute rapidité, un esprit créateur substitue le roman *dramatique*, dans lequel l'action imaginaire se déroule en tableaux vrais et variés, comme se déroulent les évènements réels de la vie; qui ne connaisse d'autre division que celle des différentes scènes à développer; qui enfin soit un long drame, où les descriptions suppléeraient aux décorations et aux costumes, où les personnages pourraient se peindre par eux-mêmes, et représenter, par leurs chocs divers et multipliés, toutes les formes de l'idée unique de l'ouvrage. Vous trouverez, dans ce genre nouveau, les avantages réunis des deux genres anciens, sans leurs inconvénients. Ayant à votre disposition les ressorts pittoresques, et en quelque façon magiques, du drame, vous pourrez laisser derrière la scène ces mille détails oiseux et transitoires que le simple narrateur, obligé de suivre ses acteurs pas à pas, comme des enfants aux lisières, doit exposer longuement s'il veut être clair; et vous pourrez profiter de ces traits profonds et soudains, plus féconds en méditation que des pages entières, que fait jaillir le mouvement d'une scène, mais qu'exclut la rapidité d'un récit.

ALFRED DE VIGNY: JOURNAL D'UN POÈTE[1]

Voir est tout et tout pour moi. Un seul coup d'œil me révèle un pays et je crois deviner sur le visage une âme.—Aujourd'hui, à onze heures, l'oncle de ma femme, M. le colonel Hamilton Bunbury, m'a présenté à sir Walter Scott[2] qu'il connaissait. Dans un appartement de l'hôtel de *Windsor*, au second, au fond de la cour, j'ai trouvé l'illustre Écossais. En entrant dans son cabinet, j'ai vu un vieillard tout autre que ne l'ont représenté les portraits vulgaires: sa taille est grande, mince et un peu voûtée; son épaule droite est un peu penchée vers le côté où il boite; sa tête a conservé encore quelques cheveux blancs, ses sourcils sont blancs et couvrent deux yeux bleus, petits, fatigués, mais très doux, attendris et humides, annonçant, à mon avis, une sensibilité profonde. Son teint est clair comme celui de la plupart des Anglais, ses joues et son menton sont colorés légèrement. Je cherchai vainement le front d'Homère et le sourire de Rabelais que notre Charles Nodier vit avec son enthousiasme sur le buste de Walter Scott[3], en Écosse; son

[1] For the *Journal d'un Poète* see above, p. 171. The passage which we print here is dated 6 November, 1816.

[2] Scott does not mention Vigny in his Journal, but the following entry appears under November 6, "Cooper came to breakfast, but we were *obsédés partout*. Such a number of Frenchmen bounced in successively, and exploded (I mean discharged) their compliments, that I could hardly find an opportunity to speak a word or entertain Mr Cooper at all. After this we sat again for our portraits." The artist was Mme de Mirbel, renowned as a miniature painter. The water-colour portraits which she made of Scott and Cooper on this occasion are now in the Wallace Collection—Scott's is much faded. James Fenimore Cooper had at this date published *The Spy*, *The Pilot*, and quite recently, *The Last of the Mohicans*. He influenced Balzac to some extent.

[3] Nodier visited the Royal Academy on his way to Scotland in 1821, and was enraptured by Chantrey's bust of Scott. "In this truly animated

front m'a semblé, au contraire, étroit, et développé seulement au-dessus des sourcils; sa bouche est arrondie et un peu tombante aux coins. Peut-être est-ce l'impression d'une douleur récente[1]; cependant, je la crois habituellement mélancolique comme je l'ai trouvée. On l'a peint avec un nez aquilin: il est court, retroussé et gros à l'extrémité. La coupe de son visage et son expression ont un singulier rapport avec le port et l'habitude du corps et des traits du duc de Cadore[2], et plus encore du maréchal Macdonald, aussi de race écossaise[3]; mais, plus fatiguée et plus pensive, la tête du page s'incline plus que celle du guerrier.

Lorsque j'ai abordé sir Walter Scott, il était occupé à écrire sur un petit pupitre anglais de bois de citron, enveloppé d'une robe de chambre de soie grise. Le jour tombait de la fenêtre sur ses cheveux blancs. Il s'est levé avec un air très noble et m'a serré affectueusement la main dans une main que j'ai sentie chaude, mais ridée et un peu tremblante. Prévenu par mon oncle de l'offre que je devais lui faire d'un livre, il l'a reçu l'air très touché et nous a fait signe de nous asseoir.

"On ne voit pas tous les jours un grand homme dans ce temps-ci, lui ai-je dit; je n'ai connu encore que Bonaparte, Chateaubriand et vous (je me reprochais en

marble his physiognomy is reproduced as I read it in his works, full of penetration, smartness and power; all the greatness necessary to rise to the highest conceptions of man; all the ingenious cunning, taste and philosophy that are requisite for sporting in boundless prodigality with the resources of genius itself, a mixture of Corneille and Molière, of Swift and Milton. The Walter Scott of Chantrey has the forehead of Homer and the mouth of Rabelais. It must be very like." *Promenade de Dieppe aux Montagnes d'Écosse* (1821, E. T., Blackwood, 1822). Nodier did not find Scott in Edinburgh. "We shall only see Scotland."

[1] The financial crash had occurred in January of this year, and his wife's death in May.

[2] Jean-Baptiste Nompère de Champagny (1756–1834) was successively minister of the interior and minister of foreign affairs under Napoleon, who conferred upon him the duchy of Cadore in 1806.

[3] Étienne-Jacques-Joseph-Alexandre Macdonald, duc de Tarente (1765–1840), was descended from a Scottish family which followed James II to France. He played an important part in the battles of Wagram, Lützen, Bautzen, and Leipsic. His military *Souvenirs*, published in 1892, are interesting and trustworthy.

secret d'oublier Girodet, mon ami[1], et d'autres encore, mais je parlais à un étranger).—Je suis honoré, très honoré, m'a-t-il répondu; je comprends ce que vous me dites, mais je n'y saurais pas répondre en français." J'ai senti dès lors un mur entre nous. Voyant mon oncle me traduire ses paroles anglaises, il s'est efforcé, en parlant lentement, de m'exprimer ses pensées.—Prenant *Cinq-Mars*: "Je connais cet événement; c'est une belle époque de votre histoire nationale." Je l'ai prié de m'en écrire les défauts en lui donnant mon adresse.—"Ne comptez pas sur moi pour critiquer, m'a-t-il dit, je sens, je sens!" Il me serrait la main avec un air paternel; sa main, un peu grasse, tremblait beaucoup; j'ai pensé que c'était l'impatience de ne pas bien s'exprimer. Mon oncle a cru que ma visite lui avait causé une émotion douce; Dieu le veuille! et que toutes ses heures soient heureuses! Je le crois né sensible et timide. Simple et illustre vieillard!—Je lui ai demandé s'il reviendrait en France: "Je ne le sais pas," m'a-t-il dit. L'ambassadeur l'attendait, il allait sortir, je l'ai quitté, non sans l'avoir observé d'un œil fixe tandis qu'il parlait en anglais avec mon oncle.

[1] Anne-Louis Girodet de Roussy Trioson (1767–1824) was a painter of the classical school of David. His chief work, *Scène du déluge*, is in the Louvre. He painted well-known portraits of Napoleon and Chateaubriand. Of the latter portrait Napoleon said: "Il a l'air d'un conspirateur qui descend de la cheminée."

THE DECLINE OF ROMANTICISM

During the years 1829–1835 the stream of Romanticism flowed at its fullest. Though it was still regarded by the *Académie* with cold disfavour, and by legitimist *salons* with pious horror, it became popular with the public. In 1835 the sale of Victor Hugo's works exceeded those of any living writer, with the possible exception of Paul de Kock. From the balcony of his house in the Place Royale[1] (now the Place des Vosges), where he went to live in 1833, he inhaled the incense of admiring throngs. In 1832 a new writer, George Sand, made a successful appearance with her lyrical and individualistic novel of *Indiana*. In this and its successors was heard the same cry of revolt against society which had marked the plays of Hugo and Dumas. It was sounded with increasing vehemence in Alfred de Musset's *Rolla* (1833), and, allied with religion, it inspired the apocalyptic utterances of Lamennais's *Les paroles d'un croyant* (1834). The once conservative Romanticists had become almost revolutionaries.

But now a reaction against the whole movement began to set in. As early as 1833 Théophile Gautier had mocked at various romanticist absurdities and excesses in *Les jeunes-France*. At the close of 1835 Sainte-Beuve, having broken irretrievably with Hugo, reviewed his work for the last time, and in an important article, *Du génie critique et de Bayle*, he proclaimed himself the disciple of that curious and impartial observer. In 1836, Alfred de Musset, whose romanticism, fervid though it was in the direction of individualism and passion, had from the first been tempered by his natural *esprit*, and by the eighteenth-century atmosphere of his home, rallied the whole movement in a highly amusing

[1] It is now a Victor Hugo Museum.

fashion in the first of the *Lettres de Dupuis et Cotonet*[1]. Meanwhile the study of social questions, born of the growing discontent with the Orleanist *régime*, was leading men away from romantic theories of life, and even from literature. In 1834 Balzac began to publish his collected stories under the significant title of *Études des mœurs au XIXe siècle*—a title afterwards to be changed to that of *La comédie humaine* By the year 1838 romantic drama had lost most of its popularity. In this year Gautier published his last romantic volume (*La comédie de la mort*). In 1839 Auguste Comte began the publication of his *Cours de philosophie positive*. In 1840 Mérimée's story of *Colomba* was hailed, not altogether with reason, as a classical triumph.

In the provinces, however, romanticism still held its sway. This is Flaubert's description of the College of Rouen about the year 1840.

"On n'était pas seulement troubadour, insurrectionnel et oriental, on était avant tout artiste; les pensums finis, la littérature commençait; et on se crevait les yeux à lire, au dortoir, des romans, on portait un poignard dans sa poche comme Antony, on faisait plus: par dégoût de l'existence, Bar*** se cassa la tête d'un coup de pistolet, And*** se pendit avec sa cravate; nous méritions peu d'éloges, certainement! Mais quelle haine de toute platitude! Quels élans vers la grandeur! Quel respect des maîtres! Comme on admirait Victor Hugo!"

It was such exaggerations as these, the uncontrolled imagination, the excessive individualism, the general lack of balance and moderation, which led to the reaction. And this reaction proceeded in a large measure from the romanticist ranks themselves, especially from Sainte-Beuve, Mérimée, and Gautier, who, each in his peculiar field, began to develop that faculty of observation which had hitherto been more or less latent. Thus Sainte-Beuve observed the men and women of bygone ages; Gautier, the external world of phenomena, and

[1] See below, pp. 207 ff.

Mérimée, whose influence from 1840 to 1850 was considerable, the semi-barbarous civilisations of his own day. Balzac stands somewhat apart. What he was at the beginning he remained to the end. At once romanticist and realist, his genius soared above all literary fashions; he sounded with his plummet the depths of human nature and human society. But he was a visionary as much as an observer, and he owed more to divination than to actual experience. Thus all these four men alike were engaged in developing that side of the revolt against classicism, which at first was mainly represented among the group of men who wrote for the *Globe* or attended the weekly gatherings of Delécluze.

At these meetings the greatest talker and the best listened to was Stendhal. "Je suis un romantique furieux," he had said as early as 1818, but he neither understood nor sympathised with the Romantic movement. For he had no taste for poetry, he was averse to spiritualism in every form, and, though the dominant trait of his character was an extreme sensibility, he reprehended the expression of it both in himself and in others. But he was a close observer of human nature, especially of the inner workings of the mind, and he taught his friend Mérimée not only that factitious impassivity which was so injurious to his character and his art, but the value of just observation. Musset, too, was an observer, at any rate of himself, and an observer of pitiless sincerity. Nor must we forget Vigny, whose short stories, *Servitude et grandeur militaires*, struck a note of true realism, and whose later pessimistic poems, contributed to the *Revue des deux mondes*, chiefly in 1843 and 1844, had an important influence upon the rising generation, nor George Sand, whose novels from *Jeanne* (1844) onwards, were founded more and more upon observation and personal experience.

But the passage from Romanticism to Realism is perhaps best illustrated by the illustrious example of Gustave Flaubert. Born in 1821, his earliest literary efforts, such as the fragment of *Novembre* (1842), and the first draft of *La tentation de Saint-Antoine*, were written in a vein of exaggerated lyricism and romanticism. But his most imperious passion was the love of form and style, and like his friend Gautier he fully subscribed to that theory of *l'art pour l'art* which when stripped of paradox is almost a truism. From this to a belief in impersonality in art was a natural step. Thus, while he adored the prose of Chateaubriand and the verse of Hugo, he hated Lamartine and Musset, not only as careless artists, but as *montreurs* who made a public display of "their bleeding hearts." Moreover, besides the lyricist in him, there is also a realist, *qui creuse et qui fouille le vrai tant qu'il peut*; and it is the realist, who, taking for his subject a sordid tragedy which had happened almost at his door, produced in *Madame Bovary* the masterpiece of the new Realism. And the moral of *Madame Bovary*—for in spite of *l'art pour l'art* it has a moral—is the danger of Romanticism as a theory of life. For it was the romantic literature on which Emma Bovary had been nourished in her convent which led to her aversion for the facts of life, and thus in the end to her undoing. "Ce n'étaient qu'amours, amants, amantes, dames persécutées s'évanouissant dans des pavillons solitaires, postillons qu'on tue à tous les relais, chevaux qu'on crève à toutes les pages, forêts sombres, troubles du cœur, serments, sanglots, larmes et baisers, nacelles au clair de lune, rossignols dans les bosquets, *messieurs* braves comme des lions, doux comme des agneaux, vertueux comme on ne l'est pas, toujours bien mis, et qui pleurent comme des urnes." This was Emma's literary sustenance at fifteen. Later "avec Walter Scott elle s'éprit de choses historiques, rêva bahuts, salle des gardes et ménestrels. Elle aurait voulu vivre dans quelque vieux manoir, comme ces châtelaines au long corsage, qui, sous le trèfle des ogives, passaient leurs jours, le coude sur la pierre et le menton dans la main, à regarder venir du fond de la campagne un cavalier à plume blanche qui galope sur un cheval noir." Later still she read Balzac and George Sand.

But as early as 1849, seven years before *Madame Bovary* had begun to appear in the *Revue de Paris*, Émile Augier, in whom the better part of the *bourgeoisie*, so long flouted by the Romanticists, at last found a voice, had called attention to the harmful influence of romantic literature. In his play of *Gabrielle* the heroine is saved from the fate of Mme Bovary by the good sense and good feeling of her *bourgeois* husband. But the play also serves to shew the unfitness of verse for the drama of modern social life. It was not till after various more or less unsuccessful experiments that Augier produced in 1854, with the help of Jules Sandeau, a really successful comedy of modern life founded upon observation—*Le gendre de M. Poirier*. In the following year Alexandre Dumas the younger, working in the same field of modern drama, abandoned the sickly sentimentality of *La dame aux camélias* for the robust and vigorous realism of *Le demi-monde*. Thus the drama as well as the novel was weaned from romanticism, and in each case the result was due in a large measure to the influence of Balzac.

ALFRED DE MUSSET

Alfred de Musset (1810–1857) was the son of a War Office official. He thought of various careers—law, medicine, art—but he found his vocation at the age of eighteen, and published his first volume, *Contes d'Espagne et d'Italie*, in 1829. He was an early member of Victor Hugo's "Cénacle," but was never very closely identified with the new movement, although his work is essentially romantic. His first play, *La nuit vénitienne* (1830), was a failure, but his *André del Sarto* and *Marianne* (1833) show real dramatic power, though they were not in the first instance intended for the stage. Together with his other *Comédies et Proverbes* they appeared in the *Revue des deux mondes*. An unsuccessful attempt was made in 1845 to mount *Un Caprice*. But, two years later, Mme Allan-Despréaux, the actress, brought it to Paris from Petersburg, where she had seen it played in Russian. It then had such a success at the Théâtre français that most of Musset's other plays were presently produced, and some of them still hold the stage. Musset's best poetry, including the four pieces entitled *Les Nuits*, and *L'espoir en Dieu*, appeared between 1835 and 1837.

SUR L'ABUS QU'ON FAIT DES ADJECTIFS

Lettre de deux habitants de la Ferté-sous-Jouarre à M. le directeur de la Revue des deux mondes[1].

Que les dieux immortels vous assistent et vous préservent des romans nouveaux! Nous sommes deux abonnés de votre *Revue*, mon ami Cotonet et moi, qui avons résolu de vous écrire touchant une remarque que nous avons faite: c'est que, dans les livres d'aujourd'hui, on emploie beaucoup d'adjectifs, et que nous croyons que les auteurs se font par là un tort considérable.

[1] This letter appeared in the *Revue des deux mondes* for 15 September, 1836. The following note was appended by the editor: "Bien que nous ne partagions pas toutes les opinions littéraires développées dans cette lettre, nous n'avons pas voulu priver nos abonnés des aperçus piquants qu'elle contient. En pareil cas le jugement du lecteur rectifie toujours celui du critique." Three other letters, not, however, dealing with Romanticism, followed in subsequent numbers of the *Revue*, and the whole series was afterwards published in Musset's *Mélanges de littérature et de critique* under the title, *Lettres de Dupuis et Cotonet*.

Nous savons, monsieur, que ce n'est plus la mode de parler de littérature, et vous trouverez peut-être que, dans ce moment-ci, nous nous inquiétons de bien peu de chose. Nous en conviendrons volontiers, car nous recevons *le Constitutionnel*[1], et nous avons des fonds espagnols qui nous démangent terriblement. Mais, mieux qu'un autre, vous comprendrez sans doute toute la douceur que deux âmes bien nées trouvent à s'occuper des beaux-arts, qui font le charme de la vie, au milieu des tourmentes sociales; nous ne sommes point Béotiens[2], monsieur, vous le voyez par ces paroles....

On s'en est fort occupé ici ; mais nous n'avons jamais pu comprendre, ni mon ami Cotonet ni moi, ce que c'était que le *romantisme*, et cependant nous avons beaucoup lu, notamment des préfaces, car nous ne sommes pas de Falaise[3], nous savons bien que c'est le principal, et que le reste n'est que pour enfler la chose; mais il ne faut pas anticiper....

Je vous disais que nous ne comprenions pas ce que signifiait ce mot de *romantisme*. Si ce que je vous raconte vous paraît un peu usé et connu au premier abord, il ne faut pas vous effrayer, mais seulement me laisser faire; j'ai intention d'en venir à mes fins. C'était donc vers 1824, ou un peu plus tard, je l'ai oublié ; on se battait dans le *Journal des Débats*[4]. Il était question de *pittoresque*, de *grotesque*, du paysage introduit dans la poésie, de l'histoire dramatisée, du drame blasonné, de l'art pur, du rhythme brisé, du tragique fondu avec le comique, et du moyen âge ressuscité. Mon ami Cotonet et moi, nous nous promenions devant le jeu de boules. Il faut savoir qu'à la Ferté-sous-Jouarre, nous avions alors

[1] See above, p. 47, n. 1.

[2] Cp. "Boeotum in crasso iurares aere natos," Horace, *Ep.* ii. 1. 244.

[3] The birthplace of William the Conqueror is taken by Musset as the type of a provincial town.

[4] And not only there. At the *Gymnase* on March 22, 1824, "peu s'en fallut que la question ne se décidât à coups de poing," the occasion being the production of a skit by Théaulon and Ramond entitled *Les femmes romantiques*. But the *Débats* had all through the year been lavish of adverse criticism, and its columns were filled with a lively controversy between "Z" (Hoffman) and Hugo, in connexion with the *Nouvelles Odes*.

un grand clerc d'avoué qui venait de Paris, fier et fort impertinent, ne doutant de rien, tranchant sur tout, et qui avait l'air de comprendre tout ce qu'il lisait. Il nous aborda, le journal à la main, en nous demandant ce que nous pensions de toutes ces querelles littéraires. Cotonet est fort à son aise, il a cheval et cabriolet; nous ne sommes plus jeunes ni l'un ni l'autre, et, de mon côté, j'ai quelque poids; ces questions nous révoltèrent, et toute la ville fut pour nous. Mais, à dater de ce jour, on ne parla chez nous que de romantique et de classique; madame Dupuis seule n'a rien voulu entendre; elle dit que c'est jus vert, ou vert jus. Nous lûmes tout ce qui paraissait, et nous reçûmes *la Muse* au cercle. Quelques-uns de nous (je fus du nombre) vinrent à Paris et virent *les Vêpres*[1]; le sous-préfet acheta la pièce, et, à une quête pour les Grecs[2], mon fils récita *Parthénope et l'Étrangère*[3], septième messénienne. D'une autre part, M. Ducoudray, magistrat distingué, au retour des vacances, rapporta les *Méditations* parfaitement reliées, qu'il donna à sa femme. Madame Javart en fut choquée; elle déteste les novateurs; ma nièce y allait, nous cessâmes de nous voir. Le receveur fut de notre bord; c'était un esprit caustique et mordant, il travaillait sous main à *la Pandore*[4]; quatre ans après, il fut destitué, leva le masque, et fit un pamphlet qu'imprima le fameux Firmin Didot. M. Ducoudray nous donna, vers la mi-septembre, un dîner qui fut des plus orageux; ce fut là qu'éclata la guerre; voici comment l'affaire arriva. Madame Javart, qui porte perruque et qui s'imaginait qu'on n'en savait rien, ayant fait ce jour-là de grands frais de toilette, avait fiché dans sa

[1] *Les Vêpres siciliennes* (1819), by Casimir Delavigne.

[2] The Greek struggle for liberty had an inspiring effect on many of the Romantic writers. Cp. the fine *Ode sur l'affranchissement de la Grèce*, which Victor Chauvet, to whom Manzoni addressed his letter on the three unities, wrote for the *Muse française* in April 1824.

[3] *Seconde Messénienne* of Delavigne's *Nouvelles Messéniennes* (1822).

[4] *La Pandore, Journal des spectacles*, succeeded *Le miroir*, and ran from July, 1823 to August, 1828. Both these papers got into trouble with the government, for under the guise of literature they conducted a regular political campaign.

coiffure une petite poignée de marabouts ; elle était à la droite du receveur, et ils causaient de littérature ; peu à peu la discussion s'échauffa ; madame Javart, classique entêtée, se prononça pour l'abbé Delille ; le receveur l'appela *perruque*, et, par une fatalité déplorable, au moment où il prononçait ce mot, d'un ton de voix passablement violent, les marabouts de madame Javart prirent feu à une bougie placée auprès d'elle ; elle n'en sentait rien et continuait de s'agiter, quand le receveur, la voyant toute en flammes, saisit les marabouts et les arracha ; malheureusement le toupet tout entier quitta la tête de la pauvre femme, qui se trouva tout à coup exposée aux regards, le chef complètement dégarni. Madame Javart, ignorant le danger qu'elle avait couru, crut que le receveur la décoiffait pour ajouter le geste à la parole, et comme elle était en train de manger un œuf à la coque, elle le lui lança au visage ; le receveur en fut aveuglé ; le jaune couvrait sa chemise et son gilet, et n'ayant voulu que rendre un service, il fut impossible de l'apaiser, quelque effort qu'on fît pour cela. Madame Javart, de son côté, se leva et sortit en fureur ; elle traversa toute la ville sa perruque à la main, malgré les prières de sa servante, et perdit connaissance en rentrant chez elle. Jamais elle n'a voulu croire que le feu eût pris à ses marabouts ; elle soutient encore qu'on l'a outragée de la manière la plus inconvenante, et vous pensez le bruit qu'elle en a fait. Voilà, monsieur, comment nous devînmes romantiques à la Ferté-sous-Jouarre.

Cependant, Cotonet et moi, nous résolûmes d'approfondir la question, et de nous rendre compte des querelles qui divisaient tant d'esprits habiles. Nous avons fait de bonnes études, Cotonet surtout, qui est notaire et qui s'occupe d'ornithologie. Nous crûmes d'abord, pendant deux ans, que le *romantisme*, en matière d'écriture, ne s'appliquait qu'au théâtre, et qu'il se distinguait du classique parce qu'il se passait des unités. C'est clair ; Shakspeare, par exemple, fait voyager les gens de Rome à Londres, et d'Athènes à Alexandrie, en un quart d'heure; ses héros vivent dix ou vingt ans dans un entr'acte; ses héroïnes, anges de vertu pendant toute une scène, n'ont qu'à passer dans la coulisse pour reparaître mariées, adultères, veuves et grand'mères. Voilà, disions-nous, le romantique. Sophocle, au contraire, fait asseoir Œdipe, encore est-ce à grand'peine, sur un rocher, dès le commencement de sa tragédie; tous les personnages viennent le trouver là, l'un après l'autre; peut-être se lève-t-il, mais j'en doute, à moins que ce ne soit par respect pour Thésée, qui, durant toute la pièce, court sur le grand chemin pour l'obliger, rentrant en scène et sortant sans cesse. Le chœur est là, et si quelque chose cloche, s'il y a un geste obscur, il l'explique; ce qui s'est passé, il le raconte; ce qui se passe, il le commente; ce qui va se passer, il le prédit; bref, il est dans la tragédie grecque comme une note de M. Aimé Martin[1] au bas d'une page de Molière. Voilà, disions-nous, le classique; il n'y avait point de quoi disputer, et les choses allaient sans dire. Mais on nous apprend tout à coup (c'était, je crois, en 1828) qu'il y avait poésie romantique et poésie classique, roman romantique et roman classique, ode romantique et ode classique; que dis-je? un seul vers, mon cher monsieur, un seul et unique vers pouvait être romantique ou classique, selon que l'envie lui en prenait.

Quand nous reçûmes cette nouvelle, nous ne pûmes fermer l'œil de la nuit. Deux ans de paisible conviction venaient de s'évanouir comme un songe. Toutes nos idées étaient bouleversées; car, si les règles d'Aristote n'étaient plus la ligne de démarcation qui séparait les camps littéraires, où se trouver et sur quoi s'appuyer? Par quel moyen, en lisant un ouvrage, savoir à quelle école il appartenait? Nous pensions bien que les initiés de Paris devaient avoir une espèce de mot d'ordre qui les tirait d'abord d'embarras; mais, en province, comment faire? Et il faut vous dire, monsieur, qu'en pro-

[1] Louis-Aimé Martin (1781–1847), editor of Racine (1810) and of Molière (1823). He married the widow of Bernardin de Saint-Pierre, whose works he also edited, rather carelessly (1817–1819).

vince, le mot *romantique* a, en général, une signification facile à retenir, il est synonyme d'absurde, et on ne s'en inquiète pas autrement. Heureusement, dans la même année, parut une illustre préface que nous dévorâmes aussitôt, et qui faillit nous convaincre à jamais. Il y respirait un air d'assurance qui était fait pour tranquilliser, et les principes de la nouvelle école s'y trouvaient détaillés au long. On y disait très-nettement que le romantisme n'était autre chose que l'alliance du fou et du sérieux, du grotesque et du terrible, du bouffon et de l'horrible, autrement dit, si vous l'aimez mieux, de la comédie et de la tragédie. Nous le crûmes, Cotonet et moi, pendant l'espace d'une année entière. Le drame fut notre passion, car on avait baptisé de ce nom de *drame*, non-seulement les ouvrages dialogués, mais toutes les inventions modernes de l'imagination, sous le prétexte qu'elles étaient dramatiques. Il y avait bien là quelque galimatias, mais enfin c'était quelque chose. Le drame nous apparaissait comme un prêtre respectable qui avait marié, après tant de siècles, le comique avec le tragique; nous le voyions, vêtu de blanc et de noir, riant d'un œil et pleurant de l'autre, agiter d'une main un poignard, et de l'autre une marotte; à la rigueur, cela se comprenait, les poëtes du jour proclamaient ce genre une découverte toute moderne: "La mélancolie, disaient-ils, était inconnue aux anciens; c'est elle qui, jointe à l'esprit d'analyse et de controverse, a créé la religion nouvelle, la société nouvelle, et introduit dans l'art un type nouveau[1]." A parler franc, nous croyions tout cela un peu sur parole, et cette mélancolie inconnue aux anciens ne nous fut pas d'une digestion facile. Quoi! disions-nous, Sapho expirante, Platon regardant le ciel, n'ont pas ressenti quelque tristesse? Le vieux Priam redemandant son fils mort, à genoux devant le meurtrier, et s'écriant: "Souviens-toi de ton père, ô Achille!" n'éprouvait point quelque mélancolie? Le beau Narcisse, couché dans les roseaux, n'était point malade de quelque dégoût des choses de la terre? Et la jeune nymphe qui l'aimait,

[1] See above, p. 131.

cette pauvre Écho si malheureuse, n'était-elle donc pas le parfait symbole de la mélancolie solitaire, lorsque, épuisée par sa douleur, il ne lui restait que les os et la voix? D'autre part, dans la susdite préface, écrite d'ailleurs avec un grand talent, l'antiquité nous semblait comprise d'une assez étrange façon. On y comparait, entre autres choses, les Furies avec les sorcières, et on disait que les Furies s'appelaient Euménides[1], c'est-à-dire *douces et bienfaisantes*, ce qui prouvait, ajoutait-on, qu'elles n'étaient que médiocrement difformes, par conséquent à peine grotesques. Il nous étonnait que l'auteur pût ignorer que l'antiphrase est au nombre des tropes, bien que Sanctius[2] ne veuille pas l'admettre. Mais passons; l'important pour nous était de répondre aux questionneurs: "Le romantisme est l'alliance de la comédie et de la tragédie, ou de quelque genre d'ouvrage qu'il s'agisse, le mélange du bouffon et du sérieux." Voilà qui allait encore à merveille, et nous dormions tranquilles là-dessus. Mais que pensai-je, monsieur, lorsqu'un matin je vis Cotonet entrer dans ma chambre avec six petits volumes sous le bras! Aristophane, vous le savez, est, de tous les génies de la Grèce antique, le plus noble à la fois et le plus grotesque, le plus sérieux et le plus bouffon, le plus lyrique et le plus satirique....

Il n'est pas seulement tragique et comique, il est tendre et terrible, pur et obscène, honnête et corrompu, noble et trivial, et au fond de tout cela, pour qui sait comprendre, assurément il est mélancolique. Hélas! monsieur, si on le lisait davantage, on se dispenserait de beaucoup parler, et on pourrait savoir au juste d'où viennent bien des inventions nouvelles qui se font donner des brevets. Il n'est pas jusqu'aux saint-simoniens[3] qui

[1] See above, p. 133, n. 2.

[2] Francisco Sanchez (1523-1601), professor of Greek at Salamanca, and famous commentator. Lipsius called him "Mercurius et Apollo Hispaniae."

[3] A socialistic sect named after Claude-Henri, Comte de Saint-Simon (1760—1825) which exercised a considerable influence upon many writers of the romantic school, especially Sainte-Beuve and Victor Hugo. One of its objects was the emancipation of women. See Léon Séché, *Le Cénacle de la Muse française* (1909), ch. vi.

ne se trouvent dans Aristophane; que lui avaient fait ces pauvres gens? La comédie des *Harangueuses*[1] est pourtant leur complète satire, comme *les Chevaliers*, à plus d'un égard, pourraient passer pour celle du gouvernement représentatif.

Nous voilà donc, Cotonet et moi, retombés dans l'incertitude. Le romantisme devait, avant tout, être une découverte, sinon récente, du moins moderne. Ce n'était donc pas plus l'alliance du comique et du tragique que l'infraction permise aux règles d'Aristote (j'ai oublié de vous dire qu'Aristophane ne tient lui-même aucun compte des unités). Nous fîmes donc ce raisonnement très-simple: "Puisqu'on se bat à Paris dans les théâtres, dans les préfaces et dans les journaux, il faut que ce soit pour quelque chose; puisque les auteurs proclament une trouvaille, un art nouveau et une foi nouvelle, il faut que ce quelque chose soit autre chose qu'une chose renouvelée des Grecs; puisque nous n'avons rien de mieux à faire, nous allons chercher ce que c'est."

"Mais, me direz-vous, mon cher monsieur, Aristophane est romantique; voilà tout ce que prouvent vos discours; la différence des genres n'en subsiste pas moins, et l'art moderne, l'art humanitaire, l'art social, l'art pur, l'art naïf, l'art moyen âge..."

Patience, monsieur; que Dieu vous garde d'être si vif! Je ne discute pas, je vous raconte un événement qui m'est arrivé. D'abord pour ce qui est du mot *humanitaire*, je le révère, et quand je l'entends, je ne manque jamais de tirer mon chapeau; puissent les dieux me le faire comprendre! mais je me résigne et j'attends. Je ne cherche pas, remarquez bien, à savoir si le romantisme existe ou non; je suis Français, et je me rends compte de ce qu'on appelle le romantisme en France.

Et, à propos des mots nouveaux, je vous dirai que, durant une autre année, nous tombâmes dans une triste erreur. Las d'examiner et de peser, trouvant toujours des phrases vides et des professions de foi incompréhensibles, nous en vînmes à croire que ce mot de *romantisme*

[1] The *Ecclesiazusae*="the women in parliament."

n'était qu'un mot; nous le trouvions beau, et il nous semblait que c'était dommage qu'il ne voulût rien dire. Il ressemble à *Rome* et à *Romain*, à *roman* et à *romanesque*; peut-être est-ce la même chose que *romanesque*; nous fûmes du moins tentés de le croire par comparaison, car il est arrivé depuis peu, comme vous savez, que certains mots, d'ailleurs convenables, ont éprouvé de petites variations qui ne font de tort à personne. Autrefois, par exemple, on disait tout bêtement: "Voilà une idée raisonnable;" maintenant on dit plus dignement: "Voilà une déduction *rationnelle*." C'est comme la *patrie*, vieux mot assez usé; on dit le *pays*; voyez nos orateurs, ils n'y manqueraient pas pour dix écus....

Je retourne à mon dire. Nous ne pûmes longtemps demeurer dans l'indifférence. Notre sous-préfet venait d'être changé; le nouveau venu avait une nièce, jolie brune pâle, quoique un peu maigre, qui s'était éprise des manières anglaises, et qui portait un voile vert, des gants orange, et des lunettes d'argent. Un soir qu'elle passait près de nous (Cotonet et moi, à notre habitude, nous nous promenions sur le jeu de boules), elle se retourna du côté du moulin à eau qui est près du gué, où il y avait des sacs de farine, des oies et un bœuf attaché: "Voilà un site romantique," dit-elle à sa gouvernante. A ce mot, nous nous sentîmes saisis de notre curiosité première. "Eh! ventre-bleu! dis-je, que veut-elle dire? ne saurons-nous pas à quoi nous en tenir?" Il nous arriva sur ces entrefaites un journal qui contenait ces mots: "André Chénier et madame de Staël sont les deux sources du fleuve immense qui nous entraîne vers l'avenir. C'est par eux que la rénovation poétique, déjà triomphante et presque accomplie, se divisera en deux branches fleuries sur le tronc flétri du passé. La poésie romantique, fille de l'Allemagne, attachera ainsi à son front une palme verte, sœur des myrtes d'Athènes. Ossian et Homère se donnent la main." "Mon ami, dis-je à Cotonet, je crois que voilà notre affaire; le romantisme, c'est la poésie allemande; madame de Staël est la première qui nous ait fait connaître cette littérature, et de l'apparition de son livre date la rage qui nous a pris. Achetons Goethe, Schiller et Wieland[1]; nous sommes sauvés, tout est venu de là."

Nous crûmes, jusqu'en 1830, que le romantisme était l'imitation des Allemands, et nous y ajoutâmes les Anglais, sur le conseil qu'on nous en donna. Il est incontestable, en effet, que ces deux peuples ont dans leur poésie un caractère particulier, et qu'ils ne ressemblent ni aux Grecs, ni aux Romains, ni aux Français. Les Espagnols nous embarrassèrent, car ils ont aussi leur cachet, et il était clair que l'école moderne se ressentait d'eux terriblement. Les romantiques, par exemple, ont constamment prôné le *Cid* de Corneille, qui est une traduction presque littérale d'une fort belle pièce espagnole. A ce propos, nous ne savions pas pourquoi ils n'en prônaient pas aussi bien quelque autre, malgré la beauté de celle-là ; mais, à tout prix, c'était une issue qui nous tirait du labyrinthe. "Mais, disait encore Cotonet, quelle invention peut-il y avoir à naturaliser une imitation? Les Allemands ont fait des ballades; nous en faisons, c'est à merveille; ils aiment les spectres, les gnomes, les goules, les psylles, les vampires, les squelettes, les ogres, les cauchemars, les rats, les aspioles, les vipères, les sorcières, le sabbat, Satan, Puck, les mandragores[2]; enfin cela leur fait plaisir ; nous les imitons et en disons autant, quoique cela nous régale médiocrement; mais je l'accorde. D'autre part, dans leurs romans, on se tue, on pleure, on revient, on fait des phrases longues d'une aune, on sort à tout bout de champ du bon sens et de la nature; nous les copions, il n'y a rien de mieux. Viennent les Anglais par là-dessus, qui passent le temps et usent leur cervelle à broyer du noir dans un pot; toutes leurs poésies, présentes et futures, ont été résumées par Goethe dans cette simple et aimable phrase: "L'ex-

[1] Christoph Martin Wieland (1733-1813), perhaps the most famous German author of his day, was the first to translate Shakespeare into German (1762-1786). His best known work is the heroic poem, *Oberon* (1780). When he came to Paris in 1808 to receive the Legion of Honour, he was introduced to Napoleon as the "Voltaire allemand."

[2] See above, p. 137, n. 3.

périence et la douleur s'unissent pour guider l'homme à travers cette vie et le conduire à la mort." C'est assez faux, et même assez sot, mais je veux bien encore qu'on s'y plaise. Buvons gaiement, avec l'aide de Dieu et de notre bon tempérament français, du sang de pendu dans la chaudière anglaise. Survient l'Espagne, avec ses Castillans, qui se coupent la gorge comme on boit un verre d'eau, ses Andalouses qui font plus vite encore un petit métier moins dépeuplant, ses taureaux, ses toréadors, matadors, etc...., j'y souscris. Quoi enfin ? Quand nous aurons tout imité, copié, plagié, traduit et compilé, qu'y a-t-il de romantique ? Il n'y a rien de moins nouveau sous le ciel que de compiler et de plagier."

Ainsi raisonnait Cotonet, et nous tombions de mal en pis ; car, examinée sous ce point de vue, la question se rétrécissait singulièrement. Le classique ne serait-il donc que l'imitation de la poésie grecque et le romantique que l'imitation des poésies allemande, anglaise et espagnole ? Diable ! que deviendraient alors tant de beaux discours sur Boileau et sur Aristote, sur l'antiquité et le christianisme, sur le génie et la liberté, sur le passé et sur l'avenir, etc....? C'est impossible ; quelque chose nous criait que ce ne pouvait être là le résultat de recherches si curieuses et si empressées. Ne serait-ce pas, pensâmes-nous, seulement affaire de forme ? Ce romantisme indéchiffrable ne consisterait-il pas dans ce vers brisé dont on fait assez de bruit dans le monde ? Mais non ; car, dans leurs plaidoyers, nous voyons les auteurs nouveaux citer Molière et quelques autres comme ayant donné l'exemple de cette méthode ; le vers brisé d'ailleurs est horrible ; il faut dire plus, il est impie ; c'est un sacrilége envers les dieux, une offense à la muse.

Je vous expose naïvement, monsieur, toute la suite de nos tribulations, et si vous trouvez mon récit un peu long, il faut songer à douze ans de souffrances ; nous avançons, ne vous inquiétez pas. De 1830 à 1831, nous crûmes que le romantisme était le genre historique, ou, si vous voulez, cette manie qui, depuis peu, a pris nos auteurs d'appeler des personnages de romans et de mélodrames Charlemagne, François Ier ou Henri IV, au lieu d'Amadis, d'Oronte ou de Saint-Albin[1]. Mademoiselle de Scudéry est, je crois, la première qui ait donné en France l'exemple de cette mode, et beaucoup de gens disent du mal des ouvrages de cette demoiselle qui ne les ont certainement pas lus. Nous ne prétendons pas les juger ici ; ils ont fait les délices du siècle le plus poli, le plus classique et le plus galant du monde ; mais ils nous ont semblé aussi vraisemblables, mieux écrits, et guère plus ridicules que certains romans de nos jours dont on ne parlera pas si longtemps.

De 1831 à l'année suivante, voyant le genre historique discrédité, et le romantisme toujours en vie, nous pensâmes que c'était le genre *intime*[2], dont on parlait fort. Mais quelque peine que nous ayons prise, nous n'avons jamais pu découvrir ce que c'était que le genre intime. Les romans intimes sont tout comme les autres; ils ont deux volumes in-octavo, beaucoup de blanc; il y est question d'adultères, de marasme, de suicides, avec force archaïsmes et néologismes; ils ont une couverture jaune et ils coûtent 15 francs; nous n'y avons trouvé aucun autre signe particulier qui les distinguât.

De 1832 à 1833, il nous vint à l'esprit que le romantisme pouvait être un système de philosophie et d'économie politique. En effet, les écrivains affectaient alors dans leurs préfaces (que nous n'avons jamais cessé de lire avant tout, comme le plus important) de parler de l'avenir, du progrès social, de l'humanité[3] et de la

[1] Amadis, the familiar hero of medieval romance. Montalvo's *Amadis de Gaula* (1470—1492), which was one of two romances spared by Don Quixote when he burnt his library, was translated by Herberay des Essarts († c. 1552), and had an immense vogue in France.

Oronte figures in La Calprenède's *Cassandre* (1661—1670).

Saint-Albin is a character in Diderot's *Père de famille*, which was played in Paris for the last time in 1835, i.e. the year before Musset's *Lettre* appeared.

[2] Cp. George Sand's novels, *Indiana* and *Valentine* (1832).

[3] The apostle of Humanitarianism was Pierre Leroux (1798–1871). He was at one time associated with the Saint-Simonians, but broke from them in 1830 on the question of marriage. *Le Globe*, which he had founded in 1824 then passed into their hands. In 1841 he founded, with the help of Louis Viardot and George Sand, a new socialist organ, *La revue indépen-*

civilisation ; mais nous avons pensé que c'était la révolution de Juillet qui était cause de cette mode, et d'ailleurs, il n'est pas possible de croire qu'il soit nouveau d'être républicain.

De 1833 à 1834, nous crûmes que le romantisme consistait à ne pas se raser, et à porter des gilets à larges revers, très-empesés. L'année suivante, nous crûmes que c'était de refuser de monter la garde[1]. L'année d'après, nous ne crûmes rien, Cotonet ayant fait un petit voyage pour une succession dans le Midi, et me trouvant moi-même très-occupé à faire réparer une grange que les grandes pluies m'avaient endommagée.

Maintenant, monsieur, j'arrive au résultat définitif de ces trop longues incertitudes. Un jour que nous nous promenions (c'était toujours sur le jeu de boules), nous nous souvînmes de ce flandrin qui, le premier, en 1824, avait porté le trouble dans notre esprit, et par suite dans toute la ville. Nous fûmes le voir, décidés cette fois à l'interroger lui-même, et à trancher le nœud gordien. Nous le trouvâmes en bonnet de nuit, fort triste, et mangeant une omelette. Il se disait dégoûté de la vie et blasé sur l'amour ; comme nous étions au mois de janvier, nous pensâmes que c'était qu'il n'avait pas eu de gratification cette année, et ne lui en sûmes pas mauvais gré. Après les premières civilités, le dialogue suivant eut lieu entre nous ; permettez-moi de vous le transcrire le plus brièvement possible :

MOI.

Monsieur, je vous prie de m'expliquer ce que c'est

dante. George Sand was deeply infected with his doctrines, to popularize which was the object of several of her novels, e.g. *Spiridion* (1839), *Les sept cordes de la Lyre* (1840), *Consuelo* (1842). She describes herself as "un pâle reflet de Pierre Leroux..."..."Je ne suis que le vulgarisateur à la plume diligente qui cherche à traduire dans les romans la philosophie du Maître." The "Master's" style was indeed peculiarly obscure and laboured, and needed the help of her genius.

[1] Balzac was imprisoned in the Hôtel Bazancourt for five days in 1836 for refusing to mount guard. He was joined by Eugène Sue, who had two days. Cp. *Lettres à l'Étrangère*, i. 318 ff., and i. 362, where he is expecting ten days for the same offence.

que le romantisme. Est-ce le mépris des unités établies par Aristote et respectées par les auteurs français ?

LE CLERC.

Assurément. Nous nous soucions bien d'Aristote! faut-il qu'un pédant de collége, mort il y a deux ou trois mille ans...

COTONET.

Comment le romantisme serait-il le mépris des unités, puisque le romantisme s'applique à mille autres choses qu'aux pièces de théâtre?

LE CLERC.

C'est vrai; le mépris des unités n'est rien; pure bagatelle; nous ne nous y arrêtons pas.

MOI.

En ce cas, serait-ce l'alliance du comique et du tragique ?

LE CLERC.

Vous l'avez dit ; c'est cela même ; vous l'avez nommé par son nom.

COTONET.

Monsieur, il y a longtemps qu'Aristote est mort, mais il y a tout aussi longtemps qu'il existe des ouvrages où le comique est allié au tragique. D'ailleurs Ossian, votre Homère nouveau, est sérieux d'un bout à l'autre; il n'y a, ma foi, pas de quoi rire. Pourquoi l'appelez-vous donc romantique; Homère est beaucoup plus romantique que lui.

LE CLERC.

C'est juste ; je vous prie de m'excuser ; le romantisme est bien autre chose.

MOI.

Serait-ce l'imitation ou l'inspiration de certaines littératures étrangères, ou, pour m'expliquer en un seul mot, serait-ce tout, hors les Grecs et les Romains?

LE CLERC.

N'en doutez pas. Les Grecs et les Romains sont à jamais bannis de France; un vers spirituel et mordant...

COTONET.

Alors le romantisme n'est qu'un plagiat, un simulacre, une copie; c'est honteux, monsieur, c'est avilissant. La France n'est ni anglaise ni allemande, pas plus qu'elle n'est ni grecque ni romaine, et plagiat pour plagiat, j'aime mieux un beau plâtre pris sur la Diane chasseresse qu'un monstre de bois vermoulu décroché d'un grenier gothique.

LE CLERC.

Le romantisme n'est pas un plagiat, et nous ne voulons imiter personne; non, l'Angleterre ni l'Allemagne n'ont rien à faire dans notre pays.

COTONET, vivement.

Qu'est-ce donc alors que le romantisme? Est-ce l'emploi des mots crus? Est-ce la haine des périphrases? Est-ce l'usage de la musique au théâtre à l'entrée d'un personnage principal? Mais on en a toujours agi ainsi dans les mélodrames, et nos pièces nouvelles ne sont pas autre chose. Pourquoi changer les termes? *Mélos*, musique, et *drama*, drame. *Calas* et *le Joueur*[1] sont deux modèles en ce genre. Est-ce l'abus des noms historiques? Est-ce la forme des costumes? Est-ce le choix de cer-

[1] *Calas* (1819), a melodrama by Victor Ducange, which drew floods of tears from his audience. His *Trente ans, ou La Vie d'un Joueur* was produced in 1827.

taines époques à la mode, comme la Fronde ou le règne de Charles IX? Est-ce la manie du suicide et l'héroïsme à la Byron? Sont-ce les néologismes, le néochristianisme, et, pour appeler d'un nom nouveau une peste nouvelle, tous les *néosophismes* de la terre? Est-ce de jurer par écrit? Est-ce de choquer le bon sens et la grammaire? Est-ce quelque chose enfin, ou n'est-ce rien qu'un mot sonore et l'orgueil à vide qui se bat les flancs?

LE CLERC, avec exaltation.

Non! ce n'est rien de tout cela; non! vous ne comprenez pas la chose. Que vous êtes grossier, monsieur! quelle épaisseur dans vos paroles! Allez, les sylphes ne vous hantent point; vous êtes poncif, vous êtes trumeau, vous êtes volute, vous n'avez rien d'ogive; ce que vous dites est sans galbe; vous ne vous doutez pas de l'instinct sociétaire; vous avez marché sur Campistron.

COTONET.

Vertu de ma vie! qu'est-ce que c'est que cela?

LE CLERC.

Le romantisme, mon cher monsieur! Non, à coup sûr, ce n'est ni le mépris des unités, ni l'alliance du comique et du tragique, ni rien au monde que vous puissiez dire; vous saisiriez vainement l'aile du papillon, la poussière qui le colore vous resterait dans les doigts. Le romantisme, c'est l'étoile qui pleure, c'est le vent qui vagit, c'est la nuit qui frissonne, la fleur qui vole et l'oiseau qui embaume[1]; c'est le jet inespéré, l'extase alanguie, la citerne sous les palmiers, et l'espoir vermeil et ses mille amours, l'ange et la perle, la robe blanche

[1] "Z" (Hoffman) in the *Journal des Débats* for Nov. 13, 1824 quotes some lines of Viennet's *Épître aux Muses sur les Romantiques*,

"C'est la voix du désert, c'est la voix du torrent,
Ou le roi de tilleuls, ou le fantôme errant,
Qui, le soir, au vallon vient siffler ou se plaindre" etc.

and adds, "à ces vers agréables j'ajouterai en humble prose, c'est la lutte du galimatias contre la raison."

des saules ; ô la belle chose, monsieur ! C'est l'infini et l'étoilé, le chaud, le rompu, le désenivré, et pourtant en même temps le plein et le rond, le diamétral, le pyramidal, l'oriental, le nu à vif, l'étreint, l'embrassé, le tourbillonnant ; quelle science nouvelle ! C'est la philosophie providentielle géométrisant les faits accomplis, puis s'élançant dans le vague des expériences pour y ciseler les fibres secrètes....

COTONET.

Monsieur, ceci est une faribole. Je sue à grosses gouttes pour vous écouter.

LE CLERC.

J'en suis fâché ; j'ai dit mon opinion, et rien au monde ne m'en fera changer.

Nous fûmes chez M. Ducoudray après cette scène.

Nous lui contâmes, comme vous pensez, la visite que nous venions de faire, et reprenant le même sujet, voici quelle fut son opinion :

"Sous la Restauration, nous dit-il, le gouvernement faisait tous ses efforts pour ramener le passé. Les premières places aux Tuileries étaient remplies, vous le savez, par les mêmes noms que sous Louis XIV. Les prêtres, ressaisissant le pouvoir, organisaient de tous côtés une sorte d'inquisition occulte, comme aujourd'hui les associations républicaines. D'autre part, une censure sévère interdisait aux écrivains la peinture libre des choses présentes ; quels portraits de mœurs ou quelles satires, même les plus douces, auraient été tolérés sur un théâtre où *Germanicus*[1] était défendu ? En troisième lieu, la cassette royale, ouverte à quelques gens de lettres, avait justement récompensé en eux des talents remarquables, mais en même temps des opinions religieuses et monarchiques. Ces deux grands mots, la religion et la

[1] *Germanicus*, by Vincent-Antoine Arnault (1766–1834) was suppressed on account of the uproar, solely occasioned by the author's well-known Bonapartist opinions, which attended its otherwise successful production on March 22, 1817.

monarchie, étaient alors dans leur toute-puissance ; avec eux seuls il pouvait y avoir succès, fortune et gloire ; sans eux, rien au monde, sinon l'oubli ou la persécution. Cependant la France ne manquait pas de jeunes têtes qui avaient grand besoin de se produire et la meilleure envie de parler. Plus de guerre, partant beaucoup d'oisiveté ; une éducation très-contraire au corps, mais très-favorable à l'esprit, l'ennui de la paix, les carrières obstruées, tout portait la jeunesse à écrire ; aussi n'y eut-il à aucune époque le quart autant d'écrivains que dans celle-ci. Mais de quoi parler ? Que pouvait-on écrire ? Comme le gouvernement, comme les mœurs, comme la cour et la ville, la littérature chercha à revenir au passé. Le trône et l'autel[1] défrayèrent tout ; en même temps, cela va sans dire, il y eut une littérature d'opposition. Celle-ci, forte de sa pensée, ou de l'intérêt qui s'attachait à elle, prit la route convenue, et resta classique ; les poëtes qui chantaient l'Empire, la gloire de la France ou la liberté, sûrs de plaire par le fond, ne s'embarrassèrent point de la forme. Mais il n'en fut pas de même de ceux qui chantaient le trône et l'autel ; ayant affaire à des idées rebattues et à des sentiments antipathiques à la nation, ils cherchèrent à rajeunir, par des moyens nouveaux, la vieillesse de leur pensée ; ils hasardèrent d'abord quelques contorsions poétiques, pour appeler la curiosité ; elle ne vint pas, ils redoublèrent. D'étranges qu'ils voulaient être, ils devinrent bizarres, de bizarres baroques, ou peu s'en fallait. Madame de Staël, ce Blücher littéraire, venait d'achever son invasion, et de même que le passage des Cosaques en France avait introduit dans les familles quelques types de physionomie expressive, la littérature portait dans son sein une bâtardise encore sommeillante. Elle parut bientôt au grand jour ; les libraires étonnés accouchaient de certains

[1] The avowed object of the royalist majority in the Chamber from 1821 onwards was "fortifier l'autorité de la religion sur l'esprit des peuples, épurer les mœurs par un système d'éducation chrétienne et monarchique." See Address to the throne, January 1, 1821.

Cp. "Tout le pouvoir du trône est fondé sur l'autel." M.-J. Chénier. "Mettons le trône sur l'autel | Et l'autel sur le trône." Béranger.

enfants qui avaient le nez allemand et l'oreille anglaise. La superstition et ses légendes, mortes et enterrées depuis longtemps, profitèrent du moment pour se glisser par la seule porte qui pût leur être ouverte, et vivre encore un jour avant de mourir à jamais. La manie des ballades, arrivant d'Allemagne, rencontra un beau jour la poésie monarchique chez le libraire Ladvocat[1], et toutes deux, la pioche en main, s'en allèrent, à la nuit tombée, déterrer dans une église le moyen âge, qui ne s'y attendait pas. Comme pour aller à Notre-Dame on passe devant la Morgue, ils y entrèrent de compagnie ; ce fut là que, sur le cadavre d'un monomane, ils se jurèrent foi et amitié. Le roi Louis XVIII, qui avait pour lecteur un homme d'esprit[2], et qui ne manquait pas d'esprit lui-même[3], ne lut rien et trouva tout au mieux. Malheureusement il vint à mourir, et Charles X abolit la censure. Le moyen âge était alors très-bien portant, et à peu près remis de la peur qu'il avait eue de se croire mort pendant trois siècles. Il nourrissait et élevait une quantité de petites chauves-souris, de petits lézards et de jeunes grenouilles, à qui il apprenait le catéchisme, la haine de Boileau, et la crainte du roi. Il fut effrayé d'y voir clair, quand on lui ôta l'éteignoir dont il avait fait son bonnet. Ébloui par les premières clartés du jour, il se mit à courir par les rues, et comme le soleil l'aveuglait, il prit la Porte-Saint-Martin pour une cathédrale et y entra avec ses poussins. Ce fut la mode de l'y aller voir ; bientôt

[1] Ladvocat was the famous publisher in the Palais Royal who brought out most of the works of the romantic school.

[2] Louis-Jean-Baptiste-Étienne Vigée (1758—1820), brother of Mme Le Brun, the famous artist. In 1784 he became secretary to the Comtesse de Provence, wife of the future Louis XVIII. After dangerous experiences during the Terror, and hard times under the Empire, he was appointed *Lecteur* by Louis XVIII in 1814, and held the post till his death. He was a clever and versatile writer, and edited the *Almanach des Muses* from 1790 to 1820.

[3] Some of Louis's *mots* are proverbial: "L'exactitude est la politesse des rois." "Chaque soldat français porte le bâton de maréchal dans sa giberne." Chateaubriand said of him, "S'il n'eût été roi, il aurait été membre de l'Académie, et il était féru à l'esprit de l'antipathie des classiques contre les romantiques."

ce fut une rage, et consolé de sa méprise, il commença à régner ostensiblement. Toute la journée, on lui taillait des pourpoints, des manches longues, des pièces de velours, des drames et des culottes. Enfin, un matin, on le planta là ; le gouvernement lui-même passait de mode, et la révolution changea tout. Qu'arriva-t-il ? Roi dépossédé, il fit comme Denys[1], il ouvrit une école. Il était en France en bateleur, comme le bouffon de la Restauration ; il ne lui plut point d'aller à Saint-Denis, et, au moment où on le croyait tué, il monta en chaire, chaussa ses lunettes, et fit un sermon sur la liberté. Les bonnes gens qui l'écoutent maintenant ont peut-être sous les yeux le plus singulier spectacle qui puisse se rencontrer dans l'histoire d'une littérature ; c'est un revenant, ou plutôt un mort, qui, affublé d'oripeaux d'un autre siècle, prêche et déclame sur celui-ci ; car en changeant de texte, il n'a pu quitter son vieux masque, et garde encore ses manières d'emprunt ; il se sert du style de Ronsard pour célébrer les chemins de fer ; en chantant Washington ou La Fayette, il imite Dante ; et pour parler de république, d'égalité, de la loi agraire et du divorce, il va chercher des mots et des phrases dans le glossaire de ces siècles ténébreux où tout était despotisme, honte, misère et superstition. Il s'adresse au peuple le plus libre, le plus brave, le plus gai et le plus sain de l'univers, et au théâtre, devant ce peuple intelligent, qui a le cœur ouvert et les mains si promptes, il ne trouve rien de mieux que de faire faire des barbarismes à des fantômes inconnus ; il se dit jeune, et parle à notre jeunesse comme on parlait sous un roi podagre qui tuait tout ce qui remuait ; il appelle l'avenir à grands cris, et asperge de vieille eau bénite la statue de la Liberté ; vive Dieu ! qu'en penserait-elle, si elle n'était de marbre ? Mais le public est de chair et d'os, et qu'en pense-t-il ?

[1] Cp. "Denys, chassé de Syracuse,
A Corinthe se fait pédant.
Ce roi que tout un peuple accuse,
Pauvre et déchu, se console en grondant."
Béranger, *Denys, maître d'école.*

De quoi se soucie-t-il ? Que va-t-il voir et qu'est-ce qui l'attire à ces myriades de vaudevilles sans but, sans queue, sans tête, sans rime ni raison ? Qu'est-ce que c'est que tant de marquis, de cardinaux, de pages, de rois, de reines, de ministres, de pantins, de criailleries et de balivernes ? La Restauration, en partant, nous a légué des friperies. Ah ! Français, on se moquerait de vous, si vous ne vous en moquiez pas vous-mêmes. Le grand Goethe n'en riait pas, lui, il y a quatre ou cinq ans, lorsqu'il maudissait notre littérature, qui désespérait sa vieillesse, car le digne homme s'en croyait la cause[1]. Mais ce n'est qu'à nous qu'il faut nous en prendre, oui, à nous seuls, car il n'y a que nous sur la terre d'assez badauds pour nous laisser faire. Les autres nations civilisées n'auraient qu'une clef et qu'une pomme cuite pour les niaiseries que nous tolérons. Pourquoi Molière n'est-il plus au monde ? Que l'homme eût pu être immortel, dont immortel est le génie ! Quel misanthrope nous aurions ! Ce ne serait plus l'homme aux rubans verts, et il ne s'agirait pas d'un sonnet. Quel siècle fut jamais plus favorable ? Il n'y a qu'à oser, tout est prêt ; les mœurs sont là, les choses et les hommes, et tout est nouveau ; le théâtre est libre, quoi qu'on veuille dire là-dessus, ou, s'il ne l'est pas, Molière l'était-il ?...

"Nous ne manquons ni de vices, ni de ridicules ; il y aurait peut-être bien quelque petite bluette à arranger sur nos amis et nos voisins, quand ce ne seraient que les députés, les filles entretenues et les journalistes ; mais quoi ! nous craignons le scandale, et si nous abordons le présent, ce n'est que pour traîner sur les planches Mme de la Valette et Chabert[2], dont l'une est devenue folle de

[1] Cp. "Die Darstellung edler Gesinnungen in Thaten fängt man an für langweilig zu erklären, und man versucht sich in Behandlung von allerlei Verruchtheiten. An die Stelle des schönen Inhalts griechischer Mythologie treten Teufel, Hexen und Vampyre, und die erhabenen Helden der Vorzeit müssen Gaunern und Galerensklaven Platz machen." Eckermann, *Gespräche mit Goethe*, 14 March, 1830.

"Der Keim der historischen Stücke, die bei ihnen jetzt etwas Neues sind, findet sich schon seit einem halben Jahrhundert in meinem *Götz*." *ib.* 6 March, 1830.

[2] Mme de la Valette was the heroic lady who enabled her husband to

vertu et d'héroïsme, et l'autre, grand Dieu! sa femme remariée lui a montré son propre extrait mortuaire. Il y aurait de quoi faire un couplet. Mais qu'est-ce auprès de Marguerite de Bourgogne[1]? Voilà où l'on mène ses filles; quatre incestes et deux parricides, en costume du temps, c'est de la haute littérature; Phèdre est une mijaurée de couvent; c'est Marguerite que demandent les colléges, le jour de la fête de leur proviseur; voilà ce qu'il nous faut, ou la Brinvilliers[2], ou Lucrèce Borgia[3], ou Alexandre VI lui-même; on pourrait le faire battre avec un bouc, à défaut de gladiateur. Voilà le romantisme, mon voisin, et ce pourquoi ne se joue point le *Polyeucte* du bonhomme Corneille, qui, dit Tallemant[4], fit de bonnes comédies."

Telle fut, à peu de chose près, l'opinion de M. Ducoudray; je fus tenté d'être de son avis, mais Cotonet, qui a l'esprit doux, fut choqué de sa violence. D'ailleurs la conclusion ne le satisfaisait pas; Cotonet recherchait l'effet, quelle que pût être la cause; il s'enferma durant quatre mois, et m'a fait part du fruit de ses veilles. Nous allons, monsieur, si vous permettez, vous le soumettre d'un commun accord. Nous avons pensé qu'une phrase ou deux, écrites dans un style ordinaire, pouvaient être prises pour le texte, ou, comme on dit au collége, pour la *matière* d'un morceau romantique, et nous croyons avoir trouvé ainsi la véritable et unique différence du romantique et du classique. Voici notre travail:

escape, disguised in her clothes, from the Conciergerie in 1815. She went mad and did not recognize her husband when he returned to France in 1822.

Chabert is the hero of Balzac's story, *Le Colonel Chabert.*

[1] Grand-daughter of Saint Louis, wife of Louis le Hutin, king of Navarre and king of France; put to death for adultery in 1315. She plays a prominent but unhistorical part in Dumas's *Tour de Nesle.*

[2] The notorious poisoner, burnt in 1676. See Mme de Sévigné's Letters for April and May of that year.

[3] Hugo's *Lucrèce Borgia* was produced at the Porte-Saint-Martin on February 2, 1833.

[4] Gédéon Tallemant des Réaux (1619—1692). His *Historiettes* were written in 1657, but not published till 1833. He said of Corneille, "Je lui trouve plus de génie que de jugement."

LETTRE D'UNE JEUNE FILLE ABANDONNÉE PAR SON AMANT.

(Style romantique.)

"Considère, mon amour adoré, mon ange, mon bien, mon cœur, ma vie; toi que j'idolâtre de toutes les puissances de mon âme; toi, ma joie et mon désespoir; toi, mon rire et mes larmes; toi, ma vie et ma mort!—jusqu'à quel excès effroyable tu as outragé et méconnu les nobles sentiments dont ton cœur est plein, et oublié la sauvegarde de l'homme, la seule force de la faiblesse, la seule armure, la seule cuirasse, la seule visière baissée dans le combat de la vie, la seule aile d'ange qui palpite sur nous, la seule vertu qui marche sur les flots, comme le divin Rédempteur, la prévoyance, sœur de l'adversité!

"Tu as été trahi et tu as trahi; tu as été trompé et tu as trompé; tu as reçu la blessure, et tu l'as rendue; tu as saigné, et tu as frappé; la verte espérance s'est enfuie loin de nous. Une passion si pleine de projets, si pleine de séve et de puissance, si pleine de craintes et de douces larmes, si riche, si belle, si jeune encore, et qui suffisait à toute une vie, à toute une vie d'angoisses et de délires, de joies et de terreurs, et de suprême oubli;—cette passion, consacrée par le bonheur, jurée devant Dieu comme un serment jaloux;—cette passion qui nous a attachés l'un à l'autre comme une chaîne de fer à jamais fermée, comme le serpent unit sa proie au tronc flexible du bambou pliant;—cette passion qui fut notre âme elle-même, le sang de nos veines et le battement de notre cœur;—cette passion, tu l'as oubliée, anéantie, perdue à jamais; ce qui fut ta joie et ton délice n'est plus pour toi qu'un mortel désespoir qu'on ne peut comparer qu'à l'absence qui le cause.—Quoi, cette absence!... etc., etc."

TEXTE VÉRITABLE DE LA LETTRE, LA PREMIÈRE DES LETTRES PORTUGAISES[1].

(Style ordinaire.)

"Considère, mon amour, jusqu'à quel excès tu as manqué de prévoyance! Ah! malheureux, tu as été trahi, et tu m'as trahie par des espérances trompeuses. Une passion sur laquelle tu avais fait tant de projets de plaisirs ne te cause présentement qu'un mortel désespoir, qu'on ne peut comparer qu'à la cruauté de l'absence qui le cause. Quoi! cette absence...etc."

Vous voyez, monsieur, par ce faible essai, la nature de nos recherches. L'exemple suivant vous fera mieux sentir l'avantage de notre procédé, comme étant moins exagéré:

PORTRAITS DE DEUX ENFANTS.

(Style romantique.)

"Aucun souci précoce n'avait ridé leur front naïf, aucune intempérance n'avait corrompu leur jeune sang; aucune passion malheureuse n'avait dépravé leur cœur enfantin, fraîche fleur à peine entr'ouverte; l'amour candide, l'innocence aux yeux bleus, la suave piété, développaient chaque jour la beauté sereine de leur âme radieuse en grâces ineffables, dans leurs souples attitudes et leurs harmonieux mouvements."

TEXTE.

"Aucun souci n'avait ridé leur front, aucune intempérance n'avait corrompu leur sang, aucune passion malheureuse n'avait dépravé leur cœur; l'amour, l'inno-

[1] *Lettres portuguaises* (after 1662) by Marianna Alcoforado, a Portuguese nun. They were addressed to the Marquis de Chamilly, and appeared in a French translation in 1669. See Rousseau, *Lettre sur les Spectacles*.

cence, la piété, développaient chaque jour la beauté de leur âme en grâces ineffables, dans leurs traits, leurs attitudes et leurs mouvements."

Ce second texte, monsieur, est tiré de *Paul et Virginie.* Vous savez que Quintilien compare une phrase trop chargée d'adjectifs à une armée où chaque soldat aurait derrière lui son valet de chambre[1]. Nous voilà arrivés au sujet de cette lettre; c'est que nous pensons qu'on met trop d'adjectifs dans ce moment-ci. Pour en finir, nous croyons que le romantisme consiste à employer tous ces adjectifs, et non en autre chose. Sur quoi, nous vous saluons bien cordialement, et signons ensemble.

[1] *Inst. Orator.* viii. 6.

SAINTE-BEUVE

THÉODORE DE BANVILLE[1]

Après les générations de l'Empire qui avaient servi, administré, combattu, il en vint d'autres qui étudièrent, qui discutèrent, qui rêvèrent. Les forces disponibles de la société, refaites à peine des excès et des prodiges de l'action, se portèrent à la tête; on se jeta dans les travaux et les luttes de l'esprit. Après les premières années de tâtonnement et de légère incertitude, on vit se dessiner, en tous sens, des tentatives nouvelles,—en histoire, en philosophie, en critique, en art. La poésie eut de bonne heure sa place dans ce concours universel: elle sut se rajeunir et par le sentiment et par la forme. Elle aussi, à son tour, elle put produire ses merveilles.

Les uns donnaient à l'âme humaine, à ses aspirations les plus hautes, à ses regrets, à ses vagues désirs, à ses tristesses et à ses ennuis d'ici-bas, à ces autres ennuis plus beaux qui se traduisent en soif de l'Infini, des expressions harmonieuses et suaves qui semblaient la transporter dans un meilleur monde, et qui, pareilles à la musique même, ouvraient les sphères supérieures. D'autres fouillaient les antiques souvenirs, les ruines, les arceaux et les créneaux, et du haut de la colline, assis sur les débris du château gothique, ils voyaient la ville moderne s'étendre à leurs pieds comme une image encore propre à ces vieux temps,

> Comme le fer d'un preux dans la plaine oublié ![2]

[1] This opening of an article on Théodore de Banville (*Causeries du Lundi*, xiv. 69 ff., 1857), which gives a summary of the Romantic movement so far as it affected lyrical poetry, may serve as Epilogue.

Théodore de Banville (1810—1891). *Les Caryatides* (1841) gave him a place among the younger romantic writers. His title of "roi des rimes" is justified by half-a-dozen volumes of graceful and musical poetry and a *Petit traité de la versification française* (1872).

[2] Victor Hugo, *Odes*, v. 18.

Ils évoquaient les Génies et les Sylphes, les Fantômes et les Gnômes; ils refaisaient présent le Moyen-Age, —notre Moyen-Age mythologique et fabuleux. Ils cherchaient jusque dans l'Orient des couleurs et des prétextes à leurs splendides pinceaux. Ils chantaient la gloire même et les triomphes de cette récente et gigantesque époque la plus guerrière qui ait été. Et en chantant, ils rendaient au vers la trempe de l'acier, et à la strophe le poli, le plein et la jointure habile de l'armure.

D'autres[1], à la suite de ce Grec retrouvé qui se nomme André Chénier, eussent voulu recréer et former, à leur usage, dans un coin de notre société industrieuse, une petite colonie de l'ancienne Grèce; ils aimaient les fêtes, la molle orgie couronnée de roses, les festins avec chants, les pleurs de Camille[2], et la réconciliation facile; chaque matin une élégie, chaque soir une poursuite et une tendresse. Mais au milieu de ces oublis trop naturels à la jeunesse de tous les temps, ils avaient une pensée, un culte, l'amour de l'Art, la curiosité passionnée d'une expression vive, d'un tour neuf, d'une image choisie, d'une rime brillante; ils voulaient à chacun de leurs cadres un clou d'or: enfants si vous le voulez, mais enfants des Muses, et qui ne sacrifièrent jamais à la grâce vulgaire.

C'est tout cela, c'est bien d'autres choses encore (car je ne puis tout énumérer) que l'on a appelé de ce nom général de *Romantisme* en notre poésie. Ce mot a été souvent mal appliqué; il a été surtout employé dans des sens assez différents. Dans l'acception la plus générale et qui n'est pas inexacte, la qualification de *romantique* s'étend à tous ceux qui, parmi nous, ont essayé, soit par la doctrine, soit dans la pratique, de renouveler l'Art et de l'affranchir de certaines règles convenues. Mme de Staël et son école, tous ces esprits

[1] E.g. Leconte de Lisle (1818—1894), poet and scholar, who marks the transition from the romantic school with its strong expression of personal emotion, to the "impassive" Parnassians. His verses—*Poèmes antiques* (1852), *Poèmes barbares* (1862), *Poèmes tragiques* (1884)—have the beauty of marble, and some of its coldness.

[2] In Chénier's *Les Élégies.*

distingués qui concoururent à introduire en France de justes notions des théâtres étrangers; qui, les premiers, nous expliquèrent ou nous traduisirent Shakspeare, Gœthe, Schiller, ce sont relativement des ròmantiques; en ce sens M. de Barante, M. de Sainte-Aulaire même, M. de Rémusat[1] en seraient, et je ne crois pas que ces fins esprits eussent jamais désavoué le titre entendu de la sorte.

C'est par une sorte d'abus, mais qui avait sa raison, que l'on a compris encore sous le nom de romantiques les poëtes, comme André Chénier, qui sont amateurs de la beauté grecque et qui, par là même, sembleraient plutôt classiques; mais les soi-disant classiques modernes étant alors, la plupart, fort peu instruits des vraies sources et se tenant à des imitations de seconde ou de troisième main, ç'a été se séparer d'eux d'une manière tranchée que de revenir aux sources mêmes, au sentiment des premiers maîtres, et d'y retremper son style ou son goût. C'est ainsi que M. Ingres[2] se sépare de l'école de David. Ainsi André Chénier se sépare de Delille, Paul-Louis Courier de Dussault ou de M. Jay[3].

[1] Three men of letters and of affairs at the time of the Restoration.

Amable-Guillaume-Prosper Brugière, baron de Barante (1782—1866), translated Schiller's dramas, and wrote a history of the Dukes of Burgundy, into which he incorporated passages from contemporary chronicles. His view of history (like Thierry's) was largely influenced by Scott: "J'ai tenté de restituer à l'histoire elle-même l'attrait que le roman historique lui a emprunté." See above pp. 139 and 143.

Louis Clair de Beaupoil, comte de Sainte-Aulaire (1779—1854), translated Goethe's *Faust* and Lessing's *Emilia Galotti* in the *Chefs-d'œuvre des théâtres étrangers* (1822—1823).

Charles, comte de Rémusat (1797—1875), wrote studies of Abelard and Anselm, and a sketch of English philosophy from Bacon to Locke. He was a fellow contributor with Sainte-Beuve to the *Globe*.

[2] Jean-Auguste-Dominique Ingres (1780—1867) was the leader of the classical school of painting which succeeded to that of David. Their watchword was 'drawing,' while that of Delacroix and the romantic school was 'colour.'

[3] Paul-Louis Courier (1772—1825), author of the *Simple Discours* (1821) and other pamphlets; the greatest master of irony in France after Pascal.

Jean-Joseph Dussault (1769—1824) of the *Débats*, an inferior and rhetorical critic. See *Causeries du Lundi*, i. 384 ff.

Antoine Jay (1770—1854), one of the founders of the *Minerve* and the *Constitutionnel*, see above p. 47.

M. de Chateaubriand, qui aimait peu ses enfants les romantiques plus jeunes, était lui-même (malgré son apprêt de rhétorique renchérie) un grand romantique, et en ce sens qu'il avait remonté à l'inspiration directe de la beauté grecque, et aussi en cet autre sens qu'il avait ouvert, par *René*, une veine toute neuve de rêve et d'émotion poétique[1].

C'était un romantique encore, et de la droite lignée de Walter Scott, un romantique d'innovation et peut-être de témérité (nonobstant la précision et la correction scrupuleuse de sa ligne), qu'Augustin Thierry[2] avec ses résurrections saxonnes et mérovingiennes. Il n'en aurait peut-être pas voulu convenir; mais le classique Daunou[3] le tenait pour tel et le savait bien.

C'était un romantique aussi que ce Fauriel[4] qui considérait volontiers tous les siècles de Louis XIV comme non avenus, et qui, bien loin de tous les Versailles, s'en allait chercher, dans les sentiers les plus agrestes et les plus abandonnés, des fleurs de poésie toute simple, toute

[1] See above p. 3.

[2] Jacques-Nicolas-Augustin Thierry (1795—1856), a disciple of Scott and Chateaubriand, and the father of romantic history in virtue of his *Histoire de la conquête de l'Angleterre* (1825), *Lettres sur l'histoire de France* (1827), and *Récits des temps mérovingiens* (1840).

[3] Pierre-Claude Daunou (1761—1840), keeper of the national archives, and one of the principal contributors to the later volumes of the Benedictine *Histoire littéraire de la France*. See *Portraits Contemporains*, iv. 273 ff.

[4] Claude Fauriel (1772—1844) exercised a strong germinative influence on the taste and studies of his contemporaries, which is summed up by V. de Mars in the *Revue des deux mondes* of 31 July, 1844 as follows: "L'écrivain à qui Cabanis adressait sa fameuse *Lettre des causes premières*, l'ami dont Manzoni écoutait l'inspiration et à qui il se faisait honneur de dédier sa meilleure pièce, l'homme que Mme de Staël consultait sur la littérature allemande, qui donnait à M. Cousin le goût de la philosophie ancienne, à M. Raynouard celui des troubadours, à M. Augustin Thierry celui des races du moyen âge, à M. Ampère celui des littératures comparées, l'homme, enfin, qui a su inspirer tant d'illustres amitiés et coopérer par ses conseils à tant de monuments aujourd'hui célèbres, ne peut manquer de laisser des regrets profonds" etc. Fauriel's favourite but erroneous thesis (see above, p. 19) is set out in his article *Sur l'origine de l'Épopée du moyen âge* (*Revue des deux mondes* 1832) and in his *Histoire de la poésie provençale* (published in 1846).

For a comparison of Fauriel with Daunou see *Portraits contemporains*, iv. 125 ff.

populaire, mais d'une vierge et forte senteur. La poésie parée, civilisée, celle des époques brillantes, ne lui paraissait, comme à Mérimée[1], qu'une poésie de secondes ou de troisièmes noces: il la laissait à de moins curieux et à de moins jaloux que lui.

Cependant l'expression de romantique, surtout à mesure que s'est prononcé le triomphe des idées et des œuvres modernes, et que ce qui avait paru romantique la veille (c'est-à-dire un peu extraordinaire) ne le paraissait déjà plus, s'est particulièrement concentrée sur une notable portion de la légion poétique la plus riche en couleur, la plus pittoresque, la plus militante aussi, et qui, après avoir conquis bien des points qu'on ne lui dispute plus, a continué d'en réclamer d'autres qui ont été contestés; je veux parler de l'importante division de l'école romantique qui se rattachait à l'étendard de Victor Hugo. Ayant eu l'honneur d'en faire partie à un certain moment et en des temps difficiles[2], je sais ce qui en est, et j'ai souvent réfléchi et à ce qui s'est fait et à ce qui aurait pu se faire.

En laissant de côté toute la tentative dramatique immense, mais laborieuse et inachevée, en s'en tenant à la rénovation lyrique, il est difficile de ne pas convenir que celle-ci a fini par avoir gain de cause et par réussir. Il paraît généralement accordé aujourd'hui que l'école moderne a étendu ou renouvelé la poésie dans les divers modes et genres de l'inspiration libre et personnelle; et, quelque belle part qu'on fasse en cela au génie instinctif de M. de Lamartine, il en reste une très-grande aux maîtres plus réfléchis, qui ont donné l'exemple multiplié des formes, des rhythmes, des images, de la couleur et du relief, et qui ont su transmettre à d'autres quelque chose de cette science.

[1] Prosper Mérimée (1803—1870), an historian who was lost in the archaeologist (he was for many years inspector of historical monuments), and a great literary artist. There is a romantic vein in all his writings, but he belonged to the realistic wing of the romantic school, and has indeed been styled "un classique réaliste." *Colomba* (1840), the most famous of those short stories in which Mérimée excelled, was claimed as a classical triumph.

[2] See above, p. 60.

Et comment oublier, à ce propos, celui qui, dans le groupe dont il s'agit, s'est détaché à son tour en maître et qui est aujourd'hui ce que j'appelle un chef de branche, Théophile Gautier, arrivé à la perfection de son faire, excellant à montrer tout ce dont il parle, tant sa plume est fidèle *ressemble à un pinceau?* "On m'appelle souvent un *fantaisiste*, me disait-il un jour, et pourtant, toute ma vie, je n'ai fait que m'appliquer à bien voir, à bien regarder la nature, à la dessiner, à la rendre, à la peindre, si je pouvais, telle que je l'ai vue."

Qu'il y ait eu des excès dans le *rendu* des choses réelles, je le sais et je l'ai dit quelquefois. Tandis que, dans un autre ordre parallèle, de nobles poëtes, qui procèdent plutôt de M. Alfred de Vigny et à qui il a, le premier, donné d'en haut le signal, cherchaient, un peu systématiquement eux-mêmes, à relever l'esprit pur, les tendances spiritualistes, à traduire les symboles naturels à satisfaire les vagues élancements de l'être humain vers un idéal rêvé, de l'autre côté on s'est trop tenu sans doute à ce qui se voit, à ce qui se touche, à ce qui brille, palpite et végète sous le soleil. M. Victor de La Prade[1] dans ses poëmes, d'autres à son exemple dans leur ligne également élevée, tels que M. Lacaussade[2], ont paru plus d'une fois protester contre un excès qui n'est pas le leur. Mais, d'un peu loin, je vois en tous ces poëtes bien moins des adversaires que des rivaux et des émules, que des frères qui croient se combattre et qui seraient plus propres à se compléter. Ils ont un grand point de ralliement d'ailleurs, le culte de l'Art compris selon l'inspiration moderne rajeunie en ce siècle.

C'est ce sentiment qui vit dans leurs cœurs, et que moi-même (si je puis me nommer) j'ai embrassé à mon heure et nourri dans le mien, que je voudrais maintenir,

[1] Victor de Laprade (1812—1883), a follower of Lamartine, whose dislike for La Fontaine he shared. His poems appeared in two volumes, *Psyché* (1841) and *Odes et poèmes* (1843).

[2] Auguste Lacaussade (1820—1897), a native of the Île Bourbon, and another romanticist "de second ordre," who wrote *Poèmes et paysages* (1852) and *Les Épaves* (1862).

expliquer et confesser encore une fois devant ceux qui ne paraissent point l'admettre et le comprendre.

Un de nos amis et confrères à l'Académie, un de nos bons et très-bons écrivains en prose, M. de Sacy[1], venant prendre séance à la place de M. Jay, a dit dans son Discours de réception (juin 1855) une parole qui m'est toujours restée sur le cœur, et que je lui demande la permission de relever, parce qu'elle n'est pas exacte, parce qu'elle n'est pas juste:

"Les classiques, disait-il, n'ont pas eu de champion plus décidé que M. Jay, dans cette fameuse dispute si oubliée aujourd'hui, après avoir fait tant de bruit il y a vingt ans. Non que M. Jay s'échauffât contre les romantiques, et que son repos en souffrît: ces haines vigoureuses n'entraient pas dans son caractère, il souriait et ne s'indignait pas. Peut-être n'a-t-il rien publié de plus spirituel et de plus agréable dans ce genre qu'un opuscule intitulé *la Conversion d'un Romantique*[2]. Je ne vois à reprendre dans cet ouvrage qu'une seule chose: le romantique y est converti par le classique. Pure vanterie! Personne n'a converti les romantiques; en gens d'esprit et de talent, ils se sont convertis tout seuls. Du moins M. Jay donna-t-il dans cette dispute un exemple parfait d'urbanité littéraire. Quel avantage d'avoir toujours la paisible possession de soi-même!"

Je ne veux pas m'attacher à ce qui est relatif à M. Jay, homme de sens et fort estimable, mais qui n'avait certes fait preuve, dans l'écrit dont il s'agit, ni d'intelligence de la question, ni d'esprit, ni d'agrément, et qui n'y avait surtout pas mis le plus petit grain d'urbanité; ce sont là des éloges sur lesquels on doit être coulant et qui sont presque imposés dans un Discours de réception. Ils sont juste le contre-pied de la vérité; mais on est disposé à tout entendre ce jour-là. Ce qui seulement m'a choqué en entendant ces paroles, c'est que je trouvais que notre nouveau et digne confrère

[1] Samuel-Ustazade Silvestre de Sacy (1801—1879), son of the celebrated orientalist. He was for many years connected with the Bibliothèque Mazarine, first as *conservateur* and afterwards as *administrateur*, but journalism—writing political and literary articles for the *Débats*—was his life's work, "J'ai fait des articles de journaux; je n'ai pas fait autre chose."

[2] *La conversion d'un romantique, MS. de Jacques Delorme* (1830) was a ponderous attack on Sainte-Beuve's *Joseph Delorme*, in which M. Jay attempted to champion Racine and Boileau against the romanticists.

faisait bien lestement les honneurs, je ne dis pas de M. de Lamartine (il est convenu qu'on l'excepte à volonté et qu'on le met en dehors et au-dessus du romantisme), mais de M. de Vigny, de M. Hugo, de M. de Musset. Et quant à moi, qui étais plus intéressé peut-être qu'un autre dans le livre de M. Jay, intitulé *Conversion de Jacques Delorme*, je trouvai aussi qu'on m'avait peu consulté en me louant aussi absolument d'une conversion qui n'était pas si entière qu'on la supposait.

De ce qu'on s'arrête, à un certain moment, dans les conséquences que de plus avancés ou de plus aventureux que nous prétendent tirer d'un principe, il ne s'ensuit pas qu'on renonce à ce principe et qu'on le répudie. Ce n'est pas à des hommes politiques qui, tous les jours, appliquent cette manière de voir aux principes de 89, qu'il est besoin de démontrer cette vérité: de ce qu'on ne va pas aussi loin que tout le monde, et de ce que même, à un moment, on recule un peu, il ne s'ensuit pas qu'on se convertisse ni qu'on renonce à tout.

Mais les principes littéraires sont chose légère, dira-t-on, et ils n'ont pas le sérieux que comportent seules les matières d'intérêt politique et social. Ici je vous arrête! ici est l'erreur et la méconnaissance du fait moral que je tiens à revendiquer. Il y a eu, durant cette période de 1819–1830, dans beaucoup de jeunes âmes (et M. de Sacy ne l'a-t-il pas lui-même observé de bien près dans le généreux auteur des *Glanes*[1], cette sœur des chantres et des poëtes?), un sentiment sincère, profond, passionné, qui, pour s'appliquer aux seules choses de l'Art, n'en avait que plus de désintéressement et de hauteur, et n'en était que plus sacré. Il y a eu la *flamme de l'Art*. Ceux qui en ont été touchés une fois, peuvent la sentir à regret s'affaiblir et pâlir, diminuer avec les années en même temps que la vigueur qui leur permet d'en saisir et d'en fixer les reflets dans leurs œuvres, mais ils ne la perdent jamais. "Il y a, disait Anacréon, un petit signe au cœur,

[1] Mlle Louise-Angelique Bertin (1805—1877) daughter of Bertin *l'aîné*, the founder and editor of the *Journal des Débats*. Several of Victor Hugo's poems are addressed to her.

auquel se reconnaissent les amants." Il y a de même un signe et un coin auquel restent marqués et comme *gravés* les esprits qui, dans leur jeunesse, ont *cru* avec enthousiasme et ferveur à une certaine chose tant soit peu digne d'être crue. C'est le signe peut-être du *sectaire*, comme disait en ce temps-là M. Auger[1] à l'Académie d'alors. Va pour sectaire! "Je suis donc un sectaire," disait Stendhal[2]. Quoi qu'il en soit, ce signe persiste; il peut se dissimuler par instants et se recouvrir, il ne s'efface pas. Viennent les crises, viennent les occasions, un conflit, l'apparition imprévue de quelque œuvre qui vous mette en demeure de choisir, de dire *oui* ou *non* sans hésiter (et il s'en est produit une en ces derniers temps)[3], une œuvre qui fasse office de pierre de touche, et vous verrez, chez ceux même qui s'étaient fait des concessions et qui avaient presque l'air d'être tombés d'accord dans les intervalles, le vieil homme aussitôt se ranimer. Les différences de religion se prononcent. Les blancs sont blancs, et les bleus sont bleus. Voilà que vous vous retranchez dans le beau convenu et dans le noble, fût-il ennuyeux, et moi je me déclare pour la vérité à tous risques, fût-elle même la réalité.—Ou en d'autres jours, vous abondez dans votre prose, et je me replonge dans la poésie.

Et pour ce qui est de l'inspiration, et du programme poétique lyrique de ces années primitives, à nous en tenir à celui-là, il y avait bien lieu en effet de s'éprendre et de s'enflammer. Rendre à la poésie française de la vérité, du naturel, de la familiarité même, et en même temps lui redonner de la consistance de style et de l'éclat; lui rapprendre à dire bien des choses qu'elle avait oubliées depuis plus d'un siècle, lui en apprendre d'autres qu'on

[1] For Louis-Simon Auger (1772—1829) see above p. 59.

[2] Marie-Henri Beyle (1783—1842) better known under his *nom de guerre* of "Stendhal," the author of *Le rouge et le noir* (1830) and *La Chartreuse de Parme* (1839), psychological novels of great power, came to the help of the romantic cause in 1823 with a rhetorical and rather feebly argued volume, *Racine et Shakespeare*.

[3] The *Madame Bovary* of Gustave Flaubert (1821—1880) appeared in 1857, the year in which this article was written.

ne lui avait pas dites encore; lui faire exprimer les troubles de l'âme et les nuances des moindres pensées; lui faire réfléchir la nature extérieure non-seulement par des couleurs et des images, mais quelquefois par un simple et heureux concours de syllabes; la montrer, dans les fantaisies légères, découpée à plaisir et revêtue des plus sveltes délicatesses; lui imprimer, dans les vastes sujets, le mouvement et la marche des groupes et des ensembles, faire voguer des trains et des appareils de strophes comme des flottes, ou les enlever dans l'espace comme si elles avaient des ailes; faire songer dans une ode, et sans trop de désavantage, à la grande musique contemporaine ou à la gothique architecture,—n'était-ce rien? c'est pourtant ce qu'on voulait et ce qu'on osait; et si l'on n'a pas réalisé tout cela, on a du moins le droit de mettre le résultat à côté du vœu, et l'on peut, sans trop rougir, confronter le total de l'œuvre avec les premières espérances.

Il faut vraiment qu'en notre pays de France nous aimions bien les guerres civiles: nous avons toujours à la bouche Racine et Corneille pour les opposer à nos contemporains et les écraser sous ces noms. Mais étendons notre vue et songeons un peu à ce qu'a été la poésie lyrique moderne, en Angleterre, de Kirke White à Keats et à Tennyson en passant par Byron et les Lakistes,—en Allemagne, de Burger à Uhland et à Ruckert[1] en passant par Gœthe,—et demandons-nous

[1] Gottfried August Bürger (1747—1794), author of many songs and ballads, written under the influence of Percy's *Reliques*. A translation of his most famous ballad, *Lenore*, was Walter Scott's earliest publication (October, 1796).

Johann Ludwig Uhland (1787—1862), poet and liberal statesman, who combined romantic feeling and patriotic enthusiasm with classical restraint and purity of style. He was professor of German literature at Tübingen, his native town, but resigned his chair in 1833 upon a point of political principle.

Friedrich Rückert (1788—1866) is chiefly renowned for his translations from Eastern poets and sages. He was professor of Oriental languages, first at Erlangen and afterwards at Berlin, and with a vast vocabulary and a delicate sense of rhythm he combined an unrivalled power of turning ethical maxims.

quelle figure nous ferions, nous et notre littérature, dans cette comparaison avec tant de richesses étrangères modernes, si nous n'avions pas eu notre poésie, cette même école poétique tant raillée. Vous vous en moquez à votre aise en famille, et pour la commodité de votre discours, le jour où vous entrez à l'Académie ; mais devant l'Europe, supposez-la absente, quelle lacune !

INDEX TO NOTES

For EU product safety concerns, contact us at Calle de José Abascal, 56–1°, 28003 Madrid, Spain or eugpsr@cambridge.org.

www.ingramcontent.com/pod-product-compliance
Ingram Content Group UK Ltd.
Pitfield, Milton Keynes, MK11 3LW, UK
UKHW012330130625
459647UK00009B/189

* 9 7 8 1 1 0 7 6 4 7 1 0 7 *